ACTIVIDADES DE EXPRESIÓN PLÁSTICA PARA 3-6 AÑOS

Lo que importa es el proceso, no el producto

Arte infantil

ACTIVIDADES DE EXPRESIÓN PLÁSTICA PARA 3-6- AÑOS

Mary Ann Kohl

Ilustraciones de K. Whelan Dery

NARCEA, S.A. DE EDICIONES
MADRID

A la memoria de mi abuela, Mary Geanne Faubion Wilson, primera autora de libros publicados a la que conocí.

Despertó mi imaginación cuando dijo que mis pecas eran obra de los ángeles que me besaban en la nariz mientras dormía.

Deseo manifestar mi gratitud a mi editora, Kathy Charner, por su ayuda en la elaboración de esta obra y además por su humor y cordialidad en nuestras relaciones profesionales ¡A veces creo que nos divertimos demasiado para poder llamar trabajo a aquello! Quiero dar también las gracias a los propietarios de Gryphon House, Leah y Larry Rood, por su apoyo y amistad y su fe en este libro y en mí. Aún es mayor mi agradecimiento a mi marido, Michael, y a mis hijas, Hannah y Megan, que mantuvieron mi mente despejada, me dijeron lo que les parecía maravilloso y lo que creían que no lo era tanto, y me recordaron lo que es más importante en la vida.

Dibujo de portada: **Roser Bosch**

Dr. Federico Rubio y Galí, 9. 28039 Madrid

Publicado por Gryphon House, Inc.
Ilustraciones de K. Whelan Dery
Título original: *Preschool Art: "Its the process not the product"*
Traducción de Guillermo Solana Alonso
ISBN: 84-277-1204-9
Depósito legal: M. 9.360-1997
Imprime EFCA. S.A. Parque Industrial "Las Monjas".
28850 Torrejón de Ardoz (Madrid)
Impreso en España. Printed in Spain

Índice

Prólogo a la edición española

Una de las áreas del actual currículo de Educación Infantil es "Comunicación y Representación". Su sentido fundamental es contribuir a mejorar las relaciones entre el individuo y el medio. A medida que el niño/a va accediendo al dominio de las distintas formas de representación, su relación con el mundo que le rodea se va enriqueciendo.

En la escuela infantil los niños y las niñas encuentran un lugar adecuado para ampliar y diversificar sus experiencias y los distintos modos de plasmarlas que han ido elaborando en el ámbito familiar.

Las diferentes formas de representación que constituyen esta única área (expresión gestual y corporal, lenguaje verbal, expresión plástica en sus diversas formas, expresión musical, lenguaje escrito y representación matemática) además de ser un vehículo de expresión, influyen sobre el contenido que tratan de representar. De ahí la importancia de una intervención educativa que capacite a los pequeños para "utilizar las diversas formas de representación y expresión para evocar situaciones, acciones, deseos y sentimientos, sean de tipo real o imaginario" (objetivo general 2)[2] y para "utilizar técnicas y recursos básicos de las distintas formas de representación y expresión para aumentar sus posibilidades comunicativas" (objetivo general 8).

El en caso concreto de la **expresión plástica**, se trata no sólo de "leer, interpretar y producir imágenes como una forma de comunicación y disfrute, descubriendo e identificando los elementos básicos de su lenguaje" (objetivo general 5), sino de "interesarse y apreciar las producciones propias y de sus compañeros y algunas de las diversas obras artísticas e icónicas que se le pre-

---

[1] MEC (1992): *Currículo de la Etapa. Educación Infantil*, pp. 35-49. (N. del E.)
[2] cf. Objetivos generales de área. Ibíd. p. 39

sentan al niño/a, atribuyéndoles progresivamente significado y aproximándose así a la comprensión del mundo al que pertenece" (objetivo general 6). Porque la pintura, el dibujo, el modelado, así como las actividades en que la manipulación juega un papel importante, son útiles para la estimulación de ciertos aspectos del desarrollo y para la adquisición de nuevas capacidades, pero también tienen un sentido educativo que trasciende a un ámbito concreto. A través de ellos el niño explora la realidad y refleja el conocimiento que de ella tiene, se expresa a sí mismo, pero también se descubre al representarse o expresarse:

> "A través de estos aprendizajes el niño y la niña van a contar con una nueva forma de representación de la realidad, con grandes posibilidades comunicativas y expresivas, basada en la utilización y exploración de diferentes instrumentos y técnicas, que conducen a la producción plástica" [3].

Fundamentalmente, los ***contenidos*** de la expresión plástica, son los siguientes:

Conceptos

1. Materiales útiles para la expresión plástica.
2. Diversidad de obras plásticas que es posible producir y que se encuentran presentes en el entorno: pintura, escultura, programas de televisión, películas, fotografía, dibujo, ilustraciones diversas...

Procedimientos

1. Producción de elaboraciones plásticas para expresar hechos, sucesos, vivencias, fantasías y deseos.
2. Utilización de las técnicas básicas del dibujo, pintura, modelado, colage, de la creación de imágenes, etc.
3. Exploración y utilización de materiales específicos e inespecíficos para la producción plástica (ceras, témperas, barro, agua, harina...)
4. Empleo correcto de los utensilios básicos y afianzamiento en el movimiento para conseguir precisión en la realización.

---

[3] Ibid. pp. 43-44. Ver también pp. 76-77 y 94-95.

5. Identificación y representación de la figura humana en la obra plástica en su conjunto y diferenciación de las distintas partes y segmentos corporales.
6. Percepción diferenciada de los colores primarios y sus complementarios, así como el contraste oscuro/claro.
7. Atribución o identificación del tema de alguna obra plástica.
8. Creación y modificación de imágenes y secuencias animadas utilizando aplicaciones informáticas.
9. Interpretación de diferentes tipos de imágenes presentes en su entorno.

Actitudes

1. Disfrute con las propias elaboraciones plásticas y con las de otros.
2. Gusto e interés por las producciones propias.
3. Respeto a las elaboraciones plásticas de los demás.
4. Interés por el conocimiento de las técnicas plásticas básicas y actitud proclive a la buena realización.
5. Cuidado de los materiales e instrumentos que se utilizan en las producciones plásticas.
6. Valoración ajustada de la utilidad de la imagen (televisión, cine, etc.)

Nota sobre el arte infantil

Queridos compañeros/as artistas:

¡Bienvenidos al mundo del arte infantil, un mundo que ya conoceréis muy bien si habéis garrapateado con un lápiz sobre un papel, simplemente para ver cómo se mezclan y se arremolinan los colores! ¿Os gusta mancharos las manos de pintura fresca y fluida y ver cómo se combinan los colores en el papel? ¿Os divierte buscar materiales interesantes y pegarlos a un papel de aluminio para hacer un colage? ¡Pues entonces os encantará este libro! Está lleno de tareas de expresión plástica para muchos meses, destinadas a cada niño y niña de 3 a 6 años (y también a sus hermanos y hermanas mayores, las mamás, los papás y los abuelos y abuelas).

"Lo que importa es el proceso, no el producto". Esto significa que podéis explorar los materiales y disfrutar con lo que salga. No tendréis que copiar lo que haga una persona adulta, ni siquiera tratar de hacer lo mismo que los amigos o amigas. En cuestión de ideas creativas nada está mal ni bien. Sólo importa lo que VOSOTROS prefiráis. VOSOTROS sois los artistas.

¿Habéis extendido con la mano alguna pintura sobre un papel de aluminio? Pues deberíais probar,... veréis lo maravilloso que es y las cosas tan interesantes que surgen trabajando con la pintura. No os diré qué porque quiero que tengáis una sorpresa. Cuando empecéis a extender la pintura, no os preocupéis de lo que hay que hacer. Sencillamente, disfrutad haciéndolo. Ahí está el truco.

¿Habéis fundido alguna vez ceras de colores en una bandeja caliente? ¡Este libro explica cómo se hace y el procedimiento os asombrará! Pasan cosas extrañas y maravillosas cuando la cera se vuelve líquida ¡Sé que os divertirá mucho ver lo que sucede!

Y casi se me olvidaba decir algo importante: Me parece muy bien que no queráis conservar el trabajo que acabáis de terminar. Podéis tirarlo o llevarlo a casa o hacerlo pedacitos para pegarlos en otro lado. Divertíos creando.

Espero que lo paséis muy bien cuando descubráis, creéis y exploréis a vuestro modo durante todo un año de experiencias artísticas ¡Ah, que no se os olvide limpiar todo después de cada actividad!

¡Lo que importa es el proceso, no el producto!

Mary Ann Kohl

Utilización de los anagramas

Cada actividad tiene hasta cinco anagramas para que las tareas resulten más fáciles y accesibles al artista y a la persona que le atienda, sea un maestro/a o un familiar. Estos anagramas son sugerencias, susceptibles en cada caso de modificación para adaptarse a las circunstancias: experimentar con materiales, variar las técnicas indicadas o modificar las tareas para adaptarlas a las necesidades y habilidades de cada artista o de cada persona adulta. La variación creativa es parte del placer que produce organizar experiencias artísticas en la escuela infantil.

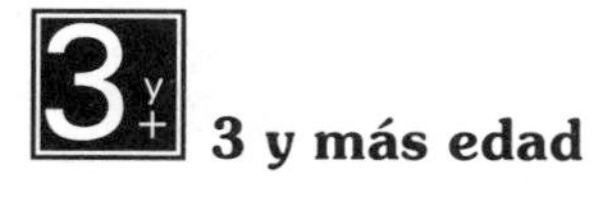

3 y más edad

Indica el grupo dentro del cual cada niño y cada niña es capaz de crear y explorar por sí mismo, es decir sin una intervención significativa de la persona adulta. El "Y MÁS" significa que la tarea puede ser desarrollada fácilmente por los niños y niñas de esa edad y los que la superan. Pero también es posible que la desempeñen otros más pequeños con la asistencia de una persona adulta. Los niños y niñas no siempre responden a las expectativas convencionales de desarrollo a una determinada edad; habrá, pues, que decidir qué tareas convienen a cada cual y a sus capacidades y necesidades específicas.

Planificación/Preparación

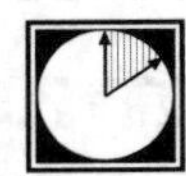
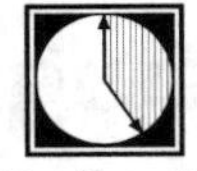
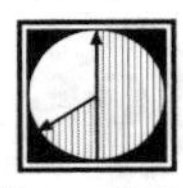

Fácil **Moderada** **Compleja**

Indica el grado de planificación o el tiempo de preparación que una persona necesita para reunir materiales, preparar la actividad o supervisar su desarrollo. Las imágenes muestran, por el tiempo invertido, si la planificación/preparación es fácil, moderada o compleja.

Ayuda

Indica la posibilidad de que el artista necesite la ayuda de otro niño/a o de una persona adulta.

Cuidado

Este anagrama aparece en todas las actividades que mencionan el empleo de materiales cortantes, calientes o eléctricos. Todas las tareas requieren vigilancia, pero las acompañadas de la señal de atención (cuidado) exigen más precauciones. Para especificar las medidas que deba tomar una persona mayor, aparece en negrita la palabra **"adulto"**.

Favorita de la autora

Las tareas favoritas de la autora aparecen acompañadas de una estrella. Están seleccionadas según uno de estos tres criterios:

1) Extraordinariamente divertida.

2) Extraordinariamente fascinante.

3) Extraordinariamente fácil y creativa.

Introducción

Lo que importa es el proceso, no el producto

Los niños y niñas pequeños "hacen" arte para conocer, explorar y experimentar. En ese "proceso" descubren el misterio, la creatividad, la alegría, la frustración. La obra resultante –tanto si se trata de un bulto informe y pegajoso como si merece exponerse en una galería de arte– para el niño/a no es más que un resultado, pero, no la razón principal de "hacer arte". El arte permite a los niños y niñas explorar y descubrir su mundo. Unas veces, el proceso es sólo una sensación de tener pintura pegada en los dedos, pero otras es el misterio de la mezcla de los colores o la sorpresa de ver cómo evoluciona una pintura realista cuando se añaden al azar unas manchas. La expresión plástica puede ser un medio de realizar con éxito una obra o de golpear una bola de arcilla en vez de pegar a otro niño.

Con frecuencia las personas adultas, sin darse cuenta, trasmiten a los niños y niñas el mensaje de que el resultado es el aspecto más importante del arte. Sin embargo, lo que habría que estimular sería el descubrimiento y el proceso mismo, hablando con cada pequeño/a acerca de su obra.

- Háblame de tu pintura
- ¿Qué parte te ha gustado más?
- Has usado muchos colores.
- ¿Has disfrutado?
- ¿Qué te ha parecido pintar?
- ¡El amarillo destaca tanto al lado del rojo!

- ¿Cómo has hecho un dibujo tan grande?

- Veo que la pintura es marrón ¿Qué colores has empleado?

Es mejor proporcionar a un niño/a materiales interesantes para él y observar lo que es capaz de hacer por sí mismo que decirle: "Haz un pez verde con pintura azul". Tal vez resulte mucho más interesante pintar sobre un trozo de papel brillante o con una pluma en vez de un pincel, sin tener ni idea de lo que puede suceder, que seguir las indicaciones de una persona adulta acerca de lo que hay que hacer.

El proceso de la expresión plástica es una maravilla que exige observación. Observe cómo van descubriendo los niños y niñas sus propias capacidades y la alegría de la creatividad.

Cómo utilizar este libro

Contiene más de doscientos procesos de experiencia artística para pequeños. El primer capítulo se titula "Actividades Básicas". Esas tareas son ideas fundamentales con las que cualquier niño o niña puede hacer una experiencia. Todas las demás actividades están basadas en estas ideas. Se pueden realizar en cualquier época del año, experimentar en más de una ocasión (muchísimas veces) y siempre resultarán valiosas para el desarrollo infantil.

Los cuatro capítulos restantes están ordenados por estaciones del año y divididos en meses. En cada mes hay aproximadamente unas 20 ideas plásticas que corresponden a 4 categorías: dibujo, pintura, modelado de masa y arcilla, y artesanía/construcción. Las primeras tres categorías van más orientadas hacia el proceso y responden a un enfoque muy amplio de la expresión plástica. En las referencias a las *construcciones* hay algo más de artesanía, pero siguen siendo muy abiertas.

- El *dibujo* precisa lápices, tiza, rotuladores, lápices de cera y otras técnicas como las del empleo de cola, un dedo en la arena y de otros tipos menos frecuentes.

- La *pintura* puede requerir el uso de pinceles y otros utensilios, utilizando pigmentos, colorantes alimentarios, tintes o materiales para imprimir.

- El *modelado* exige el uso de materias que hagan realidad ideas artísticas tridimensionales, empleando numerosos y variados productos que normalmente se encuentran en el hogar o en aula.

- Las tareas de *construcción* –trabajos manuales– suelen orientarse más hacia la artesanía, pero se requiere un pensamiento creativo para hacer muñecos, coronas, bisutería y cosas por el estilo.

Cada idea empieza página. En cada página figura una lista de materiales, seguida por la relación de las etapas que componen el proceso artístico y acompañada de clarificadoras ilustraciones. En la parte superior aparecen anagramas que dan rápidamente al lector o al artista acceso a la idea con datos sobre la edad, planificación y preparación, seguridad y ayuda. En el margen se indica al lector a qué tipo de técnica artística corresponde esa tarea (pintura, escultura o dibujo). Al pie de cada página figura la mención del mes al que ha sido asignada.

La división de las actividades por estaciones del año hace posible avanzar en el libro página a página y día a día, y disponer de suficientes experiencias artísticas para todo el año. Pero conviene señalar que poder elegir cualquier tarea en cualquier momento es también una manera de hacer atrayente a los niños y niñas el acercamiento a la expresión plástica.

Este libro está, pues, organizado de tal modo que hace accesibles las experiencias artísticas más apropiadas al nivel de desarrollo alcanzado ¡Consiga los materiales, observe y disfrute con el desarrollo del arte creativo!

ACTIVIDADES BÁSICAS

Dibujo con tiza

DIBUJO

Materiales

Tizas o pasteles (muchos colores)

Papel

Laca para el pelo, opcional

Proceso

1. Dibujar sobre el papel con tizas de colores.
2. Cuando el dibujo esté concluido, una persona **adulta** puede rociarlo para "fijar" la tiza y evitar que tizne. Sin embargo todavía seguirá tiznando un poco.

OBSERVACIÓN

- *La tiza tizna pero es bonita. Permita que experimenten con sus características singulares y no se preocupe demasiado de la inevitable suciedad. Los niños y niñas necesitan aprender las propiedades de la tiza y el hecho de que tizne es una de ellas.*

Dibujo con tiza humedecida

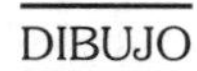
DIBUJO

Materiales

Solución azucarada (1/3 de taza, 70 g de azúcar y una taza de agua, 230 ml)

Un recipiente para el agua azucarada
Tiza
Papel
Laca para el pelo, opcional

Proceso

1. Dejar toda una noche la tiza en una solución azucarada.
2. Dibujar con la tiza húmeda sobre el papel.
3. El agua azucarada abrillanta los colores de la tiza y evita bastante que tizne el dibujo.
4. Secar por completo el papel.
5. Una persona **adulta** puede echar entonces laca para el pelo (por encima) para que tizne aún menos.

Variación

- Sumergir en la solución de azúcar la punta de una tiza seca y dibujar con la tiza mojada.

OBSERVACIÓN

- *Tenga en cuenta que la tiza posee cualidades específicas: Se quiebra con facilidad; tizna; no actúa como los lápices de cera; se borra con un poco de algodón o de papel de seda; se puede machacar y emplear en polvo; cabe también mezclar diversas tizas en polvo para conseguir nuevos colores; pinta y es bella.*

Tiza seca sobre papel húmedo

Materiales

Un recipiente con unos 10 cm de agua
Tiza o pastel
Papeles diversos
Un periódico

Proceso

1. Introducir el papel en el recipiente para que se empape bien.
2. Dibujar con tiza seca sobre el papel húmedo.
3. Experimentar con diferentes texturas y tipos de papel.
4. Retirar de la mesa los papeles utilizados.
5. Secarlos sobre un periódico durante uno o dos días.

Variaciones

- Experimentar con un pincel mojado en agua limpia sobre papel seco. Trazar un dibujo con el agua y pasar luego tiza sobre la parte humedecida.
- Tratar de frotar el dibujo de tiza con una bola de algodón o de papel de seda para que se mezclen o extiendan los colores.

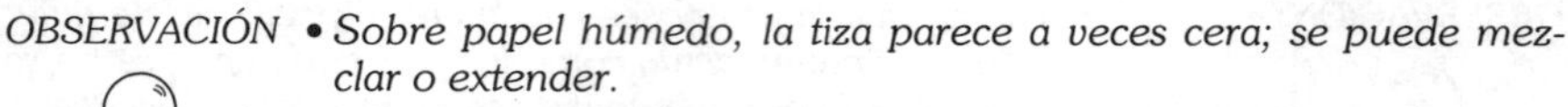

OBSERVACIÓN

- *Sobre papel húmedo, la tiza parece a veces cera; se puede mezclar o extender.*
- *Para facilitar la tarea a los pequeños artistas, a veces conviene partir por la mitad o en varios trozos las tizas grandes.*

Tiza y almidón líquido

DIBUJO

Materiales

Almidón líquido en pequeños recipientes
Pinceles pequeños
Tiza o pastel

Proceso

1. Extender con un pincel el almidón sobre el papel.
2. Dibujar con tiza sobre el papel.
3. El almidón líquido abrillanta los colores de la tiza y reduce el tizne de su polvillo. Aun así, todavía tiznará el dibujo.
4. Secar por completo el dibujo.

Variación

- Introducir la punta de la tiza en el almidón de un pequeño recipiente y dibujar sobre el papel con la tiza humedecida.

OBSERVACIÓN

- *Para facilitar la tarea a los pequeños artistas, a veces conviene partir por la mitad o en varios trozos las tizas grandes.*
- *Se puede guardar y volver a emplear el almidón líquido en otros trabajos que así lo requieran.*

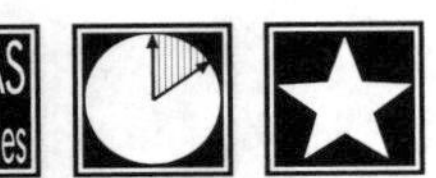

Garabatos

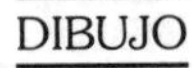

DIBUJO

Materiales

Lápices de cera ("ceras")
Variedad de papeles

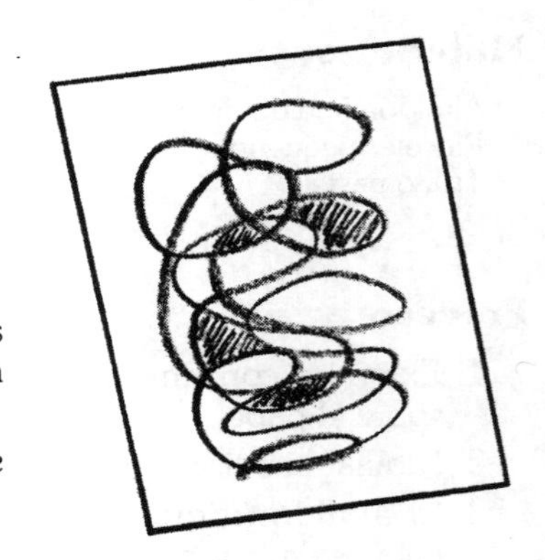

Proceso

1. Grandes trazos circulares o movimientos libres para crear el boceto de la tarea artística.
2. Colorear los "agujeros" del dibujo, si se desea.

Variaciones

- Emplear papeles extensos para movimientos del brazo realmente grandes.
- Colorear al ritmo de la música.

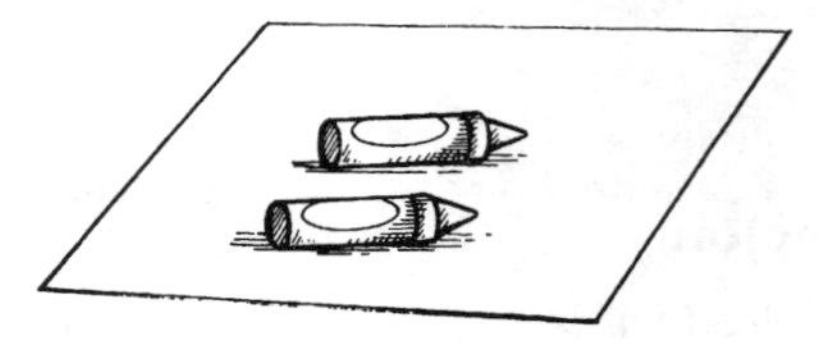

OBSERVACIÓN

- *Es de esperar que los niños y niñas hagan mucho ruido y los movimientos del brazo sean enérgicos porque este trabajo realmente les divierte mucho.*
- *Los grandes movimientos pueden provocar también desgarramientos del papel cuando la pintura tropiece con el borde. Conviene sujetar el papel a la mesa o al caballete.*

Dibujo libre

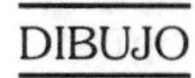

Materiales

Lápices de cera ("ceras")
Papeles de texturas, colores y tamaños diferentes.
Mesas, caballetes o el suelo

Proceso

1. Emplear el lápiz de cera para dibujar sobre el papel.
2. Experimentar con diferentes texturas, colores y tamaños de papel.
3. Dibujar en el papel colocado sobre la superficie plana de la mesa o el suelo o utilizar la superficie inclinada de un caballete.

Variaciones

- Si el artista hace alguna descripción del dibujo, se puede anotar sus palabras junto a éste o en el reverso de la hoja. También se puede emplear una tira de papel que el pequeño/a adhiera después al dibujo. La mayoría de los profesionales consideran que no conviene escribir directamente sobre la obra artística, a no ser que su autor desee específicamente que figure allí la nota.
- Proporcionar otros medios de dibujar como carboncillos, lápices corrientes o de colores, rotuladores de punta fina o gruesa, pasteles, tiza o cualquier otro útil accesible.

OBSERVACIÓN

- *Emplear con frecuencia el dibujo libre con los pequeños artistas.*
- *Las posibilidades del dibujo libre son interminables y variadas.*

DIBUJO

Frotar con lápices de cera

Materiales

Lápices de cera, grandes y sin envoltorio
Papel de lija
Objetos cuya textura facilite el frotamiento: hilos, papel de lija, recortes de cartulina, trozos de cartón forrado y otros
Objetos planos o rugosos.

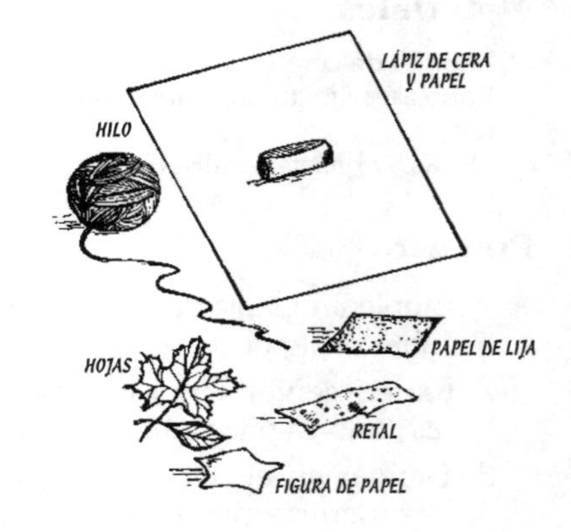

Proceso

1. Colocar los objetos elegidos bajo el papel grueso.
2. Fijar las esquinas del papel a la superficie de trabajo para impedir que se desplace.
3. Sujetar el papel con una mano mientras que con la otra se pasa suavemente la superficie plana del lápiz de cera sobre los objetos tapados.
4. En el papel aparecerá la impresión del objeto cubierto.

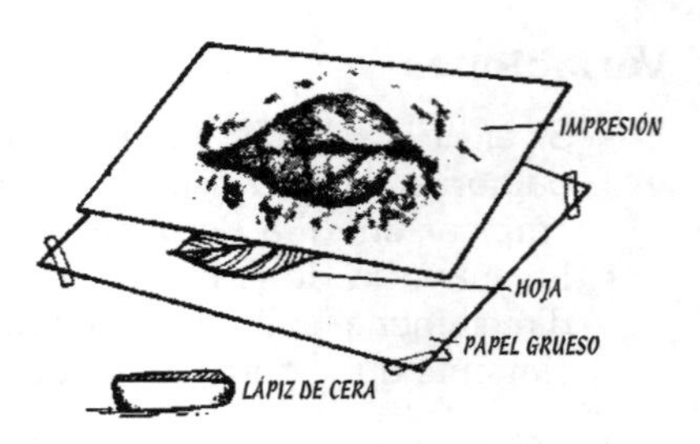

OBSERVACIÓN

• *Los niños pequeños pueden conseguir diversos grados de calidad con el frotamiento. La edad y la experiencia afectarán al resultado final. Realizarán movimientos vigorosos de los brazos y desgarrarán y doblarán el papel si éste no queda bien sujeto a la superficie de trabajo.*

Seguir frotando

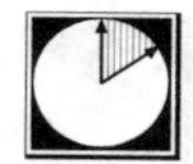

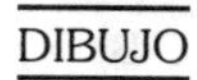

Materiales

Un papel grande

Lápices de cera grandes a los que se ha quitado el envoltorio

Distintos tipos de superficie como madera veteada, corteza de árbol, hormigón, muros, ladrillos, mosaicos, cuero y carteles con llaves en bajorrelieve o en altorrelieve, tarjetas de felicitación en relieve, monedas, matrículas, cartón ondulado, paños de encaje, un peine, una cartulina o una rejilla.

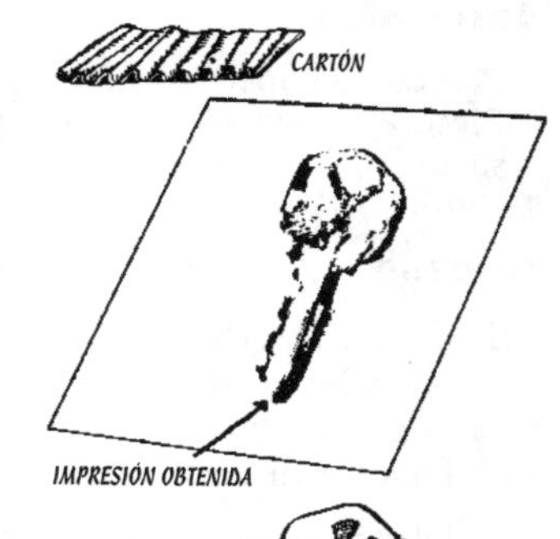

Proceso

1. Colocar un papel grande sobre una de las superficies que hemos mencionado.
2. Frotar lateralmente el área cubierta con un lápiz de cera grande y desprovisto de su envoltorio.
3. Pasar a otra superficie, realizando tantos dibujos como se desee.

Variación

- Utilizar los dibujos realizados para conseguir una imagen completa. Por ejemplo, frotar sobre botones para obtener unos ojos, sobre papel rugoso de empapelar para la vestimenta, una corteza de árbol para el pelo, etc.

OBSERVACIÓN • *Sujetar el papel a la superficie o textura.*

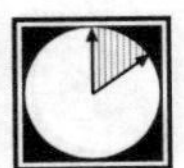

Trazar el cuerpo

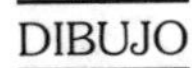

Materiales

Pliegos de papel de embalar; Lápiz de cera o rotulador; Pinturas y pinceles, opcional; Un gran espacio en el suelo; Tijeras.

Proceso

1. El artista debe tumbarse sobre el papel de embalar desplegado en el suelo. Extenderá un poco los brazos y las piernas para que resulte fácil trazar su silueta.
2. Una segunda persona toma un rotulador o un lápiz y traza toda la silueta del pequeño, incluyendo dedos, pelo y otros detalles.
3. Cuando haya concluido el trazado, el artista puede ponerse de pie y decidir cómo adornar la silueta con lápices de cera, rotuladores o retales y cola blanca de carpintero.
4. El objetivo consiste en añadir a la figura todos los rasgos del niño.
5. Una vez concluido el dibujo y la ornamentación, hay que recortar la figura y pegarla a la pared, con los pies tocando el suelo y la cabeza a la altura del niño.

Variaciones

- Se puede hacer una silueta siguiendo el mismo método. Usar entonces papel negro y tiza blanca.
- Se puede adornar la figura para que parezca una persona distinta: un alienígena, una mamá, un panadero.

OBSERVACIÓN

- *A veces los pequeños artistas se muestran sorprendidos y hasta decepcionados cuando otra persona realiza el trazado. Los adolescentes, padres u otras personas adultas pueden hacer el trazado.*

Hacer marcas

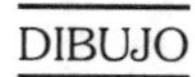

Materiales:

Papel; lápices, tiza, ceras, rotuladores o pasteles; regla, transportador, estarcidos, plantillas, tapas, tapones.

Proceso

1. Elegir un instrumento de dibujo y empezar a hacer marcas sobre un material que se haya seleccionado, por ejemplo papel.
2. Explorar y experimentar con diferentes instrumentos de marcar y dibujar. Por ejemplo, trazar los contornos de unas tapas, haciendo que se superpongan los círculos o trazar, con tizas y una regla, unas líneas de una determinada longitud. Las posibilidades son ilimitadas. Se trata de proporcionar los objetos con que marcar y los instrumentos, y dejar que los pequeños pongan en marcha su imaginación.

Variaciones

- Hacer marcas con pintura.
- Mojar el instrumento en la pintura y colocarlo luego sobre el papel para hacer un dibujo.
- Marcar sobre arena o polvo.
- Hacer huellas de pies o manos.

OBSERVACIÓN • *La clave para desarrollar una imaginación creativa consiste en mantenerse en un segundo plano y dejar que el pequeño artista realice sus propios descubrimientos. Hay que permitir que los niños y niñas exploren y creen, compartiendo su entusiasmo ante los diferentes resultados y procesos.*

Figura con arena y cola

DIBUJO

Materiales

Abundante arena (un espacio amplio y acotado, por ejemplo, una mesa); Frascos de cola blanca; Un tazón de cola blanca con un pincel o un bastoncillo de algodón; Papel o cartulina.

Proceso

1. Colocar la hoja de papel o cartulina en el espacio acotado sobre la superficie de la arena.
2. Hacer un dibujo sobre el papel con la cola de un frasco o con un pincel mojado en el tazón de cola.
3. Una vez terminado el dibujo, tomar puñados de arena del espacio acotado y cubrir enteramente el papel.
4. Tomarlo por una esquina y dejar que el excedente de arena caiga al espacio acotado.
5. Apartar el dibujo para que se seque.

Variaciones

- Llenar de arena hasta la mitad un tarro de yogur, añadir un poco de témpera en polvo y remover la arena para colorearla. Obtener diversos colores en distintos tarros. Usar la arena coloreada en dibujos diferentes, rociando pequeñas cantidades sobre lugares concretos en vez de cubrir todo el trazado.
- Hacer dibujos con la arena en el patio de juego o en la acera. No emplear cola. Sólo verter arena seca de un triturador de mostaza, trazando directamente sobre la acera líneas, puntos y figuras. Eliminar el resto de la arena, una vez terminada la obra.

OBSERVACIÓN

- *Se puede comprar arena limpia en las tiendas.*
- *Si en el espacio acotado caen del papel grumos de cola y arena, dejar que se sequen y rascarlos cuando estén.*

Papel encerado y planchado

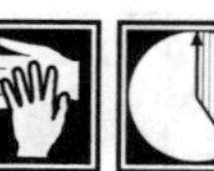

DIBUJO

Materiales

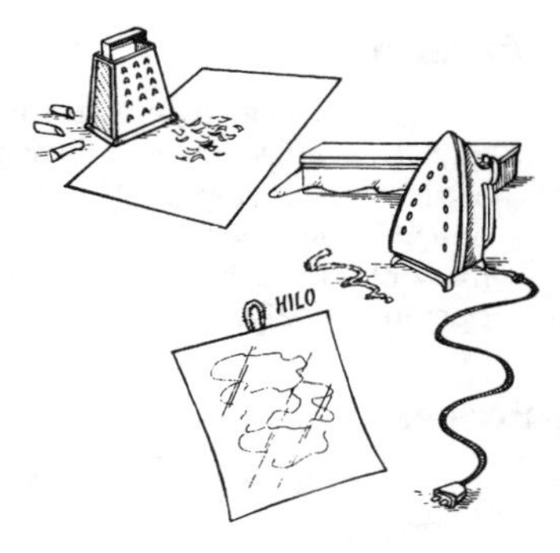

Trozos de lápices de cera usados, una vez que se les ha quitado el envoltorio; Un viejo rallador de queso; Papel encerado y cortado en piezas de 20 x 25 cm; Papel de periódico; Una plancha vieja calentada; Tijeras; Hilo, opcional.

Proceso

1. Trabajar sobre un buen montón de papeles de periódico.
2. Colocar una hoja de papel encerado encima de los periódicos.
3. Rallar los trozos de lápices de cera sobre la hoja de papel encerado.
4. Cubrir las ralladuras de cera y el papel encerado con una segunda hoja del mismo material.
5. Tapar todo con otra hoja de periódico.
6. Una persona **adulta** pasará la plancha por encima para que se fundan las rayaduras de cera y se "peguen" las dos hojas de papel encerado.
7. Retirar el periódico de arriba. Recortar con unas tijeras el papel encerado sobrante. Pegar un hilo al dibujo si el artista desea colgarlo en una ventana.

Variaciones

- Se puede utilizar papel encerado de formas y tamaños diversos. Puede quedar bien enmarcar el trabajo, una vez acabado con el papel de colores.
- A veces una presión firme de la plancha, levantándola en el acto (en vez de pasarla una y otra vez) crea dibujos diferentes con la cera fundida.

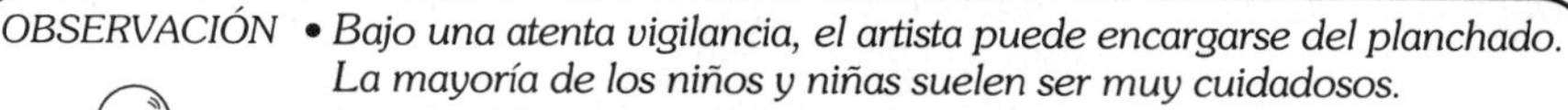

OBSERVACIÓN • *Bajo una atenta vigilancia, el artista puede encargarse del planchado. La mayoría de los niños y niñas suelen ser muy cuidadosos.*
• *Ate el cable de la plancha para que no tropiecen.*
• *En todo momento ha de vigilar una persona **adulta.***

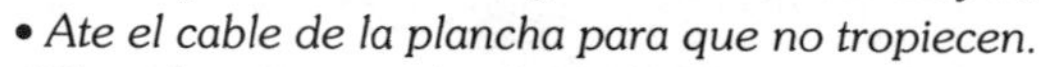

DIBUJO

Pintura a la cera caliente

Materiales

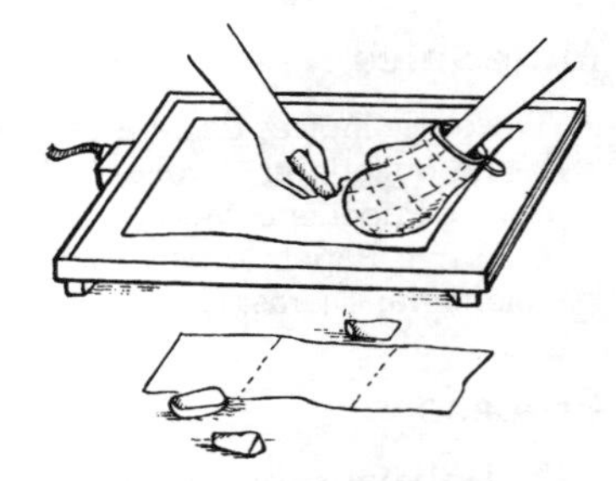

Una placa eléctrica para calentar alimentos (busque en establecimientos de segunda mano y en almacenes económicos); Papel; Lápices de cera una vez que se les ha quitado su envoltorio; Una manopla de cocina o guante grueso; Papel celo, opcional; Toallas de papel.

Proceso

1. Enchufar la placa, pero teniendo cuidado de que su calor no resulte peligroso.
2. Colocar una hoja de papel sobre la placa calentada. Una persona **adulta** puede sujetarlo a la placa con papel celo.
3. Para sujetar el papel, utilizar un guante grueso o una manopla de cocina en la mano con la que no se va a dibujar.
4. Con la otra mano, desplazar lentamente la pintura a la cera y realizar un dibujo fundido.
5. Pasar sobre la placa caliente una toalla seca de papel cada vez que se utilice y desaparecerán los restos de cera calientes o fundidos para que el siguiente artista la encuentre limpia.

Variaciones

- Cubrir la placa con papel grueso de aluminio sobre el que se dibujará, una vez que esté caliente. Presionar con una toalla de papel o con una hoja cualquiera sobre el dibujo fundido, despegar el papel y observar cómo se ha transferido a él el dibujo. Acordarse de limpiar la placa con una toalla de papel para eliminar el exceso de cera.

OBSERVACIÓN

- *Hay que advertir a los pequeños que no acerquen las manos ni los brazos a la placa caliente.*
- *Cubrir el cable eléctrico que va sobre la mesa con cinta aislante.*
- *En todo momento ha de vigilar una persona **adulta**.*

Colorantes vegetales

PINTURA

Los colorantes alimentarios vegetales en polvo son inocuos. Aunque bastante caros en pequeñas porciones, pueden resultar económicos en mayor cantidad. Medio kilo debe durar en actividades de Educación Infantil varios años y, en una familia, generaciones. Estos productos son la mejor pintura que ha utilizado la autora de este libro.

Materiales

1/8 de cucharadita de colorante alimentario vegetal (se puede encontrar en los almacenes de suministros escolares); Una cucharada de agua; Almidón líquido; Un recipiente para mezclar; Cucharas de distintos tamaños para medir.

Proceso

1. Disolver en el agua el tinte en polvo.
2. Añadir almidón líquido para lograr la intensidad cromática que se desee.
3. Remover la mezcla.
4. Utilizarla como cualquier otra pintura.

Variaciones

- Se logra una pintura brillante y translúcida mezclando el tinte vegetal con cola de empapelar o plastilina.
- Los colorantes de los alimentos pueden reemplazarse a los tintes alimenticios vegetales.
- Para que el color sea más intenso, utilícese una media cucharadita de colorante.

OBSERVACIÓN

- *En los almacenes de suministros escolares es posible adquirir colorante alimentario vegetal en polvo en azul brillante y mate, rojo, amarillo y verde. Se pueden mezclar los colores para lograr otros como el púrpura, el pardo o el naranja.*
- *La pintura de tinte vegetal queda un poco transparente.*

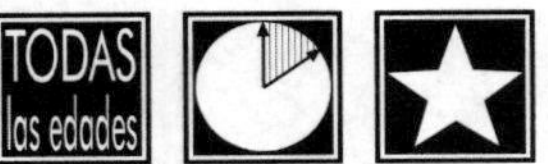

Pintura libre

PINTURA

Materiales

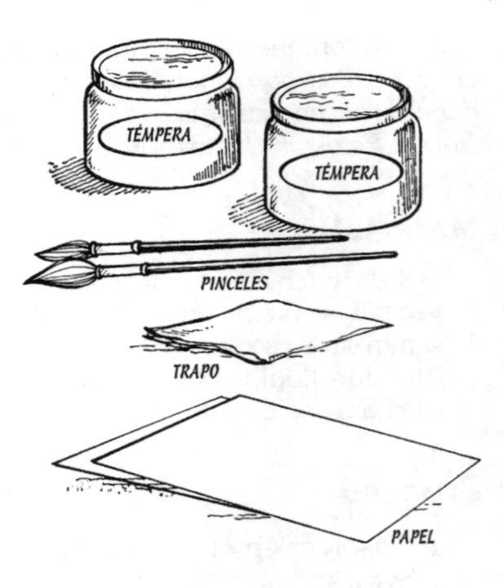

Témpera con pinceles; Recipiente de agua para lavar los pinceles; Trapo para secar; Cualquier tipo de papel; Una superficie de trabajo como el suelo, una mesa, un caballete, una pared o una tabla para sostener sobre las rodillas.

Proceso

1. Elegir un papel y una superficie de trabajo.
2. Elegir un color de pintura.
3. Comenzar a pintar en el papel, lavando el pincel cuando se cambie de color.
4. Pintar hasta terminar la tarea. El trabajo puede ser un dibujo, una figura abstracta o una representación más realista. Todo lo que el artista pinte es aceptable.
5. Secar el papel en la superficie de trabajo o trasladarlo a otro lugar en que se seque.

Variaciones

- Experimentar con papeles de texturas diferentes, distintas mezclas de pintura al temple espesa o diluida y diversas cantidades de agua empleadas en las acuarelas.
- Experimentar con mezclas de colores.
- A veces resulta interesante alterar el papel. Cortarlo, por ejemplo, en distintas formas. También es posible emplear periódicos o papel de envolver como superficie para pintar dibujos.

OBSERVACIÓN • La pintura libre consiste en pintar en un papel sin esperar un resultado concreto. Son infinitas las posibilidades.

Acuarela

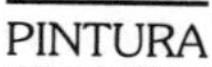

PINTURA

Materiales

Una caja de acuarelas y un pincel; Un recipiente de agua para lavar el pincel; Papel; Un trapo para secar; Periódicos con que cubrir la superficie de trabajo.

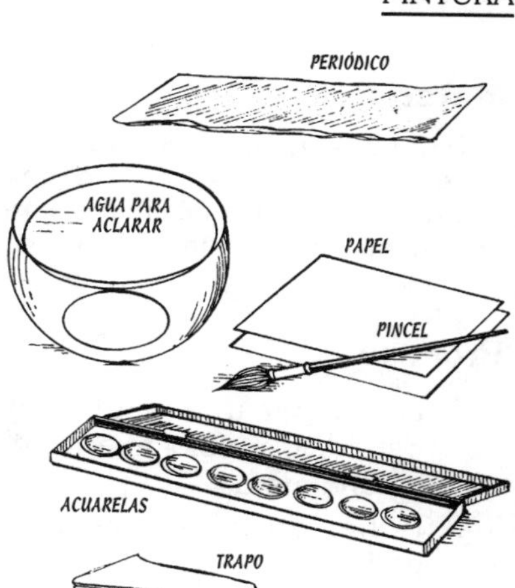

Proceso

1. Mojar un pincel en agua limpia y luego en una de las acuarelas.
2. Pintar sobre el papel.
3. Lavar el pincel en agua limpia y seguir pintando con las acuarelas.
4. Cambiar el agua del lavado cuando esté ya sucia.
5. Pintar hasta terminar la tarea.
6. Secar el papel en la superficie de trabajo o trasladarlo a otro lugar sobre el periódico en que se haya pintado.

Variaciones

- Experimentar la mezcla de colores en la tapa de la caja de pinturas o en el papel.
- Pintar sobre el papel humedecido.
- Hacer un boceto con un rotulador.
- Rociar la pintura con sal.

OBSERVACIÓN

- *Los pequeños artistas levantan a menudo sus pinturas para que las vean las personas adultas. Pero las de acuarela suelen gotear. Hay que recordarles que no deben tocar sus trabajos mientras estén húmedos o que llamen a una persona adulta para que acuda a verlkos al sitio en que los han realizado.*

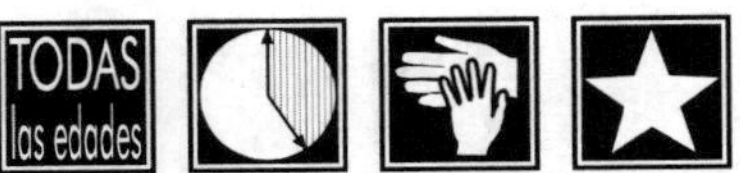

Pintar con los dedos

Materiales

Pintura al temple en polvo (témpera) o líquida; Almidón líquido; Un papel grande; Un periódico; Un delantal o un *babi* para no mancharse; Agua jabonosa en un cubo y una toalla.

Proceso

1. Desplegar una doble hoja de un periódico y colocarla en el suelo o en una mesa.
2. Poner un papel grande sobre el periódico.
3. Echar almidón líquido en el centro del papel hasta que forme un charquito del tamaño de un pedazo de pan.
4. Verter un poco de témpera líquida o una cucharada de témpera en polvo en el centro del charquito de almidón.
5. Empezar a mezclar y extender con la mano la pintura y el almidón.
6. Cuando la pintura cubra el papel, marcar la huella de dedos y manos. Codos y brazos forman también dibujos interesantes.
7. Si la pintura se seca, echar en el papel un poco más de almidón líquido.
8. Cuando esté terminada la tarea, levantar la hoja de papel de periódico con la pintura y llevarlos a un sitio en donde ésta se seque.
9. Una vez seca, separar con cuidado el papel de periódico de la pintura. También es posible pasar ésta a otro periódico antes de que comience a secarse para impedir que se pegue.

OBSERVACIÓN

- *Se trabaja mejor con papel satinado o cuché.*
- *Esta es una tarea que ensucia. Hasta los que se han puesto un babi, se manchan la ropa.*

Pintura con caballete

PINTURA

Materiales

Caballete para pintar con pinzas que sujeten el papel; Hoja que cubra el tablero del caballete; Hojas grandes de papel de periódico o de embalar; Tarros de pintura; Pincel grande para cada tarro; Papeles para cubrir el suelo por debajo del caballete; Delantal grande para el artista.

Proceso

1. Sujetar al caballete unas cuantas hojas de papel. (Se retirará la primera vez concluida la pintura, dejando así una nueva hoja preparada para otro trabajo).
2. Llenar los botes mezclados con un medio consistente que evite el goteo. Emplear tarros de los almacenes de material escolar, con tapa a presión y un orificio para el pincel. También sirven a este efecto los tarros de yogur y los vasitos pequeños de leche. Estas dos últimas versiones pueden ser desechadas tras utilizarlas durante un cierto tiempo.
3. Mojar los pinceles en la pintura y pintar sobre el papel (véase la observación).
4. Cuando esté concluida la obra, retirarla del caballete y ponerla a secar. Conviene tener en la pared una percha con varios colgadores.

Variación

- Utilizar otros materiales como tiza, acuarelas, rotuladores o la infrecuente pintura con tintes vegetales (véase pág. 35).

OBSERVACIÓN

- *Los pequeños artistas no ven la necesidad de tener un pincel para cada color ni la de mantener limpios los tarros de pintura. Al fin y al cabo, su tarea es pintar y mezclar colores. Por mucho que a las personas adultas les guste, es posible que los tarros no se mantengan limpios y que se mezclen los colores.*

Masa coloreada

PINTURA

Materiales

Harina
Agua
Sal
Témpera líquida
Recipiente de medida
Boles y cucharas para mezclar
Cartulina o cartón
Frascos de plástico comprimibles

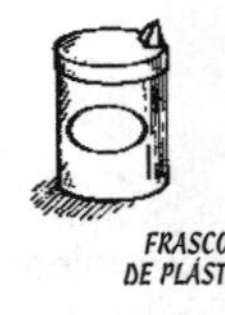

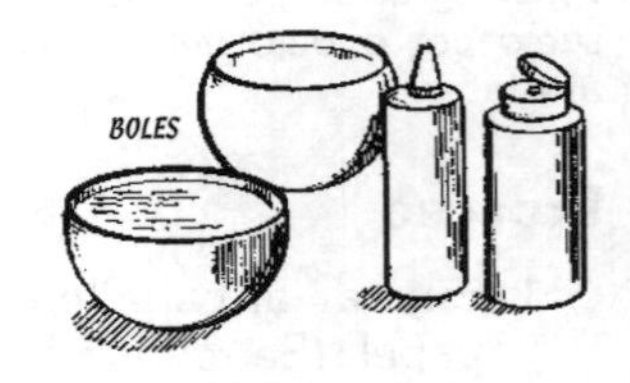

Proceso

1. Mezclar partes iguales de harina, sal y agua para conseguir una masa consistente.
2. Añadir pintura del color deseado. Obtener diversos colores.
3. Verter cada mezcla de pintura en un frasco comprimible de plástico.
4. Verter la pintura en la cartulina o el cartón para hacer dibujos.
5. Secar el trabajo realizado. Una vez oreado, la sal le dará un brillo cristalino.

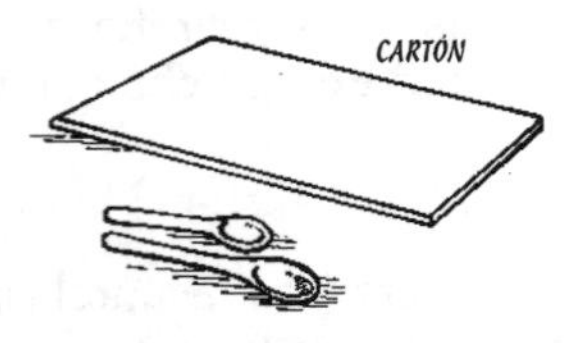

OBSERVACIÓN

- *No se mezclan al juntar las pinturas de distintos colores. Conservan su dibujo y espacio propios, a diferencia de lo que sucede con las pinturas habituales.*
- *Es posible que la pintura se seque y endurezca en los frascos comprimibles. Conviene por tanto limpiarlos cuando esté concluida la tarea.*

Pinturas corridas

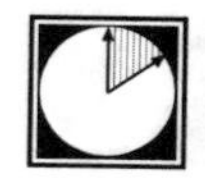

PINTURA

Materiales

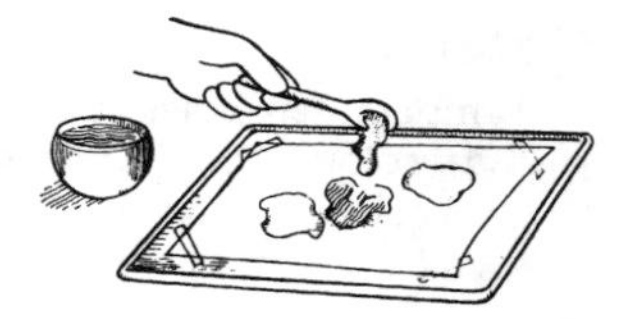

Varios colores de témpera; Bol; Una cuchara para cada color; Papel; Papel celo, opcional; Bandeja de horno.

Proceso

1. Colocar una hoja de papel en la bandeja de horno. Sujetar las esquinas para que no se mueva.
2. Mezclar varios colores de témpera en boles hasta obtener pinturas fluidas y colocar una cuchara en cada recipiente.
3. Echar una cucharada de pintura sobre el papel. Inclinar luego la bandeja de horno para que se corra la pintura, dejando unos trazos.
4. Añadir ahora otro color. Volver a inclinar la bandeja. Los colores se correrán unos sobre otros, mezclándose.
5. Añadir tantos colores y correrlos tantas veces como se desee.
6. Al concluir, retirar el papel de la bandeja y ponerlo a secar. También es posible secar la pintura en la bandeja y retirarla después.

Variación

- Verter un charquito de pintura sobre el papel y extenderla en diferentes direcciones, soplando con una pajita de las que se utilizan para beber ¡Recordar al artista que sólo debe soplar y no absorber para que no trague accidentalmente pintura!

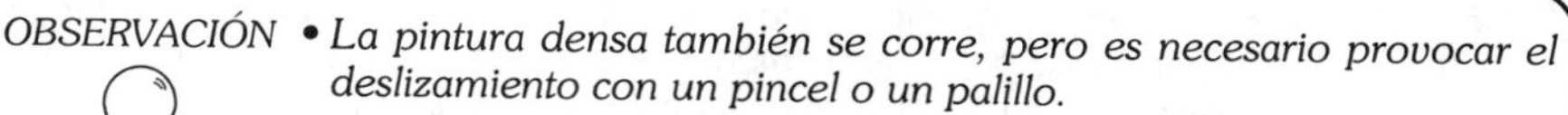

OBSERVACIÓN

- *La pintura densa también se corre, pero es necesario provocar el deslizamiento con un pincel o un palillo.*
- *La bandeja de horno ayuda a controlar el vertido y evita el goteo. Convendrá que tenga bordes.*

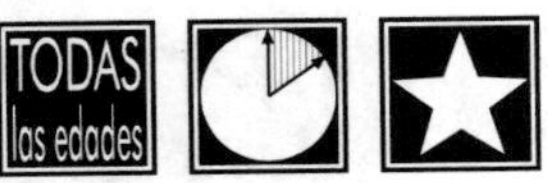

Borrones

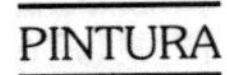

PINTURA

Materiales

Témperas en boles; Una cuchara o un pincel para cada color; Papel, doblado por el centro; Periódicos para cubrir la superficie de trabajo; Tijeras, opcional.

Proceso

1. Colocar el papel ya doblado sobre la superficie de trabajo cubierta por los periódicos y abrirlo.
2. Verter unas gotas de pintura en el pliegue o en uno de los dos lados del papel.
3. Plegar el papel y frotar o presionar con cuidado sus dos partes. Si la presión se ejerce desde el pliegue hacia fuera, la pintura se extenderá por el papel.
4. Desplegar el papel para ver la forma que ha tomado la mancha.
5. Hacer unos borrones en otro papel. Decidir acerca de las formas que pueden adoptar las manchas y qué colores mezclar.
6. Secar el trabajo realizado. Recortar el dibujo si se desea.

Variaciones

- Hacer grandes borrones en un papel muy amplio.
- Se puede recortar las manchas para obtener mariposas, flores, bichos o cosas imaginarias.
- Con artistas de mayor destreza, tratar de lograr formas más complejas como un corazón, un copo de nieve, una calabaza o cualquier otro objeto.

OBSERVACIÓN

- *El hecho de que la presión ejercida sea suave parece ser un factor importante para lograr manchas que interesen a los artistas. Para ensayar esta técnica, conviene obtener una mancha presionando con mucha fuerza. Después, otra con menor presión. El pequeño decidirá cuál es la técnica más conveniente.*

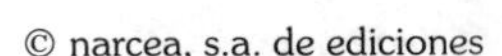

Monoimpresión

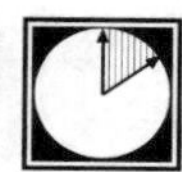

PINTURA

Materiales

Mesa lavable; Témpera en polvo; Almidón líquido; Cuchara; Pincel; Papel; Periódicos para cubrir el lugar en que se seque la obra.

Proceso

1. Verter directamente sobre la mesa un poco de almidón líquido.
2. Añadir al charquito así formado, una cucharada témpera en polvo.
3. Mezclar el almidón y la pintura con las manos o con un pincel, extendiéndola por la mesa hasta cubrir una superficie semejante a la de la hoja de papel.
4. Trazar un dibujo en la pintura, utilizando los dedos.
5. Una vez acabado el dibujo, colocar encima y cuidadosamente la hoja de papel y ejercer una presión suave.
6. Alzar el papel por una esquina, despegándolo de la pintura.
7. En el papel habrá quedado una impresión. Colóquelo sobre algunos periódicos para que se seque.
8. Se pueda realizar impresiones adicionales del mismo dibujo o trazar uno nuevo.

Variaciones

- Añadir más de una pintura al charquito de almidón y experimentar con combinaciones y mezclas de colores.
- En vez de pintar sobre la mesa, utilizar una hoja de plexiglás o una bandeja de horno.

OBSERVACIÓN
- *Si se seca la pintura sobre la mesa, añadir más almidón para que recobre su fluidez.*
- *Si al secarse se riza el papel, es posible plancharlo.*

Goteo y tinte

PINTURA

Materiales

Una de las siguientes clases de papel: filtro de café, toallas de papel, servilletas, secante o blanco de seda; Mesa cubierta; Hojas de periódico; Boles de colorantes alimentarios o de tinte de papel; Cuentagotas; Espacio para el secado.

Proceso

1. Cubrir una mesa con una gruesa capa de hojas de periódico.
2. Colocar otros periódicos alrededor de la mesa en cada lugar en donde vaya a trabajar uno de los pequeños artistas.
3. Hay varias técnicas en este proceso. Lo más fácil consiste en colocar una toalla de papel sobre periódicos y luego verter con un cuentagotas un poco de colorante alimentario o de tinte de papel. Otra técnica consiste en doblar la toalla de papel y luego mojar las esquinas en boles de tinte. Después hay que desplegar con cuidado la toalla y colocarla sobre los periódicos. El mejor papel para doblar y mojar en los recipientes de tinte es quizá el de filtro de café.
4. Experimentar mojando y tiñendo los diversos papeles indicados.
5. Trasladar la toalla o el papel teñidos y húmedos desde los periódicos a un sitio en donde se sequen aproximadamente durante una hora. Si se trata de un papel fino como el de seda, hay que desplegarlo todavía húmedo con mucho cuidado y hasta donde sea posible para que no se rasgue y luego dejar que se seque durante toda la noche. Habrá que terminar de desplegarlo al día siguiente. Cuando esté completamente seco, conviene plancharlo, con ayuda de una persona adulta si es preciso.

OBSERVACIÓN

- *Los tintes para papel se venden en los establecimientos de accesorios artísticos en boles de polvo muy concentrado. Aunque bastante caros, duran años enteros y los colores son increíblemente intensos y brillantes. A la larga resultan más baratos que los colorantes alimentarios.*

Pintar e imprimir

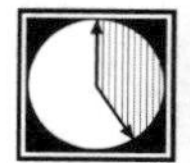

PINTURA

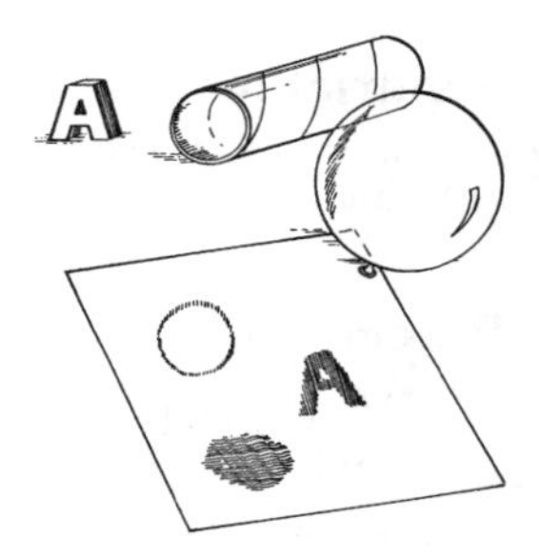

Materiales

Todo lo que permite imprimir: utensilios de cocina, aparatos, juguetes, esponjas, las puntas de los dedos o globos hinchados; Témperas líquidas; Una bandeja o una cazuela; Toallas de papel; Un pincel; Papel; Una superficie de trabajo cubierta.

Proceso

1. Colocar unas cuantas toallas húmedas de papel sobre la cazuela o la bandeja.
2. Extender témpera líquida sobre las toallas de papel para conseguir un tampón.
3. Presionar un objeto sobre el tampón y luego en el papel. Presionar el objeto varias veces antes de volver a mojar en el tampón. Entre los resultados posibles figuran dibujos o tramas al azar.
4. Dejar que se seque el dibujo sobre la superficie de trabajo o trasladarlo todavía húmedo a otro lugar en que se seque.

Variaciones

- Experimentar imprimiendo con tinta, colorantes alimentarios, acuarelas, témpera densa y diluída o tintes de papel o de tejido.
- Hacer papel de regalo, o para una pared, tarjetas de felicitación, un póster o simplemente disfrutar de la obra realizada y luego desecharla.
- Envolver con hilo una pieza de madera o el cartón de un rollo de papel higiénico, y lograr imprimir la huella de ese hilo.
- Recortar figuras de cartón y pegarlas a una pieza de madera para realizar una impresión en relieve.

OBSERVACIÓN • *Estimular a los pequeños artistas a que presionen suavemente el objeto contra la pintura y luego en el papel, porque así lograrán un mejor efecto. Algunos parecen creer que cuanto más sonora y fuertemente golpeen el objeto contra el tampón y luego sobre el papel, más espectacular será el resultado.*

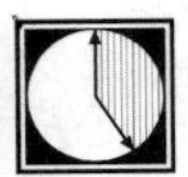

Huellas de manos y pies

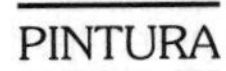

Materiales

Manos y pies; Témperas y pincel; Bandeja; Papel; Superficie de trabajo cubierta; Cubo de agua jabonosa y toallas.

Proceso

1. Verter témperas densas y de diversos colores en otras tantas bandejas. Van bien tres colores diferentes.
2. Pintar la mano del artista con una escobilla o hacer que presione con esa mano en la pintura.
3. Luego el artista presiona con esa mano sobre el papel. Si lo desea, puede repetir el gesto sin volver a pintarse la mano.
4. Vuelve a pintársela con otro color o con el mismo. Continuará imprimiendo sobre el papel. Superponer los colores para lograr otros distintos.
5. Lavarse y secarse la manos antes de llevar el trabajo al lugar en que se oree.
6. Hacer también huellas de pies. Seguir el mismo procedimiento que el empleado con las manos. Pasear por un papel largo o hacer una sola huella en cada papel pequeño.

Variaciones

- Realizar una sola impresión de una mano en una lámina.
- Emplear ambos pies, manos, codos o nariz para imprimirlas. Se puede muy bien hacer al aire libre.

OBSERVACIÓN

- *A la hora de lavarse las manos, es preferible un cubo o un recipiente poco hondo en vez de una pila. Un cubo resulta fácil de limpiar y ser utilizado por los niños. Asegurarse de cambiar a menudo el agua si se imprimen huellas de manos y pies. La pintura suele manchar la piel pero desaparece en uno o dos días.*

Pintar piedras

PINTURA

Materiales

Piedras planas de cualquier tamaño; Témperas en boles; Pinceles medianos; Periódicos para cubrir el área de trabajo; Pintura acrílica, opcional.

Proceso

1. Recoger piedras planas en una playa o a la orilla de un río o comprarlas en una tienda de jardinería.
2. Se puede llevar a cabo esta tarea en una habitación o al aire libre.
3. Colocar las piedras en una superficie de trabajo cubierta de periódicos.
4. Mojar un pincel mediano en témpera y trazar un dibujo en la piedra.
5. Si se pretende pintar también por el lado inferior, dejar que se seque el superior antes de dar la vuelta a la piedra.
6. Si se desea, una persona **adulta** puede pintar el dibujo con pintura acrílica transparente para asegurar su conservación.

Variaciones

- Cuando se haya secado el boceto del dibujo que se ha hecho sobre el guijarro, usar un pincel fino para añadir detalles.
- Utilizar rotuladores para dibujar o añadir detalles a la piedra cuando está ya pintada y seca.
- Emplear el resultado de este trabajo como pisapapeles, para sujetar libros o como decoración de mesa.
- Juntar y pegar guijarros para conseguir esculturas de piedra pintadas.

OBSERVACIÓN • *Los chicos mayores pueden emplear pinturas acrílicas lavables, que no se corren una vez secas.*

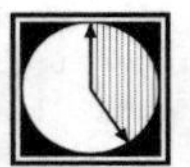

MODELADO

Modelado de masa

Materiales

Bandeja de horno; Tabla de cortar; Plástico para envolver; Papel de aluminio o encerado; Un horno; 4 tazas de harina (800 g); Una taza de sal (200 g); Un bol; 1-1/2 tazas (345 ml) de agua tibia; Cuchara de madera.

Proceso

1. Mezclar la harina y la sal en un bol.
2. Hacer un pocillo en el centro de los ingredientes secos y echar allí una taza de agua tibia. Mezclar la masa con las manos.
3. Añadir más agua y seguir mezclando. La masa no debe desmigarse ni resultar pegajosa, sino formar una pelota.
4. Trabajar la masa sobre una tabla enharinada hasta que se quede lisa, sin grumos (unos cinco minutos).
5. Separar una pequeña porción de masa y colocarla sobre un papel encerado o de aluminio. Mantener el resto envuelto en plástico y dentro del frigorífico. (Si se seca, añadir unas gotas de agua y amasar). Debe formar cuerpo con agua, vertida con una escobilla o los dedos).
6. Una vez terminado un objeto o escultura, un **adulto** lo envuelve en papel de aluminio, lo coloca en una bandeja de horno y lo somete a una temperatura de 325 grados durante una hora o hasta que se endurezca. La masa no debe "ceder" cuando se la golpee con un cuchillo.

Variación

- Entre los objetos que se puede fabricar están: servilleteros, bisutería, cuentas, panecillos de imitación, rosquillas, frutas y verduras falsos, alimentos de juguete, marcos, insectos y otros bichos, animales o adornos para fiestas.

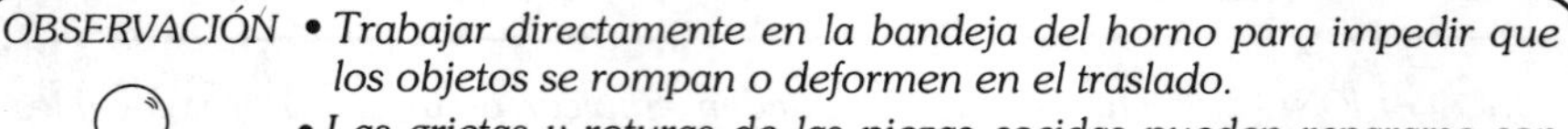

OBSERVACIÓN
- *Trabajar directamente en la bandeja del horno para impedir que los objetos se rompan o deformen en el traslado.*
- *Las grietas y roturas de las piezas cocidas pueden repararse con cola blanca introducida en la grieta. También se puede utilizar masa fresca, volver a cocer y luego cubrir con pintura.*

Masa con levadura

MODELADO

Materiales

Bol grande y un cucharón; Bandeja de horno engrasada; Escobilla de repostería; Un huevo batido; Sal (opcional); Horno; Un paquete de levadura; 1-1/2 tazas de agua tibia (345 ml); Una cucharadita de sal; Un cucharada de azúcar; 4 tazas (800 gramos) de harina; Recipientes y cucharas de medida.

Proceso

1. Con la ayuda de una persona **adulta**, verter una taza y media de agua tibia en el bol grande. Espolvorear la levadura sobre el agua y remover hasta que se ablande.
2. Añadir la sal, el azúcar y la harina. Mezclarlo todo hasta que la masa forme una bola.
3. Amasar la superficie enharinada para que la mezcla se ponga tersa y elástica.
4. Enrollar y retorcer pedazos de masa hasta formar letras, animales y otras figuras.
5. Colocar las esculturas de masa en una bandeja de horno engrasada. Taparlas y dejarlas en un lugar caliente hasta que doblen su tamaño.
6. Cubrir cada escultura con huevo batido. Rociar con sal (opcional).
7. Cocer durante 10 ó 15 minutos a 350 grados para que las esculturas cobren solidez y un color pardo dorado.
8. Enfriarlas un poco ¡Y ahora a comerlas!

OBSERVACIÓN • *Emplear esta deliciosa masa para hacer golosinas adecuadas a cada temporada como calabazas en otoño, copos de nieve en invierno, flores en primavera y grandes soles en verano.*

MODELADO

Jugar con masa

Materiales

Recipientes de medida; Un cazo; Una taza (200 gramos) de bicarbonato sódico; 1/2 taza (100 gramos) de maicena; 2/3 de taza (150 gramos) de agua tibia; Una cocina; Una tabla de cortar; Colorantes alimentarios o témperas; Periódicos; Esmalte de uñas transparente, opcional.

Proceso

1. Mezclar en una cazuela el bicarbonato sódico y la maicena.
2. Añadir agua y remover hasta que se terse la mezcla.
3. Una persona **adulta** pondrá la cazuela a un fuego medio. Dejar que cueza y removiendo, hasta que adquiera la consistencia del puré de patatas. Verter la mezcla en la tabla de cortar para que se enfríe.
4. Amasar la mezcla cuando se haya enfriado.
5. Para colorearla, amasar con colorante alimentario hasta que se mezcle bien. También pueden pintarse objetos cuando esté completamente seca.
6. Explorar y desarrollar las posibilidades de esta tarea.
7. Una vez terminados los objetos, hay que dejar que se endurezcan o sequen sobre los periódicos durante varias horas.
8. Si se quiere que brillen, una persona **adulta** ha de encargarse de pintar los objetos ya secos con esmalte de uñas transparente.

Variación

- Machacar tizas de colores y amasarlas con la mezcla para dar a ésta un color jaspeado.

OBSERVACIÓN

- *Con esta receta se obtiene taza y media de masa. Se puede obtener el doble con facilidad.*
- *La masa puede durar varias semanas en recipientes herméticamente cerrados, pero se secará en cuanto se deje al aire.*
- *Este material se endurece muy pronto.*

Masa cocida

MODELADO

Materiales

Recipientes y cucharas de medida, de distintos tamaños; Taza (200 gramos) de harina; Taza (200 gramos) de sal; Taza (230 gramos) de agua; Colorante alimentario; Cazuela; Cocina; Cuchara; Tabla de cortar; Utensilios de cocina para esculpir y jugar; Recipiente de plástico con tapa para conservación.

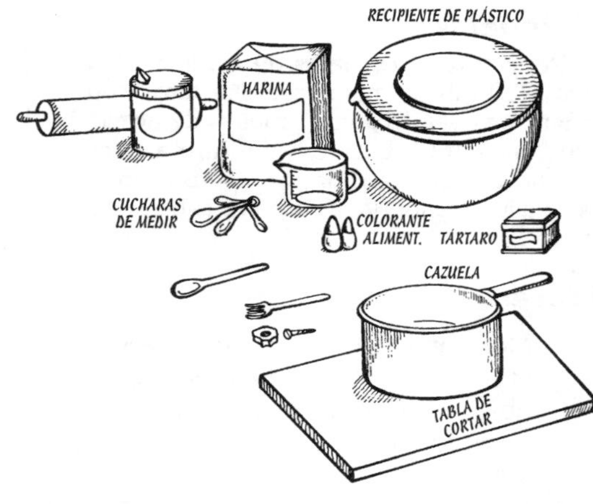

Proceso

1. Con la ayuda de una persona **adulta**, mezclar la harina, el agua, la sal y crémor tártaro en una cazuela. (Si se desea que la masa tenga color, añadir colorante alimentario al agua y mezclar con los demás ingredientes).
2. La persona **adulta** pone la cazuela a fuego lento y remueve la mezcla hasta que toda la masa toma la forma de una bola.
3. Retirar la cazuela del fuego, echar la mezcla en una tabla de cortar y amasar hasta que se ponga tersa y flexible.
4. Entregar la masa tibia al pequeño artista para que empiece a esculpir, explorar, jugar y crear. Proporcionarle distintos utensilios y herramientas para la tarea como un rodillo de amasar, cortadores de masa, un tenedor, tuercas y pernos o un almirez.
5. La masa conservada en un recipiente de plástico tapado, resiste aproximadamente una semana.

OBSERVACIÓN
- *Cuando la masa comienza a agrietarse y desmigajarse, hay que hacer otra nueva.*
- *Si se doblan las dosis de esta receta aumentará también su atractivo.*

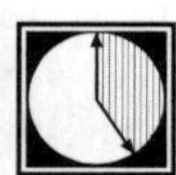

Masa sin cocer

MODELADO

Materiales

Recipientes y cucharas de medida; Una taza (230 ml) de agua fría; Una taza (200 gramos) de sal; Dos cucharaditas de aceite; Tres tazas (600 gramos) de harina; Dos cucharadas de maicena; Témpera o colorante alimentario; Bol y cuchara; Tabla.

Proceso

1. Mezclar en un bol el agua, la sal, el aceite y suficiente témpera para obtener un color intenso. También se puede dejar la masa blanca, sin teñir.
2. Echar poco a poco harina y maicena hasta que la mezcla adquiera la consistencia de la masa de pan.
3. Trasladar la mezcla a una tabla de cortar y amasarla.
4. Emplear esa masa para modelar.

Variación

- Teñir la masa con colorante alimentario o con pasta de color.

OBSERVACIÓN • *Esta masa de confección rápida y fácil no se seca bien, pero es una mezcla manejable y coloreada para modelar.*

Masa de maíz

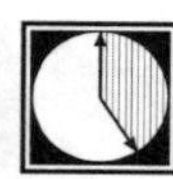

MODELADO

Materiales

Una medida de maicena; Una medida de agua; Una cubeta de plástico o una bandeja grande de horno; Una medida grande; Otras medidas; Cuchara; Colorante alimentario, opcional.

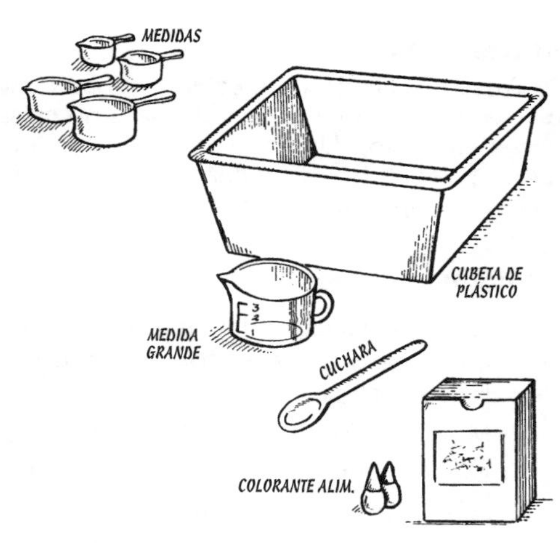

Proceso

1. Mezclar la maicena con agua en una medida grande. Por cada medida de maicena, emplear otra de agua. Para cuatro medidas de maicena, poner cuatro de agua, etc.
2. Añadir colorante alimentario, si se desea. No es necesario.
3. Verter la mezcla en una cubeta o en una bandeja grande de horno.
4. Empezar a experimentar y a disfrutar de las propiedades y sorpresas tan singulares que brinda esta mezcla.

Variaciones

- Añadir más maicena o más agua y ver lo que le sucede a la mezcla.
- Como experiencia de grupo, elaborar la mezcla en un recipiente grande. Usar utensilios como una espátula, un rodillo de amasar o una escobilla para manipular la mezcla.

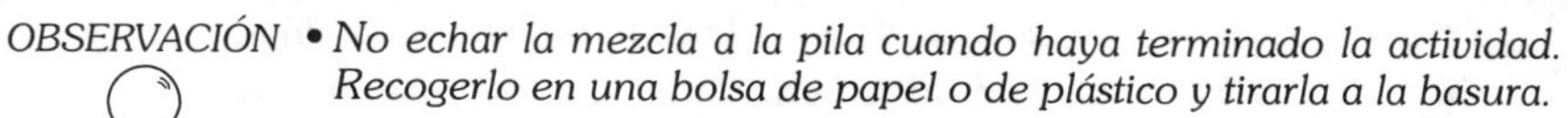

OBSERVACIÓN

- *No echar la mezcla a la pila cuando haya terminado la actividad. Recogerlo en una bolsa de papel o de plástico y tirarla a la basura.*
- *¡Es una tarea bastante sucia, pero espléndida! Poner cerca un cubo para lavarse con facilidad.*

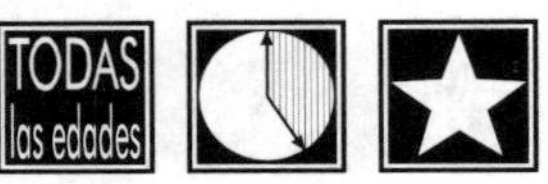

Mantequilla

PASTA

Materiales

Tazas y cucharas de medida; Una parte de mantequilla; Una parte de leche seca no grasa (leche en polvo); Una cucharada de miel por taza, opcional; Bol; Espátula; Superficie para amasar; Recipiente con tapa.

Proceso

1. Lavarse y secarse las manos antes de empezar a trabajar con esta mezcla. Es comestible.
2. Mezclar a mano en un bol parte iguales de mantequilla y leche en polvo.
3. Añadir miel si se quiere.
4. Amasar y remover la mezcla hasta que tome la consistencia de la masa de pan.
5. Modelar y experimentar con esta mezcla de mantequilla como con cualquier otra masa para jugar.
6. ¡Comerla y disfrutar de esta creación artística!.

Variación

- Añadir a la masa otros ingredientes como pasas, coco rayado, virutas de chocolate o un poco de cereal seco del desayuno o utilizarlos para adornar las figuras obtenidas.

OBSERVACIÓN

- *Con un tarro de mantequilla y otra de leche en polvo se puede conseguir una excelente bola de masa para cada niño/a.*
- *Esta pasta se modela bastante bien, pero no se endurece.*
- *Se conserva muy bien en el frigorífico dentro de un recipiente cerrado.*

Masa de detergente

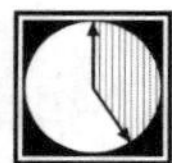

ESCULTURA

Materiales

Dos tazas (400 g) de escamas de detergente blanco; Dos cucharadas de agua; Colorante alimentario, opcional; Bol.

Proceso

1. Echar el detergente en un bol.
2. Añadir gradualmente agua de grifo o coloreada mientras se mezcla y amasa con la manos hasta que el detergente forme una bola.
3. Añadir más agua, si es necesario.
4. Modelar y explorar las posibilidades de esta tarea, creando diversas figuras.
5. Es fácil lavarse después con agua tibia. Colocar cerca una toalla ¡Las manos se ponen jabonosas!

Variaciones

- Hacer bolas de detergente para usar en casa o en la escuela.
- Regalar bolas o figuras de detergente.
- Mezclar la masa con materiales naturales como copos de avena o pétalos de flores secos y machacados.
- Añadir fragancia a la mezcla con especias como la canela o con extractos de almendras o de limón.
- Intentar tallar la masa con una cuchara, un palillo de dientes o cualquier otra herramienta.

OBSERVACIÓN

• *Es posible que alguien se lleve a la boca un dedo enjabonado, por lo que el adulto debe disponer de agua limpia y una taza en la pila. El afectado se enjuagará hasta que desaparezca el sabor a jabón. Si a alguien se le mete un poco de detergente en un ojo, hay que lavárselo con agua clara hasta que deje de picarle.*

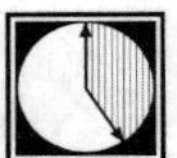

Colage

COLAGE

Materiales

Diversos elementos de un colage (Véase sugerencias más adelante); Cola blanda en un frasco comprimible o cola blanca desleída con agua en una vasija con un pincel; Materiales que sirvan de soporte, como papel, madera, cartón, una carpeta usada, una plancha de polispán o una caja.

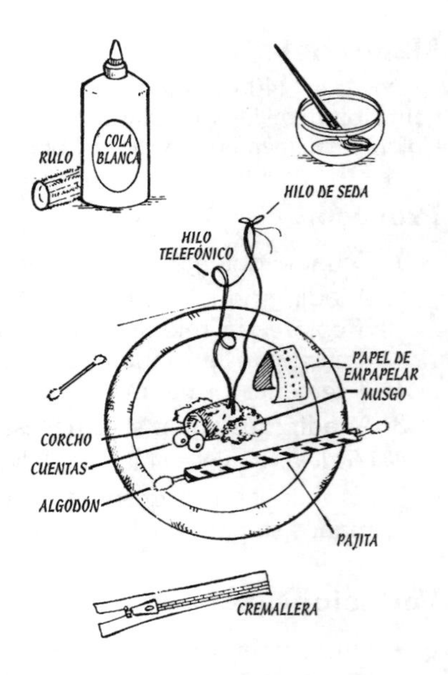

Proceso

1. Pegar con goma los elementos del colage al soporte elegido.
2. El dibujo o los elementos empleados singularizan a cada colage.
3. Dejar que se seque, a veces durante toda la noche, si la goma es muy espesa.

Variaciones

- Un grupo puede participar en la realización de un colage con un soporte grande.
- Elegir un tema como: formas, colores, plantas, felicidad, alimentos o texturas agradables.
- He aquí una lista de sugerencias para colages: bellotas, cortezas de árbol, cuentas, horquillas, pernos, tapones de botellas, celofán, *confetti*, corcho, palillos de algodón, cáscara de huevo, hilo de bordar, hilo de seda, telar, plumas, fieltro, flores, papel de envolver regalos, papel de plata, rulos del pelo, ganchos, palitos de helados, pedacitos de cámaras de neumáticos, bisutería, llaves, encajes, musgo, periódicos, papel japonés, puntos de papel, guijarros, piñas, cintas, piedra, serrín, conchas, palitos, bramante, hilo telefónico, mosaicos, palillos de dientes, mica, papel de aluminio, astillitas, bolas de madera, hilo o cremalleras.

Colage de papel de seda

COLAGE

Materiales

Papel de seda de colores variados; Tijeras; Bandeja; Almidón líquido en una taza; Pincel; Papel blanco o cartulina.

Proceso

1. Cortar papel de seda de diversos colores para hacer cuadrados, triángulos, rectángulos o cualquier figura en tamaños de 2,5 cm a 7,5 cm. Colocar los recortes en una bandeja.
2. Mojar un pincel en almidón líquido y pintar sobre el papel o la cartulina.
3. Pegar al almidón una figura.
4. Pasar un poco más de almidón sobre la figura.
5. Seguir añadiendo más formas recortadas y almidón, superponiéndolas para crear nuevos colores.
6. El pequeño artista puede optar por cubrir el fondo enteramente o sólo en parte.
7. Dejar que se seque bien.

Variaciones

- Trabajar sobre papel encerado, plastificado o de cualquier otra clase.
- Emplear papel adhesivo transparente al que se incorporarán, por el lado que pegue, las diversas figuras. Cubrir luego con otro papel adhesivo. No se necesita almidón.
- Sustituir el almidón líquido por una mezcla más fuerte y brillante.

OBSERVACIÓN

- *Cuando se pintan con almidón las piezas de papel de seda, se corre el color. Aunque es un efecto muy bonito, puede sorprender a algunos pequeños artistas.*
- *Tener a mano un trapo húmedo y otro seco para limpiar los dedos pegajosos.*

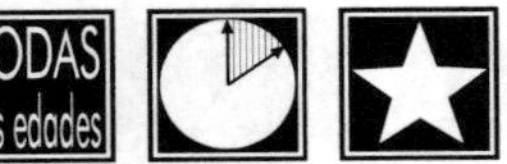

Cortar y pegar

COLAGE

Materiales

Variedad de papeles de colores, de empapelar, de seda o de revistas; Goma o cola; Tijeras; Una hoja de papel como soporte.

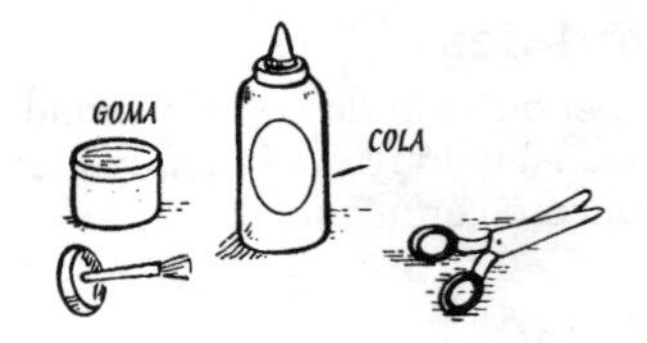

Proceso

1. Recortar con unas tijeras papeles hasta obtener las formas deseadas.
2. Pegar cada figura a una hoja grande de papel.
3. Seguir recortando y pegando. Las figuras pueden ser hechas al azar o realistas.
4. También se puede emplear como técnica alternativa el rasgado de papeles.
5. El trabajo se secará en pocas horas.

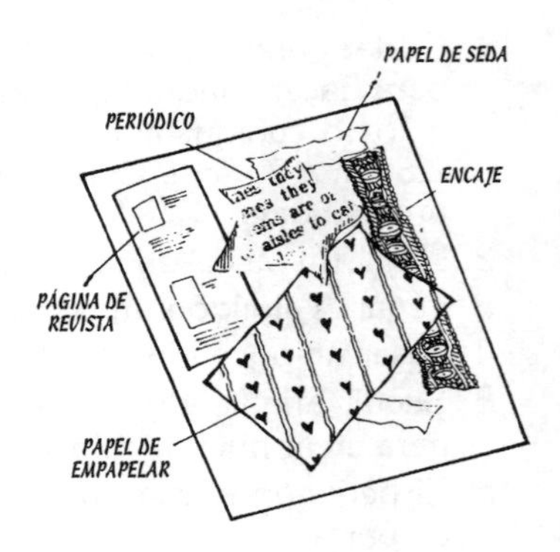

Variaciones

- Crear con papel y cola una estructura tridimensional, una escultura o una construcción.
- Atenerse a un tema como "Los colores que me gustan", "Sólo papel de las paredes", o "Colage de vacaciones".
- Añadir otros elementos a este trabajo de colage.

OBSERVACIÓN • *Esta actividad proporciona oportunidades valiosas para desarrollar la creatividad y despertar habilidades entre los niños pequeños.*

Pegar y colgar

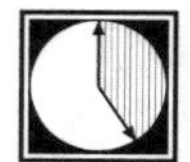

COLAGE

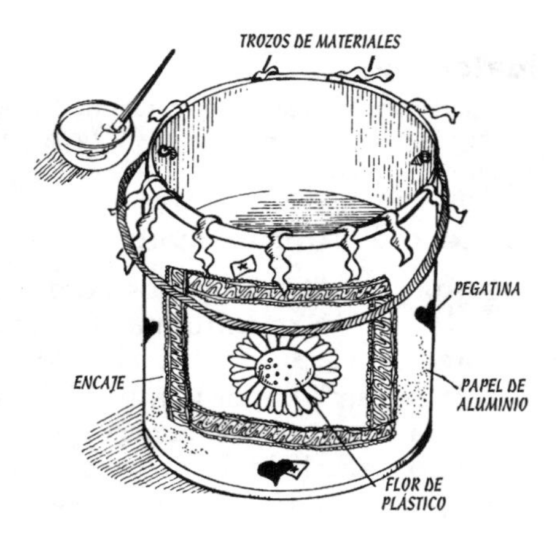

Materiales

Gran cantidad de cola en frascos o en boles con pinceles; Cinta adhesiva; Cinta transparente; Grapadora; Pegatinas; Etiquetas adhesivas; Elementos de *colage* como trozos de papel, retales, polvo brillante, papel triturado, hilos o flores; Materiales de fondo o soporte como cajas de cartón, recipientes de plástico, un gran cotenedor de helado, periódicos, carteles viejos o papel.

Proceso

1. Elegir un material de fondo o soporte.
2. Empezar a pegar elementos de colage sobre la base, como recortes de papel. Cubrirla enteramente si se desea.
3. Dejar que se seque por completo.

Variaciones

- Pegar cosas en un hilo largo y fuerte para hacer una curiosa guirnalda con que decorar una habitación.
- ¡Pegarse cosas en uno mismo!
- Hacer un colage en una caja de cartón o en un recipiente de plástico.
- Conservar muchos de estos elementos que se pueden pegar, porque es posible repetir una y otra vez esta actividad con resultados diferentes y singulares en cada ocasión.

OBSERVACIÓN

- *Conviene limitar la variedad de adhesivos en las primeras ocasiones en que los pequeños artistas exploren esta actividad; a veces se sienten confusos cuando tienen demasiadas cosas para elegir. Aporte más materiales cuando los pequeños se familiaricen con la creatividad y desarrollen la destreza de pegar elementos diversos.*

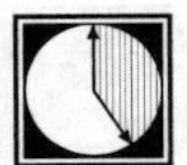

Atar y coser

ARTESANÍA

Materiales

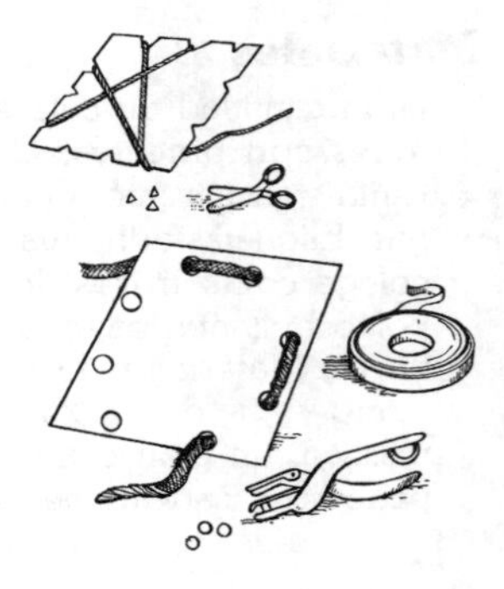

Cuadrados de cartón o cartulina; Tijeras y taladradora; Hilos de colores de unos 70 cm de longitud cada uno; Papel celo.

Proceso 1. Atar y envolver

1. Abrir hendiduras en los bordes del cuadrado de cartón o cartulina. Es posible que se requiera la ayuda de un adulto.
2. Pasar un hilo por una hendidura y luego por otra y por otra de manera que se entrecruce a uno y otro lado del cartón o de la cartulina.
3. Acabar la tarea sujetando a una hendidura el extremo del hilo.

Proceso 2. Coser sin aguja

1. Hacer agujeros en los bordes de una hoja de cartón o de una bandeja de gomaespuma. Es posible que se requiera la ayuda de una persona **adulta**.
2. Sujetar el extremo de un hilo con suficiente cinta adhesiva.
3. Pasar el hilo por diversos agujeros hasta que ya no sea posible tirar más. Sujetar entonces ese cabo.
4. Se puede seguir cosiendo con más hilo si se desea.

Variaciones

- Colorear con rotuladores las figuras delimitadas por el hilo.
- Emplear hilo de bordar.
- Coser tarjetas viejas de felicitación.

OBSERVACIÓN

- *Los hilos no deben superar la longitud previamente indicada.*
- *Si emplea una aguja grande de plástico, enhébrela con hilo doble de 1,22 m, haga un nudo con muchos cabos y comience a coser.*
- *Deje espacio entre los pequeños artistas para que no se estorben.*

Escultura en madera

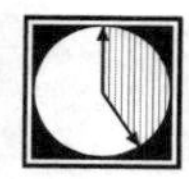

CONSTRUCCIÓN

Materiales

Desechos de madera (Véase abajo Observación); Una base de cartón, cartulina o madera, opcional; Goma de pegar blanca; Elementos de decoración como témpera, polvo brillante, cintas, clavos, rotuladores, pernos y tuercas, trozos de pajitas, piezas de juguetes viejos, tiras de goma o fragmentos de materiales.

Proceso

1. Recoger desechos de madera del taller de un aula de Secundaria o de una tienda de marcos. En esos talleres que utilizan la sierra de vaivén es posible encontrar pedazos curvos, otros semejantes a las piezas de un rompecabezas y algunos de formas irregulares que constituyen un verdadero tesoro cuando se realizan esculturas en madera.
2. Se puede trabajar, si se desea, sobre una base de madera o cartón.
3. Pegar con cola las diversas piezas de madera. (Para obtener esculturas más rápidamente y más sólidas, una persona **adulta** puede manejar una pistola de cola. Esta técnica debe estar muy controlada).
4. Deje que se seque la escultura durante toda una noche.
5. Una vez seca, el artista puede optar por decorarla o pintarla.

Variaciones

- Construir un objeto concreto como una casa, un puente o un coche.
- Combinar varias esculturas de bases idénticas para hacer una escultura grande. Luego lo que se puede hacer es exhibirlas en una pared.

OBSERVACIÓN

- *Si una escultura es demasiado pesada o está desequilibrada, no resistirá bien la cola blanca. Añada algo de cinta adhesiva, tiras de goma u otros soportes hasta que se seque la cola. Retire los soportes cuando la escultura esté completamente seca.*

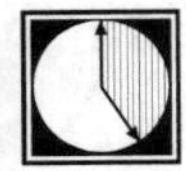

Escultura de desechos

CONSTRUCCIÓN

Materiales

Toda clase de desechos reciclados y reutilizables, como tubos de papel higiénico o de rollos de papel de cocina, cartones de huevos, piezas de juguetes, retales, cintas, corchos, botones, carretes, restos de madera, papel de aluminio o cajas de cartón; Cola blanca; Algo que sirva de soporte como un cartón o cartulina fuerte, papel grueso o una plancha de polispán; Témperas y pinceles, opcionales.

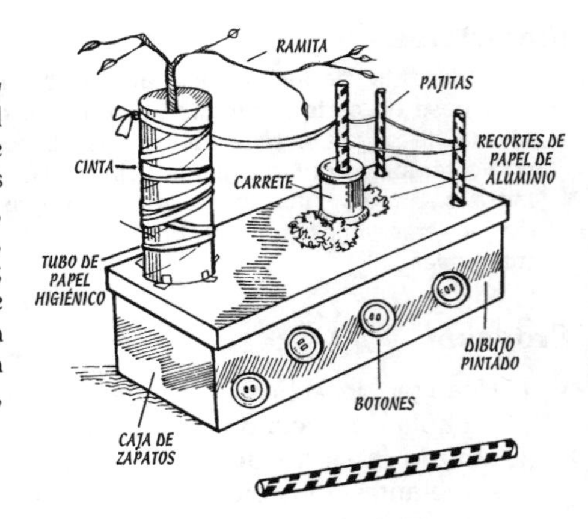

Proceso

1. Pegar los elementos para elaborar una figura tridimensional. Las esculturas pueden ser altas o bajas, anchas o estilizadas, pero han de alzarse sobre una base y tener cuerpo.
2. Una vez seca la escultura, se puede añadir otros adornos o pinturas.

Variaciones

- Elegir un tipo de desechos y hacer una escultura a base de un tubo de papel higiénico, de un cartón de huevos, de piedras y palos o de restos de maderas.
- Crear un tema escultórico como "Escultura del basurero del patio de juegos", "Escultura del paseo por el bosque", "Escultura de juguetes rotos" o "Escultura de la felicidad".

OBSERVACIÓN

- *Guarde estos desechos para repetir esta actividad escultórica, obteniendo siempre unos resultados distintos.*
- *Una pistola de cola constituye una alternativa para lograr un pegado rápido y resistente, pero requiere la supervisión de una persona **adulta**.*

OTOÑO

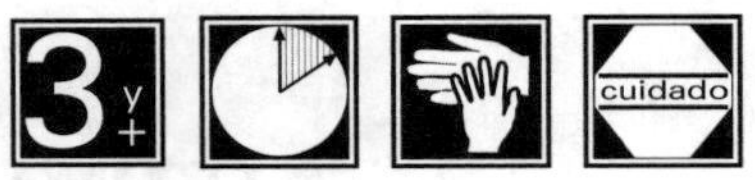

Platos de cartón

DIBUJO

Materiales

Bandeja eléctrica completamente forrada con papel de aluminio; Platos de cartón; Trozos de lápices de cera sin envoltorio; Un viejo rallador de queso; Palitos; Periódicos para cubrir la superficie donde se trabaja; Manoplas de cocina.

Proceso

1. Una persona **adulta** enchufa y pone en marcha la bandeja eléctrica para que alcance una temperatura de 150 grados.
2. Depositar un plato de cartón en la bandeja caliente.
3. Utilizar las manoplas para protegerse las manos. Dejar caer en el plato trozos de lápices de cera.
4. Añadir ralladuras de ceras.
5. Desplazar con un palito los trozos de lápices de cera hasta realizar un dibujo.
6. La persona **adulta** retira el plato de la bandeja cuando queda terminado el dibujo.

Variación

- Emplear una placa eléctrica en vez de una bandeja para fundir los lápices de cera.

OBSERVACIÓN

- *Para retirar con facilidad el plato de la bandeja eléctrica, y antes de ponerlo a calentar, pegar el borde un poco de cinta adhesiva, que también se empleará después para retirarlo.*
- *Si el plato tiende a girar en la bandeja eléctrica mientras el pequeño artista realiza su tarea, fijarlo con una presilla de papel celo en la parte posterior antes de ponerlo a calentar.*

Aceite para bebés

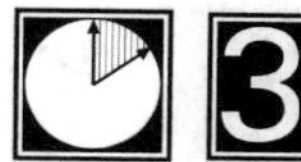

DIBUJO

Materiales

Papel de calidad, de cualquier color; Bastoncillos de algodón o un pincel; Aceite para bebé en una escudilla; Periódicos para cubrir la mesa.

Proceso

1. Mojar un bastoncillo de algodón en la escudilla de aceite para bebés.
2. Hacer un dibujo en el papel con el algodón impregnado de este aceite.
3. Mojar también un bastoncillo de algodón o un pincel y pintar en el papel.
4. Una vez que el aceite haya impregnado el papel, levantarlo a contraluz y observar cómo se transparenta el dibujo.

Variaciones

- Emplear acuarelas para hacer un dibujo sobre la figura obtenida con aceite para bebé y observar cómo el aceite resiste a la pintura.
- Utilizar ceras para dibujar en el papel y frotar luego el dibujo con algodón empapado en aceite para bebé para que los colores sean más vivos.

OBSERVACIÓN

- *Para impedir que vuelquen las escudillas de aceite durante el ejercicio, pegue en la base un lazo de cinta adhesiva y presione el recipiente contra la superficie de la mesa.*
- *Cada dibujo puede exigir varios bastoncillos de algodón, puesto que muchos de los pequeños artistas estarán ansiosos por apreciar las deliciosas características de este material tan suave: bolas de algodón impregnado de aceite.*

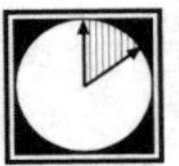

Papel satinado

DIBUJO

Materiales

Papel satinado grueso (se puede obtener en los desechos de una imprenta); Rotuladores; Pincel y un recipiente con agua, opcional.

Proceso

1. Ir a una imprenta y recoger papel satinado del que se emplea para hacer carteles y folletos en color.
2. Dibujar sobre ese papel con rotuladores, viendo cómo se corren los colores.
3. Si se desea, mojar un pincel en agua limpia y emborronar los trazos de rotulador para improvisar una "acuarela".

Variaciones

- Humedecer previamente el papel con una esponja y luego dibujar con el rotulador sobre la superficie mojada.
- Experimentar con tipos diversos e infrecuentes de papel.

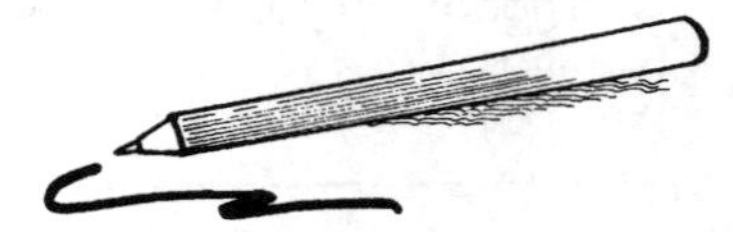

OBSERVACIÓN

- *Pida a un impresor de su localidad que le guarde los restos de papel de todos los colores, texturas y tamaños.*
- *Las imprentas constituyen fuentes valiosas para niños, padres o profesores que pueden obtener allí gratuitamente papeles de variedades raras.*

Adhesivos sobre tejido

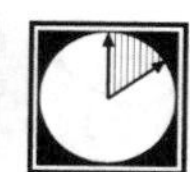

DIBUJO

Materiales

Cuadraditos de papel adhesivo transparente; Tejido de algodón blanco procedente de una camisa, una sábana, fundas de almohadas o manteles; Rotuladores para tejido (accesibles en las tiendas del ramo); Tijeras; Cinta adhesiva.

Proceso

1. Extender el tejido sobre la mesa. Sujetar con cinta adhesiva.
2. Recortar figuras de los adhesivos transparentes.
3. Despegar el reverso de cada figura y pegarlo al tejido.
4. Dibujar, colorear o garrapatear sobre el tejido y las figuras transparentes hasta completar una composición.
5. Despegar las figuras del tejido. Aparecerán áreas en blanco en donde estuvieron.

Variaciones

- Recortar letras para hacer nombres y frases sobre el tejido.
- Realizar dibujos que previamente se hayan determinado.
- Recortar una plantilla (estarcido) con el dibujo elegido y usarla para sombrear en negativo en otra hoja.
- Pegar trozos de cinta adhesiva a papel grueso, colorearlo por encima y luego quitar la cinta adhesiva.

OBSERVACIÓN

- *Aunque los niños sean capaces de retirar bastante bien el reverso del adhesivo, a veces necesitarán ayuda para evitar que el papel se rice.*
- *Preparar algunos trocitos de tejido y de papel adhesivo transparente para poner en práctica el concepto de coloración sobre estarcido antes de emplear la tela de una camisa o funda de almohada.*

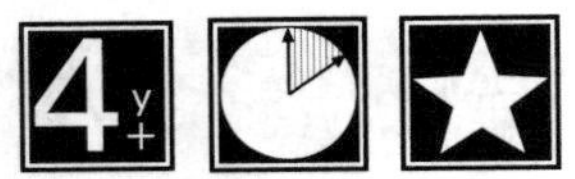

Papel de embalar

DIBUJO

Materiales

Una mesa; Un pliego grande de papel de embalar de cualquier color claro; Lápices de cera, grandes y sin envoltorio; Elementos para reproducir texturas como hilo, papel de lija, figuras de papel, retales, monedas, confeti, papel brillante o clips; Papel celo.

Proceso

1. Extender sobre la superficie de la mesa diversos objetos cuya textura se reproducirá. Deben ser bastante planos y ni puntiagudos ni cortantes.
2. Colocar sobre la mesa una hoja grande de papel de embalar como si fuese un mantel. Sujetar las esquinas y los lados del papel a la mesa para evitar que se deslice.
3. Frotar lateralmente sobre el papel de embalar una y otra vez los lápices de cera una vez que se les ha quitado el envoltorio. Aparecerán muchas texturas sorprendentes.
4. Palpar el papel para asegurarse de que el lápiz de cera ha reproducido todas las texturas.
5. Dejar el papel sobre la mesa a modo de "original" mantel o utilizarlo para adornar una pared, envolver o cualquier otro uso decorativo.

Variación

- Frotar sobre un papel colocado en una bandeja después de haber puesto debajo algunos objetos. Resulta divertido que al frotar con lápiz de cera el niño vaya descubriendo lo que hay debajo.

OBSERVACIÓN

- *Algunos pequeños artistas aún están aprendiendo a restregar el lápiz de cera o a descubrir las texturas de objetos ocultos. Esta actividad les da oportunidad de experimentar este ejercicio con grandes movimientos del brazo sobre un papel sujeto.*

Pintar hojas

PINTADO

Materiales

Grandes hojas secas; Recipientes de pintura para utilizar con los dedos; Un papel grande o periódico; Periódicos para cubrir la superficie de trabajo; Agua jabonosa en un cubo para lavarse; Una toalla.

Proceso

1. Recoger grandes hojas secas (como las de arce), pero que todavía estén flexibles.
2. Colocar una hoja sobre el periódico.
3. Mojar los dedos en la pintura y cubrir con ella toda la plana.
4. Trazar con los dedos dibujos sobre la pintura de la hoja.
5. Lavarse y secarse las manos.
6. Colocar una página de un periódico sobre la hoja y presionar con cuidado.
7. Separar el periódico de la hoja.
8. En el papel aparecerá impreso el dibujo y el contorno de la hoja.

Variación

- Colocar hojas debajo del papel de periódico y frotar por encima con lápices de cera sin envoltorio para reproducir su imágenes.

OBSERVACIÓN

- *Una fórmula sencilla para elaborar pintura con los dedos: mezclar una cuarta parte de una taza de almidón líquido y una cucharada de témpera líquida o en polvo. Remover con un palito y emplear esa mezcla para pintar con los dedos. Estas medidas no son estrictas, así que se puede experimentar para obtener variaciones en color, intensidad y densidad.*

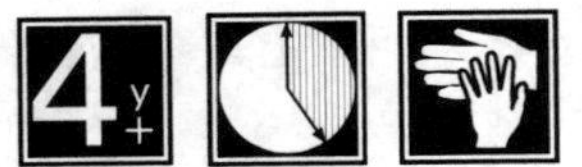

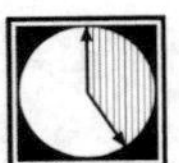

Imprimir con rodillo

PINTURA

Materiales

Cartón; Hojas frescas; Cola blanca; Témpera; Una bandeja de horno; Rodillo de cocina, de imprimir, de juguete o una espiga; Papel absorbente; Una cuchara.

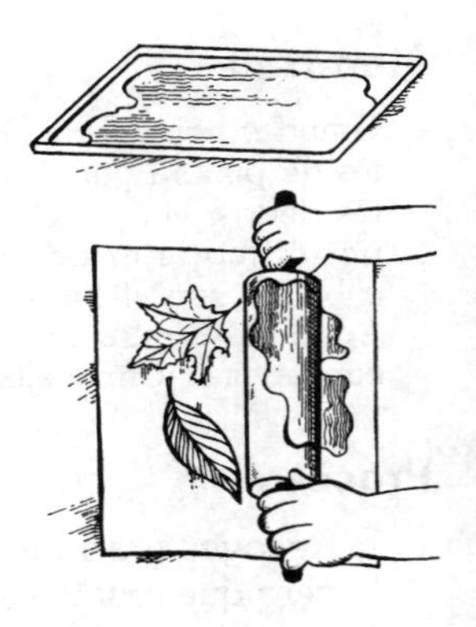

Proceso

1. Colocar las hojas sobre el cartón de modo que formen un dibujo.
2. Pegar las hojas al cartón y dejar que se sequen.
3. Echar una cucharada de pintura en una bandeja de horno. Pasar un rodillo varias veces hasta que la pintura la cubra por completo.
4. Pasar el rodillo sobre las hojas.
5. Colocar un papel sobre las hojas.
6. Frotar el papel con las manos limpias y secas.
7. Despegar el papel y advertir cómo han quedado impresos las venas y los bordes de las hojas.
8. Realizar varias impresiones con la misma pintura.

Variaciones

- Se puede emplear la misma técnica con mallas, encaje o red metálica en vez de hojas.
- Se puede mezclar pinturas de diferentes colores en la bandeja de horno, si se quiere en las hojas que haga el efecto de un remolino que gira.

OBSERVACIÓN

- *Se trabaja mejor con hojas húmedas y frescas.*
- *Los rodillos de impresión empleados en trabajos artísticos se pueden encontrar en los establecimientos del ramo y en los almacenes de material escolar.*

Imprimir en polispán

PINTURA

Materiales

Planchas de polispán (en tamaño de 24 cm x 30 cm a la venta en los establecimientos del ramo) o bandejas de ese material como las que hay en las tiendas de comestibles, una vez recortados los bordes; Témpera en una bandeja para horno; Un lápiz; Un rodillo de imprimir o uno pequeño de cocina; Papel mecanográfico; Una superficie de trabajo cubierta.

Proceso

1. Presionar con firmeza el lápiz sobre el polispán para hacer un dibujo (Véase Observación).
2. Pasar un rodillo sobre la pintura de la bandeja para horno y luego sobre el dibujo en el polispán (corcho sintético).
3. Colocar una hoja de papel sobre el polispán y presionar ligeramente con los dedos para obtener una impresión uniforme.
4. Despegar el papel. Secar la pintura.
5. Utilizar el mismo color, uno nuevo o una nueva combinación de diversas pinturas para imprimir otra vez. Repintar el polispán cada vez que se imprima.

Variación

- Efectuar varias impresiones del mismo dibujo, utilizando papeles de diferentes colores. Cortar los papeles en tiras y montar el dibujo, empleando tiras en diversos colores que habrá que pegar a un papel que servirá de fondo.

OBSERVACIÓN

- *Todas las líneas o dibujos obtenidos a presión en el polispán aparecerán en blanco en el papel de ese mismo color; todas las áreas realzadas del polispán imprimirán el color de la pintura que se utilice. Algunos pequeños artistas prefieren dejar el dibujo en "relieve" y el fondo rebajado. Es una impresión más abstracta y avanzada pero muchos niños la comprenden perfectamente.*

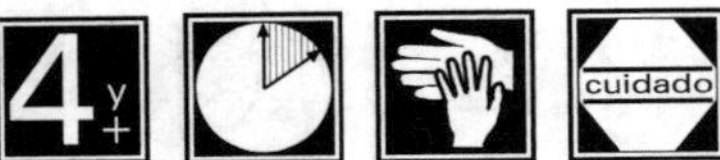

Esponjas

PINTURA

Materiales

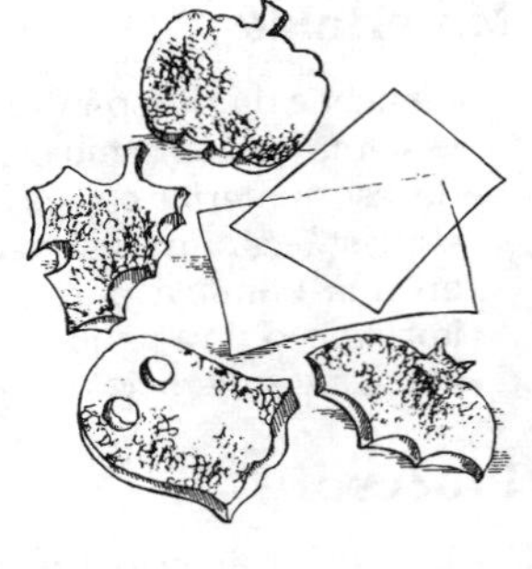

Esponjas; Tijeras; Varios tonos de colorante alimentario en pasta mezclados con un poco de agua en una bandeja de polispán para comestibles; Pliegos de papel de seda blanco; Un pincel.

Proceso

1. Una persona **adulta** ayuda a recortar las esponjas en formas que evoquen el otoño como hojas, manzanas, peras o calabazas.
2. Colocar en la bandeja para comestibles el colorante alimentario diluido. Tener a mano un pincel con el fin de añadir más pintura a las esponjas.
3. Mojar una esponja en el colorante y luego apretarla contra un pliego de papel de seda blanco. La esponja tenderá a pegarse, por lo que habrá que tener mucho cuidado al separarla después del papel.
4. Mojar otras esponjas en los colorantes, viendo cómo los diferentes diseños dejan formas distintas.
5. Imprimir con las esponjas hasta llenar el papel con los dibujos deseados.
6. Secar completamente el papel. Doblarlo después y guardarlo o utilizarlo inmediatamente para envolver.

Variación

- Imprimir con otros materiales como corcho, piezas de juguetes, bloques de madera o cortadores de tartas.

OBSERVACIÓN

- *Si se utiliza como papel de envolver cuando todavía está húmedo, el dibujo puede manchar la ropa o las manos. Por ello hay que cerciorarse de que esté bien seco. Si se quiere obtener un colorante que no se corra, conviene comprar tinte para tejido o papel en las tiendas del ramo. Es un poco más caro pero dura más, viene en una mayor variedad de colores y tiene un efecto mejor que el colorante alimentario en pasta.*

Siluetas

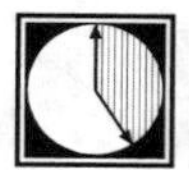

PINTURA

Materiales

Un cepillo de uñas; Rejilla metálica sujeta a un marco viejo de fotografía; Témpera diluida en un bol; Tiza; Papel; Hojas o flores prensadas o cualquier objeto plano; Una caja grande de cartón a la que se haya quitado una de las caras; Papel celo; Una camisa o blusa vieja.

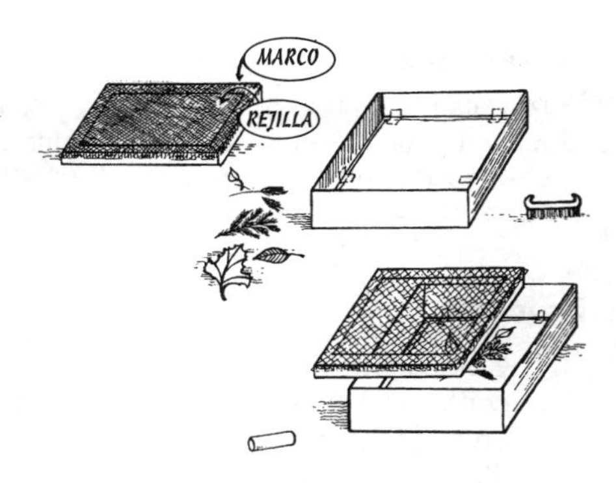

Proceso

1. Colocar una hoja de papel dentro de la caja y pegar los bordes para que no se mueva.
2. Poner hojas, flores, hierbas o figuras recortadas de papel sobre el papel.
3. Poner sobre el papel la rejilla enmarcada. Esta deberá quedar a unos cuantos centímetros del papel.
4. Mojar el cepillo de uñas en la pintura.
5. Pasar muchas veces sobre la rejilla el cepillo impregnado de pintura. Si está empapado, las gotas que caigan serán grandes y gruesas.
6. Luego hay que frotar sobre la rejilla con un pedazo de tiza. Caerán pedacitos sobre la pintura húmeda, proporcionando un color adicional a la configuración de las gotas. Si la rejilla se obtura con un exceso de pintura, hay que lavarla poniéndola debajo del grifo, agitarla para que se seque y pasar después la tiza.
7. Secar completamente el trabajo artístico. Retirar las hojas y otros objetos.

OBSERVACIÓN • *La caja limita el efecto de las salpicaduras de pintura. Asegúrese de que el niño esté también protegido de las manchas con una camisa vieja.*

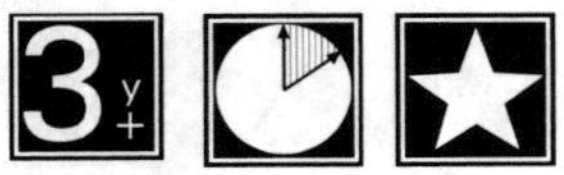

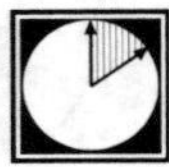

Jardín natural

MODELADO

Materiales

Plastilina; Un plato de cartón fuerte; Semillas, maleza y hierbas otoñales, como ramitas, nueces, cardos, piñas, vainas, hojas, guijarros y flores frescas o secas.

Proceso

1. Colocar un paquete de plastilina en el centro del plato de cartón. Extenderla en todas direcciones. Añadir más plastilina hasta cubrir todo el plato de una gruesa capa.
2. Clavar en la plastilina hojas, flores y otros objetos encontrados en el campo para hacer un "jardín". También se pueden tender horizontalmente algunas flores u hojas.
3. Cuando la tarea esté terminada, colocarla en el centro de una mesa o en una repisa para que todos la vean.

Variaciones

- Construir un jardín en miniatura en un cuenco de un cartón de huevos o en un plato pequeño de cartón.
- Añadir figuritas o juguetes al jardín.
- Incorporar un espejito y taparlo en parte con plastilina para simular un estanque.

OBSERVACIÓN • *Recoger y guardar cosas durante todo el año con destino a este jardín.*

Bolsa de papel

ESCULTURA

Materiales

Bolsas de papel de cualquier tamaño; Periódicos para rellenarlas; Tiras de periódicos; Engrudo en un bol (se puede adquirir en el comercio o elaborar según la receta que figura abajo); Tazas de témpera; Pinceles; Superficie de trabajo cubierta; *Receta para hacer engrudo:* Echar en una cazuela la taza y media de harina y tres tazas de agua fría y remover la mezcla. Calentarla a fuego lento hasta que se espese y adquiera una consistencia cremosa. Añadir más agua si resulta demasiado espesa. Enfriar el engrudo y agregar unas gotitas de aceite de hierbabuena. Utilizar el engrudo para dar una mano a las tiras de papel.

Proceso

1. Llenar la bolsa de papel con bolas de papel de periódico y darle cualquier forma que pueda servir de base para la escultura.
2. Introducir tiras de periódicos en el engrudo y pegarlas alrededor de la bolsa de papel. Seguir añadiendo tiras hasta formar los detalles de una escultura como brazos, cola o asas.
3. Antes de colocar cada tira en la escultura, quitar el exceso de engrudo. A los pequeños artistas les gusta pasar el dedo por cada tira para eliminar el engrudo sobrante.
4. Dejar una noche para que se seque la escultura. Con tiempo húmedo, el secado completo requerirá tal vez hasta dos días.
5. Una vez seca del todo, colorear la escultura con témperas.

OBSERVACIÓN

- *Durante sus primeras tentativas con el papel maché, a los niños/as pequeños les resulta más fácil trabajar con bolsas de papel que con globos. Tengan en cuenta que se puede cubrir prácticamente cualquier cosa con este procedimiento, incluyendo una caja de cartón, un tetrabrik o una bandeja de carne.*
- *El engrudo y la cola para empapelar paredes también sirven y pueden adquirirse en grandes cantidades en una tienda.*

Naturaleza

COLAGE

Materiales

Cola blanca; Una bandeja de polispán como las que se usan en las tiendas de comestibles; Objetos de la Naturaleza como guijarros, cortezas de árbol, hojas, nueces, acículas de pino, piñas, pipas, astillas, conchas, vainas de semillas o maleza seca; Una tabla como base; Bastoncillos de algodón.

Proceso

1. Hacer un charquito de goma en el centro de una bandeja de polispán.
2. Elegir un objeto natural y colocarlo sobre la tabla que servirá de base. Encolarlo, utilizando un bastoncillo o un poco de algodón. El artista puede optar también por mojarlo en el charquito de cola de pegar.
3. Pegarlo a la base de madera.
4. Añadir más objetos naturales y sujetarlos con cola a la tabla.
5. Cuando el pequeño artista queda satisfecho del diseño, dejar que el colage se seque durante varios días.

Variaciones

- Con un rotulador o pinturas trazar áreas de color en la tabla de la base y luego pegar los objetos naturales en el color correspondiente.
- También se puede realizar este colage sobre madera forrada de tela, un plato de cartón, yeso en un plato o cualquier otra base.

OBSERVACIÓN

- *Como alternativa a la cola blanca, una pistola de cola proporciona resultados inmediatos, sólidos y duraderos. Pero, de emplear este medio, se requiere la vigilancia de una persona **adulta** por cada niño o niña.*

Revoltijo

COLAGE

Materiales

Fotografías de revistas previamente recortadas; Una base de papel, cartón, la tapa de una caja o un plato de cartón; Pegamento o cola; Bolígrafos o lápices.

Proceso

1. Elegir una fotografía de una revista.
2. Cortar una parte importante de esa fotografía, como la cabeza de un perro, el pie de un bebé o un vaso de leche. Pegarla a la base de papel o de cartón.

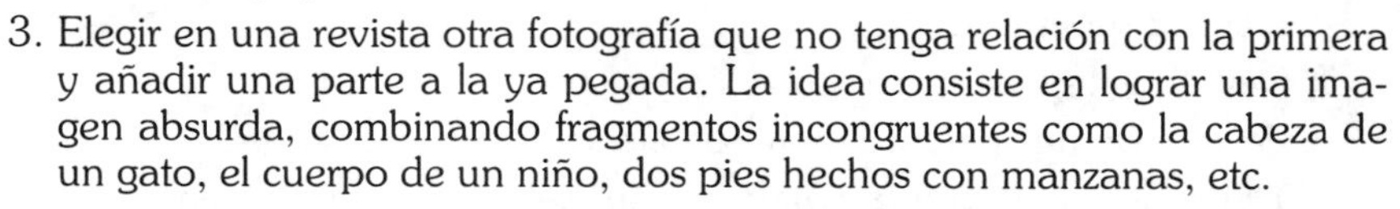

3. Elegir en una revista otra fotografía que no tenga relación con la primera y añadir una parte a la ya pegada. La idea consiste en lograr una imagen absurda, combinando fragmentos incongruentes como la cabeza de un gato, el cuerpo de un niño, dos pies hechos con manzanas, etc.
4. Cuando esté concluida la imagen, dejarla secar durante cosa de una hora.

Variaciones

- Pegar en el papel el fragmento de una fotografía de una revista. Plantear al pequeño artista el reto de añadir otras partes a la ya pegada.
- Recurrir a la creatividad. Imaginar, por ejemplo, la cara chupada de un chico con el cuerpo constituido por un tronco de árbol y durmiendo en una cama de nubes. Buscar otras ideas, hojeando revistas para escoger fotografías.

OBSERVACIÓN

• *El revoltijo resulta increíblemente divertido para los pequeños artistas. Hay que tener en cuenta la posibilidad de que algunos no deseen terminar una imagen sino pasar a otra. Esta tarea es muy divertida.*

Barnizado

ARTESANÍA

Materiales

Una bandeja de polispán para comestibles; Tijeras; Rotuladores; Pincel; Un bol de cola transparente.

Proceso

1. Una persona **adulta** recorta la bandeja de polispán de una forma determinada.
2. Dibujar con rotuladores sobre la figura obtenida, utilizando una amplia variedad de colores, hasta cubrir por completo su superficie.
3. Dejar que se seque.
4. Pasar cola transparente sobre toda la superficie coloreada.
5. Dejar que se seque la cola por completo hasta formar un barniz que abrillante y realce los colores.

Variaciones

- Utilizar el trabajo como adorno, para colgar de un móvil o de una pared.
- Si se pretende colgar la obra de una pared, emplear un lápiz para abrir un pequeño orificio en el polispán y pasar por allí un hilo. También es posible pegar con papel celo un clip por detrás para utilizarlo como colgador.

OBSERVACIÓN • *Estos trabajos pueden ser de dimensiones pequeñas o muy grandes, dependiendo de lo que el pequeño artista quiera o proyecte.*

Atar ramas

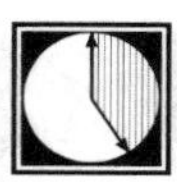

ARTESANÍA

Materiales

Una rama de árbol con al menos tres ramitas; Hilos de muy diferentes colores y texturas; Lana; Elementos naturales como hierbas largas, hierbajos o panojas; Tiras de tejidos, cintas, cordones o bramantes; Tijeras.

Proceso

1. Una persona **adulta** ayuda al pequeño artista a empezar la tarea, liando en la parte superior o inferior de una rama un hilo de una determinada longitud.
2. Proseguir la tarea, envolviendo las ramitas.
3. Emplear otros hilos, cordones, tiras de tela o cualquier elemento sorprendente. También resulta eficaz atar y ligar al azar.
4. Continuar envolviendo las ramas hasta completar el trabajo.

Variación

- Clavar o pegar pedacitos de madera fina en una estructura. Atar y ligar la base de madera.

OBSERVACIÓN

- *Utilizar hilos de medio metro aproximadamente para facilitar la tarea. Si el hilo es muy corto, el pequeño artista puede sentirse frustrado y si es demasiado largo no saber qué hacer con tanto.*

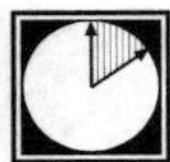

Rompecabezas

ARTESANÍA

Materiales

Fotografías de revistas; Tijeras; Un cartón o papel grueso mayor que las imágenes que se vayan a pegar.

Proceso

1. Elegir para el rompecabezas la fotografía de una revista o un dibujo infantil.
2. Cortar la imagen o el dibujo en fragmentos o figuras grandes y simples.
3. Colocar las piezas sobre el cartón en el mismo orden que tenían en un principio.
4. Tomar una pieza, encolarla por detrás y pegarla al cartón.
5. A continuación habrá que pegar el siguiente fragmento, pero dejando un espacio intermedio. Seguir pegando sin olvidar la separación entre cada dos.
6. Una vez pegadas todas las piezas y, debido a la ilusión óptica que crean los espacios intermedios, la imagen parecerá mayor.
7. Dejar que se seque durante una hora.

Variación

- Pegar al cartón la imagen entera. Una vez seca, cortarla con las tijeras en tiras o en piezas grandes y simples. Así se obtendrá un rompecabezas que puede guardarse para jugar en el momento oportuno como con cualquier otro.

OBSERVACIÓN • *Si se emplea un dibujo infantil, hay que asegurarse de que su autor acepta que su obra sea fragmentada y que no le pueda ser devuelta en su forma original.*

Títeres de dedos

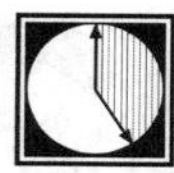

ARTESANÍA

Materiales

Piezas de fieltro (8 cm x 5 cm); Una máquina de coser; Retales, botones, adornos, plumas y accesorios con los que imitar ojos; Cola blanca o pegamento; Rotuladores; Tijeras.

Proceso

1. Una persona **adulta** recorta dos piezas de fieltro de unos 8cm de longitud y 2 de anchura.
2. Colocar una pieza sobre la otra y coser en zigzag alrededor del fieltro, redondeando por arriba mientras que por debajo se deja una abertura para que entre el dedo.
3. Inducir al pequeño artista a que pegue sobre el fieltro diversos materiales para crear la imagen de un animal, un muñeco o una persona. Utilizar los rotuladores para añadir los rasgos.
4. Dejar que se seque el muñeco.
5. Crear relatos, representaciones dramáticas o bailes en los que intervendrán como personajes los títeres movidos por los dedos.

Variaciones

- Cortar los dedos de un guante viejo y hacer de cada uno un títere.
- Reproducir los personajes de un libro famoso y desarrollar sus episodios con los títeres.
- Interpretar una canción con los títeres de dedos.

OBSERVACIÓN

- *Con cierta vigilancia, es posible que algunos pequeños artistas sean capaces de hacer el cosido.*
- *Se puede modificar las medidas para ajustarse al tamaño de los dedos.*

CONSTRUCCIÓN

Escultua de tiras de papel

Materiales

Una bandeja de polispán como base; Tiras de papel fuerte; Papel celo, cola y una grapadora; Taladradora de papel; Tijeras.

Proceso

1. Sujetar el extremo de una tira de papel a la bandeja de polispán, empleando una grapadora o papel celo.
2. Sujetar otra tira a la primera con papel celo, goma de pegar o grapas.

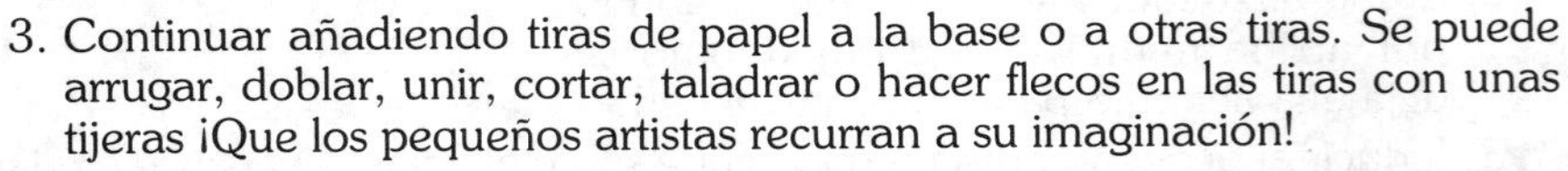

3. Continuar añadiendo tiras de papel a la base o a otras tiras. Se puede arrugar, doblar, unir, cortar, taladrar o hacer flecos en las tiras con unas tijeras ¡Que los pequeños artistas recurran a su imaginación!
4. El objetivo consiste en crear una escultura tridimensional en papel. Una vez conseguida y satisfecho el artista, podrá darse por concluída la tarea.
5. Secar completamente el trabajo si se empleó cola.

Variaciones

- Añadir a la escultura otros elementos, como figuras recortadas en papel, polvo brillante, confetti y fotografías o tiras de una revista. El artista también puede coser y sujetar a la escultura hebras de hilo.
- Emplear otros materiales para completar la tarea. Escoger una base de cartón o de madera. Utilizar otros tipos de papel en la creación de la escultura, como papel de ordenador o de envolver. Unir las tiras con papel celo o con clips.

OBSERVACIÓN • *El interés de esta tarea, radica en la interacción de las tiras de papel. No tiene por qué parecerse o reproducir algo concreto.*

Tiza azucarada

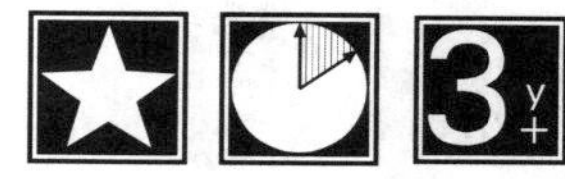
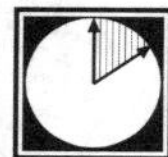

DIBUJO

Materiales

Tizas de colores; Papel o cartulina negra; 1/3 de taza (70 g) de azúcar disuelto en una taza (230 ml) de agua; Bastoncillos de algodón, opcional.

Proceso

1. Empapar las tizas en agua azucarada durante 5 ó 10 minutos. Así cobrará brillo el color y será difícil que se corra.
2. Dibujar en el papel negro con la tiza azucarada. Los trazos pueden ser firmes y tajantes o ligeros y borrosos.
3. Como técnica artística opcional, pasar un bastoncillo de algodón sobre los trazos de tiza.

Variaciones

- Hacer el dibujo de un fantasma. El fondo negro contribuirá a que destaque el color.
- Emplear otros colores y papeles de texturas diferentes.
- Pintar el papel en una mezcla de leche condensada y almidón líquido. Dibujar encima para obtener un efecto brillante.

OBSERVACIÓN • *Es inevitable que la tiza se corra, pero esta circunstancia se alivia considerablemente con el empleo del agua azucarada.*

Garabatos irisados

DIBUJO

Materiales

Un puñado de lápices de cera, todos del mismo tamaño; Una goma; Papel; Papel celo; Música, opcional.

Proceso

1. Sujetar el papel a la mesa para evitar que se deslice.
2. Juntar con la goma varios lápices de cera (tres o más). Asegurarse de que las puntas están al mismo nivel.
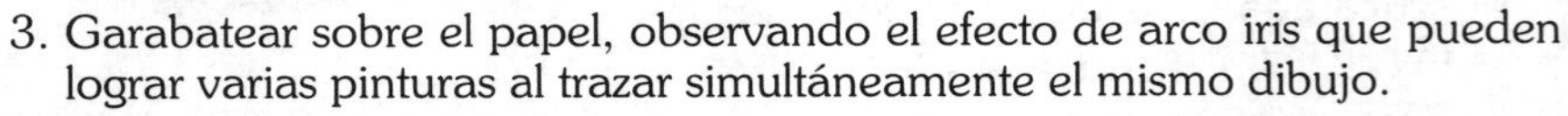
3. Garabatear sobre el papel, observando el efecto de arco iris que pueden lograr varias pinturas al trazar simultáneamente el mismo dibujo.
4. Incorporar música a la tarea y hacer los trazos a su compás para reproducir gráficamente las sensaciones que suscita. Levantar los trozos de papel celo y girar el papel, trazando más garabatos musicales.

Variaciones

- Fijar los garabatos realizados con un baño de pintura azul, negra o púrpura.
- Emplear la obra lograda como papel de envolver.
- Usar el papel garabateado como fondo para una imagen enmarcada o de una pintura realizada con los dedos.

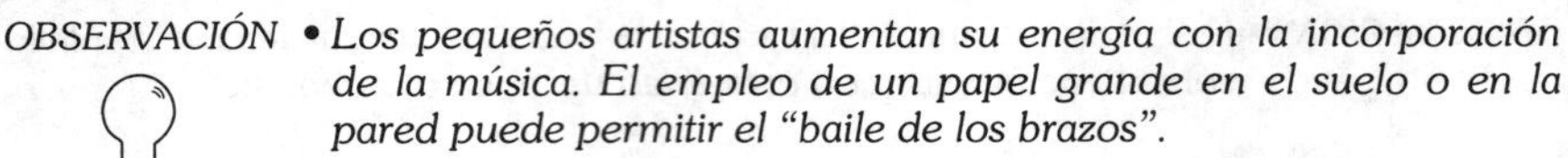

OBSERVACIÓN • *Los pequeños artistas aumentan su energía con la incorporación de la música. El empleo de un papel grande en el suelo o en la pared puede permitir el "baile de los brazos".*

Tiza y esponja

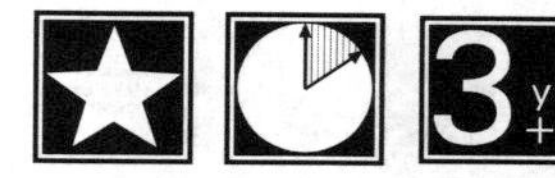
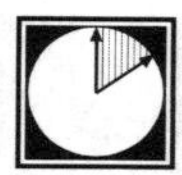

DIBUJO

Materiales

Una esponja grande y plana, humedecida; Tizas de colores; Papel.

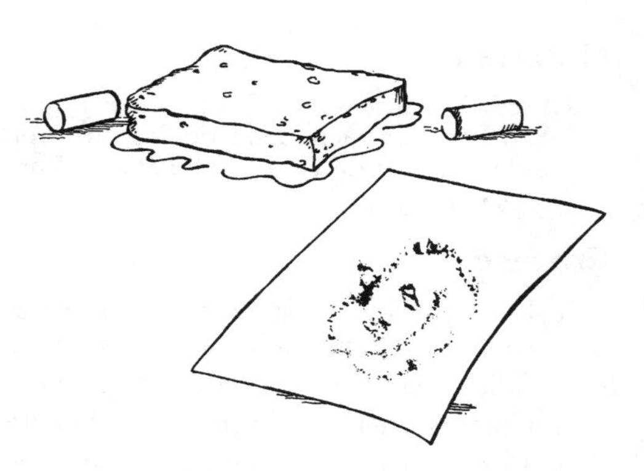

Proceso

1. Dibujar a voluntad con tiza sobre la esponja húmeda.
2. Presionar la esponja contra el papel para imprimir el dibujo.

Variación

- Machacar, moler o rallar la tiza en un plato. Tiznar pedacitos de esponja húmeda con la tiza pulverizada y emplearlos para dibujar sobre el papel.

OBSERVACIÓN

- *Como es natural, la tiza se parte con facilidad. Utilizar trozos de tamaño reducido hasta que sean tan pequeños que queden inservibles. Guardar esos restos para molerlos, cuando se trate de realizar algún otro trabajo.*

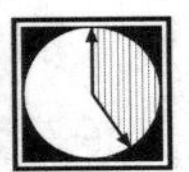

Tela de araña

DIBUJO

Materiales

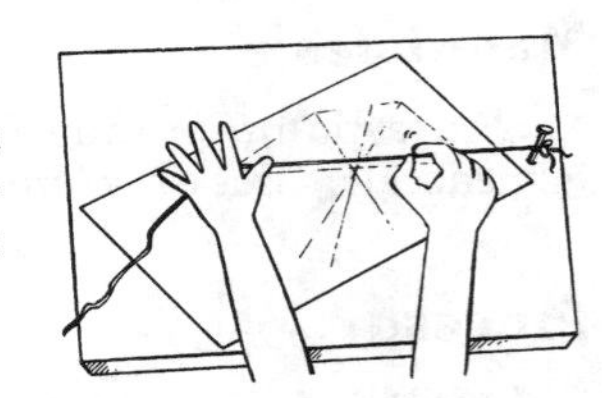

Un cordón resistente; Tiza; Papel; Papel celo; Un tablero de contrachapado de 1 metro aproximadamente; Lápices de cera y rotuladores; Varios clavos; Un martillo.

Proceso

1. Fijar un clavo en la parte superior del tablero con cuidado de no atravesarlo y para que no alcance al suelo o la mesa.
2. Sujetar al clavo un cordón resistente de 60 cm a 90 cm de longitud.
3. Colocar una hoja de papel en el centro del tablero.
4. Restregar enérgicamente la tiza sobre el cordón hasta cubrirlo enteramente.
5. Retener con una mano el extremo del cordón y tensarlo sobre el papel. Con la otra mano levantar el cordón por el centro y luego soltarlo con fuerza para que restalle sobre el papel. Se desprenderá un poco de tiza que dejará sobre la hoja una lína tenue.
6. Girar el papel. Frotar el cordón con más tiza. Soltarlo para que deje otra raya que se cruzará con la primera.
7. Proseguir con los giros del papel y trazando rayas de tiza hasta que el dibujo empiece a parecerse a una tela de araña.
8. Una vez terminada esta tarea, trasladar el papel a una mesa y añadir con tiza, lápiz, rotulador o lápiz de cera las líneas intermedias de la tela de araña. Si se desea, incluir además una araña.

OBSERVACIÓN

- *La tiza blanca sobre papel negro resulta llamativa, pero el mismo efecto se obtiene con otros colores sobre papel blanco o negro.*
- *Cuando se restriega la tiza, el cordón la deshace con facilidad y puede romperse. Utilice esos pedacitos para seguir frotando el cordón. Cuando sean demasiado pequeños, guárdelos para otras actividades o tareas artísticas en que haya que emplear tiza molida o rallada.*
- *Considere la posibilidad de que algunos de los pequeños artistas prefieran crear otro dibujo en vez de una tela de araña.*

Tiza y mantequilla

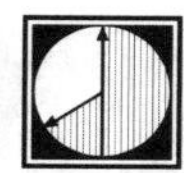

DIBUJO

Materiales

Una rejilla metálica (sujeta a un viejo marco de fotografía); Tizas de colores; Bol de mantequilla; Pincel; Papel; Una superficie de trabajo cubierta.

Proceso

1. Colocar una hoja de papel sobre la superficie de trabajo.
2. Pintar el papel con mantequilla.
3. Poner sobre el papel el marco. La rejilla debe estar en su parte posterior, sin tocar el papel.
4. Rallar tiza de color sobre la rejilla para que el polvo caiga en la mantequilla que está sobre el papel.
5. Rallar con tizas de otros colores sobre diferentes áreas de la rejilla.
6. Levantar la rejilla enmarcada y contemplar el brillo que adquiere la tiza al absorber la mantequilla.
7. Dejar que se seque por completo.

Variaciones

- Se puede repetir este trabajo empleando pintura rociada a través de la rejilla con un cepillo de uñas o un cepillo de dientes.
- Para obtener un efecto similar, pintar el papel con una mezcla de almidón líquido y leche condensada en vez de mantequilla.
- Colocar sobre la hoja figuras de papel o estarcidos antes de rallar la tiza sobre la rejilla. Retirarlo después y contemplar el dibujo resultante.

OBSERVACIÓN

- *Asegurarse de que la rejilla esté bien sujeta al marco y emplear como refuerzo, si es necesario, cinta aislante. Los pequeños artistas tienden a frotar con fuerza sobre la rejilla y pueden desencajarla del marco.*
- *A falta de mantequilla, se puede añadir media cucharadita de vinagre a un poco de leche y dejarla reposar durante cinco minutos. No beberla.*

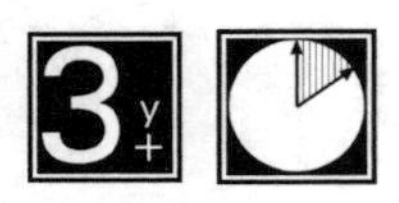

Pintura misteriosa

PINTURA

Materiales

Cuatro cucharadas de bicarbonato o soda; Cuatro cucharadas de agua; Una taza en donde mezclar el bicarbonato y el agua; Bastoncillos de algodón; Una hoja de papel blanco; Acuarelas; Un pincel.

Proceso

1. Disolver el bicarbonato sódico en agua.
2. Mojar algodón en la mezcla y trazar una pintura invisible sobre el papel blanco.
3. Dejar que se seque por completo.
4. Pintar con acuarelas sobre el papel para revelar la pintura misteriosa.

Variaciones

- Crear un dibujo secreto para que un amigo lo descubra, al pintar con acuarelas.
- Crear un mensaje secreto para un amigo.
- Añadir pintura a la cera al dibujo misterioso y luego acuarela para obtener una imagen misteriosa y perdurable.

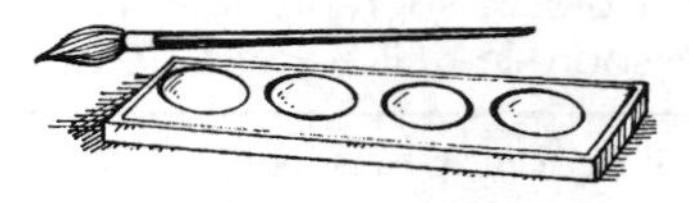

OBSERVACIÓN • *Los artistas muy pequeños pueden mostrarse escépticos a la hora de pintar algo que no sean capaces de ver, pero pronto comprenderán su efecto.*

Huellas dactilares

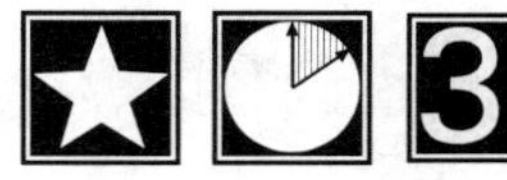

PINTURA

Materiales

Optar por uno de los siguientes medios para colorear:

- Colorante alimentario (introducir los dedos en el líquido vertido en la tapa de un tarro)
- Rotuladores (colorear las puntas de los dedos)
- Tampones de tinta (presionar con las puntas de los dedos)
- Témperas (presionar con las puntas de los dedos sobre toallas de papel empapadas de pintura

Papel; Rotuladores de punta fina para añadir rasgos; Agua jabonosa en un cubo y una toalla para lavarse.

Proceso

1. Elegir primero uno de los métodos de coloración.
2. Colorear en el tono elegido el dedo que se prefiera.
3. Oprimir el dedo coloreado sobre el papel. El artista puede presionar varias veces antes de volver a colorear el dedo.
4. Dejar que se seque el trabajo.
5. Empleando un rotulador de punta fina, añadir a las huellas dactilares detalles como rasgos de la cara, sombrero, coches o pies.

Variación

- Realizar un dibujo con lápiz de cera y luego añadir huellas dactilares para que resalte. Algunos ejemplos: después de dibujar con rotulador un árbol o la planta de un tiesto, hacer con los dedos flores; poner pelo a una cara divertida o bichitos a una rama creada con cera.

OBSERVACIÓN

- *A algunos artistas les parece insoportable mancharse. Esa aversión en parte se debe a una correlación ya advertida durante el desarrollo entre manos sucias y el control de esfínteres. La aversión suele desaparecer con el tiempo y cuando crecen, acaba por gustarles ensuciarse los dedos y las manos.*

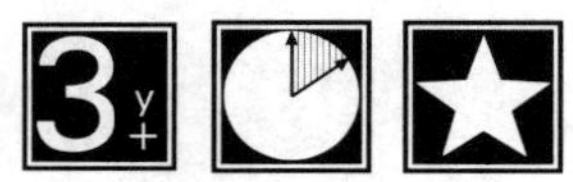

Pintura rodante

PINTURA

Materiales

Objetos que sirvan para imprimir: bolitas, tuercas, pernos, canicas, piezas de juguetes pequeños y otros que rueden; Varios colores de témperas en tazas con cucharas; Una bandeja de horno; Un papel que quepa en la bandeja; Un bol de agua jabonosa y toallas.

Proceso

1. Colocar el papel en la bandeja de horno.
2. Seleccionar algunos objetos rodantes como tuercas, pernos y canicas.
3. Con una cuchara, echar gotas de pintura sobre el papel.
4. Hacer rodar los objetos en la bandeja, después de haberla inclinado, para que pasen sobre la pintura y dejen rastros en el papel.
5. Dejar que se seque completamente el trabajo.
6. Introducir luego en el agua jabonosa los objetos manchados y secarlos. Lavarse y secarse también las manos.

Variaciones

- Emplear un molde redondo con bizcocho forrado con papel de plata.
- Echar unas gotas de pintura sobre un tablero inclinado y cubierto con papel y hacer rodar los mismo objetos.
- Para adornarlos, hacer rodar unos huevos duros sobre charquitos de pintura en una bandeja de plástico.

OBSERVACIÓN

- *Experimentar con diversos objetos rodantes. Algunos dejarán huellas que sorprenderán a todos.*
- *Es posible que los objetos que vayan a ser utilizados en esta tarea no estén completamente limpios.*

Polvo de tiza

PINTURA

Materiales

Un rallador de queso; Tizas de colores; Un cuadrado de papel encerado; Un molde de dulces; Bastoncillos de algodón; Agua en boles; Papel.

Proceso

1. Un **adulto** ayuda al pequeño artista a rallar la tiza de color en el cuadrado de papel encerado. Vierte las ralladuras en los huecos del molde.
2. Mojar un bastoncillo de algodón en agua y luego en la tiza rallada y pintar lo que se quiera en el papel.
3. Dejar que se seque por completo.

Variaciones

- Colocar distintas témperas en distintos huecos del molde. Pintar mojando bastoncillos de algodón primero en agua y luego en la pintura en polvo.
- Experimentar con otros medios para dibujar o pintar como un pincel, una pluma o un dedo.
- Trabajar sobre un papel previamente humedecido con agua, mantequilla o una mezcla de almidón líquido y leche condensada.

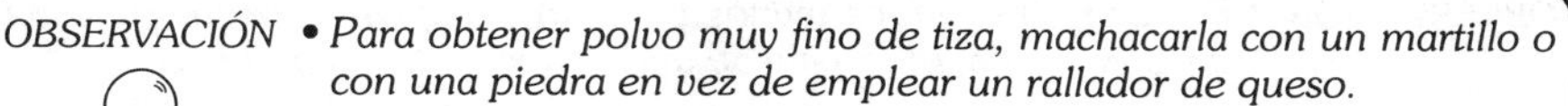

OBSERVACIÓN

- *Para obtener polvo muy fino de tiza, machacarla con un martillo o con una piedra en vez de emplear un rallador de queso.*
- *Las pinturas al pastel resultan mejor que la variedad sin polvo que se emplea en la pizarra.*

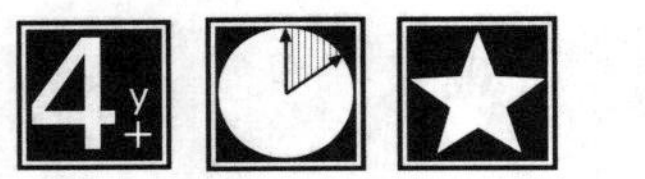

Hojas embetunadas

PINTURA

Materiales

Hojas secas pero flexibles; Frasco de betún con aplicador (variedad de colores); Diversos papeles; Una superficie de trabajo recubierta; Varios periódicos; Cubo de agua jabonosa; Cepillo de uñas; Toalla.

Proceso

1. Recoger hojas secas pero flexibles de diversos tamaños y formas.
2. Colocar una de las hojas sobre los periódicos con el reverso boca arriba.
3. Cubrir de betún la superficie del reverso de la hoja.
4. Escoger un papel y colocarlo suavemente encima de la hoja embetunada. Presionar con cuidado.
5. Despegar el papel y la hoja, que habrá dejado su huella sobre el primero.
6. Elegir otra hoja, cambiar de color de betún o realizar una impresión sobre un periódico.

Variaciones

- Colocar una hoja sobre un papel. Trazar los bordes con betún. Levantar la hoja y observar el efecto.
- Experimentar con tramas y dibujos, tipos de papel y distintos colores de betún.

OBSERVACIÓN

- *El betún ensucia las manos y las uñas. Tener cerca un cubo de agua jabonosa, un cepillo de uñas y una toalla para asearse.*
- *Al imprimir la hoja embetunada se verán con detalle las nerviaciones y el contorno.*

Escultura de queso

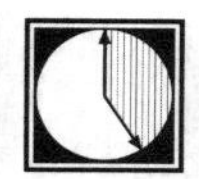

MODELADO

Materiales

Dos tazas (400 g) de queso rallado; 1/4 de taza (50 g) de harina; Dos cucharadas de mayonesa; Bol; Superficie limpia para trabajar; Cuadrado de papel encerado; Manos limpias; Cuchillo de plástico, un palillo y diversos utensilios de cocina.

Proceso

1. Con la ayuda de un **adulto**, y ya limpias las manos, mezclar en un bol de queso, la harina y la mayonesa. Revolver y estrujar los ingredientes hasta que la masa cobre consistencia. Añadir más harina si resulta demasiado pegajosa y más queso o mayonesa si parece muy seca y poco moldeable.
2. Colocar una bola de esa masa en un cuadrado de papel encerado sobre una superficie de trabajo limpia.
3. Dar a la masa la forma de un óvalo aplastado o de un círculo, de manera que se asemeje a una calabaza.
4. Con un cuchillo de plástico u otro instrumento de cocina, hacer agujeros en la cara de calabaza.
5. Guardarla en el frigorífico sobre el papel encerado para comerla después.
6. Hacer tantas esculturas o caras de queso como se desee.

Variación

- Utilizar queso blanco y crear unas caretas.

OBSERVACIÓN • *Cuando se empleen alimentos en trabajos artísticos, hay que asegurarse de que el resultado obtenido pase después a formar parte de la comida o constituya un nutritivo tentempié.*

Caras misteriosas

COLAGE

Materiales

Trozos de papel negro; Una caja o un cubo; Papel de color naranja; Cola o cinta adhesiva; Tijeras.

Proceso

1. Con ayuda de un **adulto**, recortar los pedazos de papel negro hasta obtener formas extrañas o realistas que sugieran una boca, ojos, una nariz o cualquier otro rasgo facial. Esas formas pueden ser muy grandes o muy pequeñas.
2. Colocar esos recortes de papel negro en una caja o en un cubo.
3. Con ayuda de un **adulto**, hacer con papel naranja círculos y óvalos de todos los tamaños desde muy grandes a muy pequeños.
4. Colocar en el suelo unos cuantos de esos círculos u óvalos.
5. Meter la mano en la caja y sacar un recorte de papel negro. Colocarlo sobre el círculo u óvalo para empezar a constituir un monigote. Los rasgos pueden ser absurdos, realistas, amedrentadores o de cualquier estilo que se desee. El intríngulis de este trabajo estriba en que no se sabe cómo acabará siendo el monigote, porque se le van aplicando los rasgos que salgan al azar de la caja.
6. Hacer diversos monigotes. Jugar a cambiar de rasgos para ver qué expresiones y personalidades diferentes es posible crear.
7. Si se desea, sujetar los rasgos con papel celo o goma de pegar y colgar después el monigote en una ventana, de una pared o como decoración de una entrada.

OBSERVACIÓN • *Algunos artistas prefieren crear dibujos al azar en vez de caras de monigotes. Permita que desarrollen su creatividad e imaginación.*

Florero

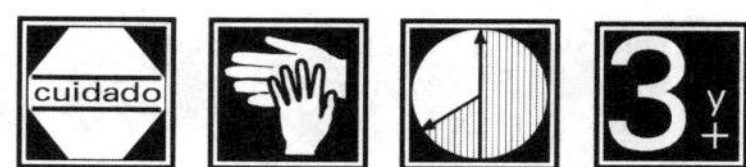

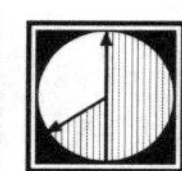

ARTESANÍA

Materiales

Sal, harina y agua para hacer masa de tahona (véase después la receta); Taza de medida; Rodillo; Otros utensilios culinarios como una espátula o un cuchillo; Elementos con que imprimir en la masa, como juguetes, botones, un tenedor, nueces, tuercas, un perno o un lápiz; Bandeja de horno; Horno previamente calentado a 300 grados; Colección de hierbas y ramitas secas del campo.

Proceso

1. Hacer la masa, mezclando a mano en un cuenco una taza de sal, cuatro tazas de harina, y una y media de agua. Amasar durante cinco minutos hasta que se ablande la masa y se vuelva moldeable.
2. Colocar sobre la mesa dos bolas de masa y aplanarlas con un rodillo. Llevar una de las dos a una bandeja de horno.
3. Decorarla, presionando sobre la masa con juguetes u otros elementos.
4. Levantar cuidadosamente la pieza adornada y colocarla encima de la pieza lisa. Alzar el extremo superior de la pieza de masa de encima para crear una abertura semejante a la de un sobre. Presionar sobre el resto de los bordes con un tenedor o pellizcando con los dedos. Practicar dos agujeritos en la parte superior para pasar después por allí un hilo del que cuelgue la obra.
5. Calentar la masa a 300 grados durante una hora o dos hasta que tome un bonito color pardo y se endurezca bien.
6. Una persona **adulta** la sacará del horno.
7. Cuando se enfríe, introducir ramitas, flores o hierbas secas por la abertura del "sobre".
8. Pasar un hilo por el agujero de arriba y colgar el trabajo en la pared.

OBSERVACIÓN • *Experimentar y explorar diversos tipos de masa antes de empezar. Algunos necesitan saber cómo se comporta cada masa antes de realizar su obra de artesanía.*

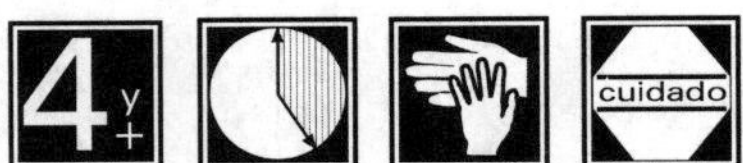

Telar

ARTESANÍA

Materiales

Una tabla lisa para hacer un telar; Clavos de rematar (sin cabeza); Martillo; Bramante; Hilo; Otros materiales para tejer como tiras de trapos, cintas, hierbas secas, adornos de costura, papel arrugado o rafia; Tijeras.

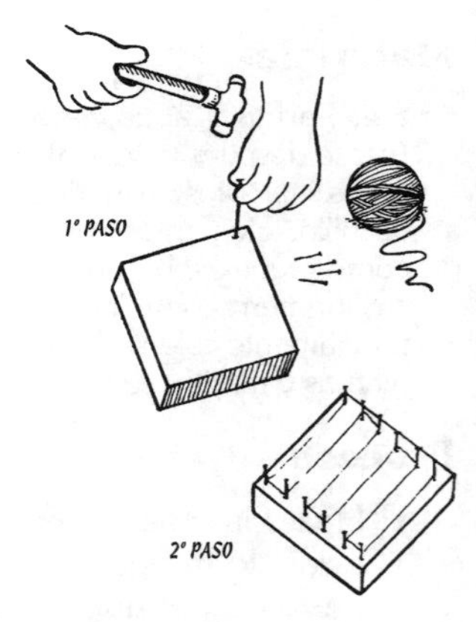

Proceso

1. Un **adulto** ayudará a clavar los clavos en dos de los bordes de una tabla, espaciados de 6 a 25 mm. Los clavos deben quedar bien sujetos pero sin asomar por el otro lado.
2. Ayudar al artista a pasar el bramante de un extremo a otro de la tabla, desde el primer clavo hasta el último. Tensarlo bien. Esa disposición recibe el nombre de urdimbre.
3. Envolver el bramante una y otra vez con hilo de color, cintas de trapo u otro material prolongado (que recibe el nombre de trama). No es necesario seguir una pauta determinada.
4. Cambiar de colores y de materiales, si se desea, y proseguir la tarea conforme a cualquier pauta. Sujetar cada extremo o unirlo al siguiente.
5. Continuar hasta cubrir toda la urdimbre.
6. Retirar la urdimbre de los clavos cuanto esté terminada o dejar allí la obra artística para su exhibición.

OBSERVACIÓN

- *Permitir la exploración con muy diversos materiales y técnicas. Poner luego de relieve la pauta de una vuelta por arriba y otra por abajo y la de dos por arriba y una por abajo. Cuando el artista tenga más experiencia, entederá más fácilmente las demostraciones.*

Máscara de media

 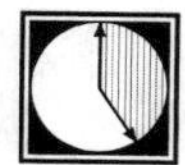 

ARTESANÍA

Materiales

Una media de nailon o de un *panty;* Una percha de alambre; Una cinta o una goma; Retales, botones, hilo, clips, cuentas, bisutería vieja, pendientes o pedazos de una estera para hacer la cara; Cola o hilo y aguja.

Proceso

1. Una persona **adulta** ayudará a configurar una percha de alambre con el gancho en la base hasta que cobre la forma de un espejo de mano.
2. Cortar la media como indica el dibujo. De cada media se puede obtener dos máscaras.
3. Extender sobre el alambre la pieza del pie y atarla con una cinta o con una goma al gancho. Si se utiliza la parte superior de la media, hay que sujetar a la percha la parte de arriba y la de abajo.
4. Con retales, botones, hilo y otros elementos decorativos crear una cara sobre el tejido tenso de la media. Pegar o coser a mano las piezas a la media.
5. Una vez seca, levantar la máscara hasta la altura del rostro y hablar o actuar detrás de la careta.

Variación

- Si no se dispone de una percha, una persona **adulta** puede recortar un óvalo de cartón grueso para obtener la silueta de la máscara y abrir en el centro un agujero en donde se colocará la media para formar la cara. Es posible que ésta no resulte tan resistente como la percha y que sea necesario utilizar la media sin doblar, extendida y sujeta al cartón.

OBSERVACIÓN

- *Existe la posibilidad de que a algunos niños/as pequeños les asusten las máscaras porque aún no hayan aprendido a separar la fantasía de la realidad.*
- *Las máscaras pueden convertir en atrevido a un niño/a tímido, en amable a uno hosco o tranquilizar a un inquieto, revelando muchas sorpresas.*

 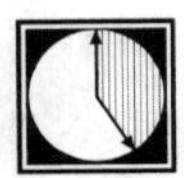 

Árbol de fantasmas

ARTESANÍA

Materiales

Una rama de árbol; Un bidón lleno de arena; Papel de color; Toallas de papel grueso; Tijeras; Cola; Bastoncillos de algodón (opcional); Un rotulador negro; Hilo; Papel celo.

Proceso

1. Introducir el extremo de una rama en un bidón. Echar arena alrededor para que el árbol de fantasmas no se incline. Cubrir el bidón con papel de color. Dejarlo a un lado de momento.
2. Dibujar una figura de fantasma y pegarla a una toalla de papel grueso.
3. Apretar contra ésta otra toalla de papel. Se puede optar por dejar abierta la parte de abajo, para encolar después. Dejar que se seque el fantasma.
4. Con el rotulador negro dibujar una cara en la figura fantasmal.
5. Recortar la figura del fantasma. Si se dejó una abertura en la base, rellenarla con algodón. Encolar al extremo para cerrarlo.
6. Sujetar con cinta adhesiva o coser un hilo a la cabeza del fantasma y colgarlo de la rama.
7. Hacer más fantasmas que cuelguen de la rama hasta que quede terminada la escultura.

Variaciones

- En vez de fantasmas hacer copos de nieve, osos, corazones o formas geométricas, también rellenos. Experimentar con papeles de todo tipo.
- Realizar el trazado de una mano en una toalla de papel doblada y hacer una manopla o un muñeco.

OBSERVACIÓN • *Una vez de utilizar cola, debe coser el papel o máquina. Dar puntadas largas o en zigzag.*

Cosecha artística

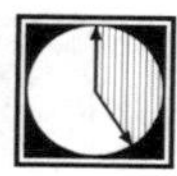

ARTESANÍA

Materiales

Restos de productos alimenticios agrícolas que hayan quedado en el campo o en un huerto, como mazorcas de maíz, hojas, ramitas, hayas o nueces; Palillos, cerillas de madera, cañas, alfileres o hilo; Trocitos de papel, plastilina, plumas o flores secas; Rotuladores de tinta indeleble.

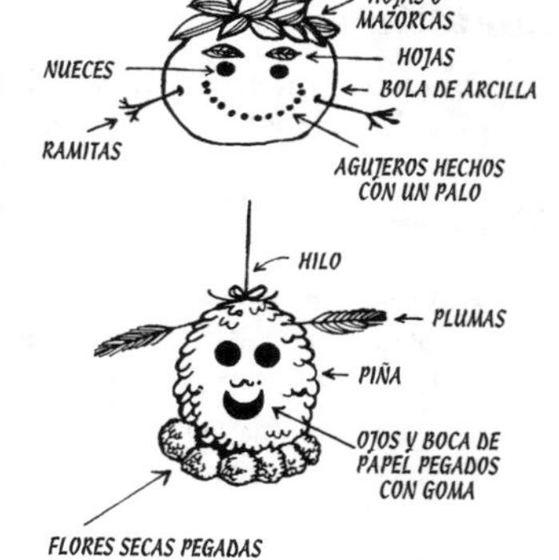

Proceso

1. Dar un paseo por el campo, un huerto o jardín y recoger desechos de productos agrícolas alimenticios u otros materiales del exterior.
2. Hacer un rey u otro personaje de una mazorca de maíz, muñecos de nueces, marionetas de palitos, pájaros a base de plumas, máscaras con hojas o cualquier otro móvil o diseño imaginativo.
3. Utilizar hilo, cañas, palillos u otros elementos para montar la cosecha artística.
4. Añadir bayas que sirvan de ojos, trozos de papel que hagan de capas y sombreros, y pintar los rasgos con un rotulador. No existe realmente un modo preciso de hacer una cosecha artística. Lo divertido es ir un buen día al campo a buscar tesoros de la Naturaleza con los que crear cosas.
5. Llevar a casa algunas verduras o frutas para cocinarlas.
6. Llevar a casa la cosecha artística o dejarla para que los bichos la descubran y se la coman.

Variación

- Construir casitas para los animales con helechos, musgo, palos y agujeros excavados en la tierra. Añadir caminos, mundos y más mundos.

OBSERVACIÓN • *La mayoría de las creaciones no resisten muchas manipulaciones. Habrá que disfrutarlas el día que se hacen y decirles adiós muy pronto.*

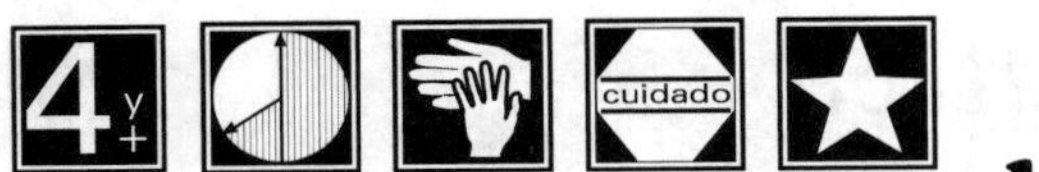

CONSTRUCCIÓN

La casa de los fantasmas

Materiales

Un cartón grande; Un cuchillo y unas tijeras; Témpera y pinceles; Papel; Lápices de cera; Papel celo.

Proceso

1. Una persona **adulta** recortará el cartón hasta obtener la silueta de una casa con tejado. Bajo la dirección del pequeño artista, hará tantas puertas y ventanas como desee. Dejar cada hueco "sobre sus goznes" para que puertas y ventanas se abran y cierren o practicar por el centro un corte vertical con el fin de que la abertura sea de dos hojas.

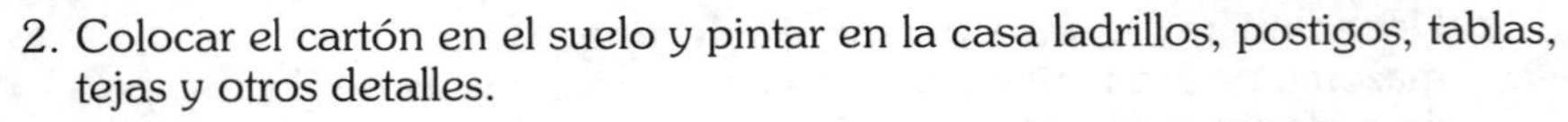

2. Colocar el cartón en el suelo y pintar en la casa ladrillos, postigos, tablas, tejas y otros detalles.
3. Hacer con el papel figuras de fantasmas lo bastante grandes como para que encajen en las ventanas y la puerta. Dibujar además murciélagos, calabazas y otras figuras de *Halloween*.
4. Pegar por detrás los monigotes a las aberturas de modo que no se vea el papel celo.
5. Apoyar la casa de los fantasmas contra una pared o una puerta, sujetándola con cinta adhesiva o por algún otro medio.
6. Disfrutar abriendo puertas y ventanas.

Variación

- En vez de un tema de *Halloween,* dibujar una casa, un árbol o un vehículo con otros personajes. Sugerimos: animales de la selva, personajes de cuentos o habitantes de otro planeta.

OBSERVACIÓN
- *Es seguro que algunos niños gritarán encantados.*
- *Crear casas embrujadas más pequeñas con papel fuerte o con pedazos más pequeños de cartón.*

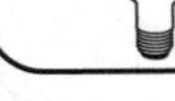

Foto de feria

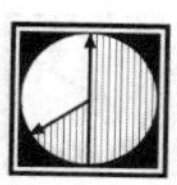

CONSTRUCCIÓN

Materiales

Un cartón que tenga aproximadamente el tamaño de un niño (del embalaje de un frigorífico o de cualquier otro electrodoméstico); Cuchillo y tijeras; Tiza blanca; Témperas; Pinceles grandes y aplanados; Pinceles pequeños y finos; Un espacio bastante amplio para trabajar.

Proceso

1. Una persona **adulta** ayudará a dar al cartón la altura de la barbilla del niño. Luego habrá que recortar un semicírculo en su parte superior. Más tarde habrá que abrir agujeros para las manos.
2. Colocar el cartón en el suelo. Hacer que el pequeño artista dibuje con tiza en el cartón una figura humana cómica o realista. Se puede borrar la tiza para modificar las líneas de la figura.
3. Cuando el dibujo esté terminado, un **adulto/a**, abrirá dos agujeros para las manos o los brazos.
4. Colocar de nuevo el cartón sobre el suelo y pintar el esbozo de la figura realizada. Pintar primero las superficies grandes con un pincel aplanado. Dejar que se seque la pintura. Utilizar un pincel fino para pintar las partes que contengan más detalles.
5. Añadir un fondo a los detalles, como un paraguas en la mano o un perro al que sujetar con su correa. Dejar que se seque por completo el cartón.
6. Una vez seco, ponerlo en vertical, introducir las manos o los brazos por los dos agujeros y apoyar la barbilla en el semicírculo. Proceder delante de un espejo o pedir a un amigo que haga una fotografía.

Variación

- Recortar un trozo pequeño de cartón para crear la forma de una cara. Dibujar el pelo, un sombrero, etc. para hacer una máscara.

OBSERVACIÓN • *Los pequeños artistas disfrutan con las posibilidades humorísticas de este trabajo, que les ayuda a desarrollar su conocimiento del cuerpo.*

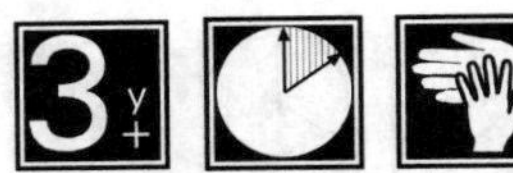
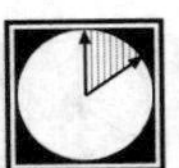

Siluetas de manos

DIBUJO

Materiales

Ceras; Lápices; Papel de color y trozos sobrantes de papel; Tijeras; Cola, cinta adhesiva, una grapadora o chinchetas.

Proceso

1. Emplear una pintura a la cera o un lápiz para trazar la silueta de las manos del artista sobre un trozo de papel. Algunos prefieren hacerlo por sí mismos sin ayuda.
2. Recortar los contornos de las manos. Hacer tantos como sea preciso para el proyecto. Puede que la idea haya quedado determinada antes de iniciar el trabajo o que se desarrolle a medida que se hacen las siluetas.
3. Examinar las figuras de las manos y tratar de pensar en hacer algo con esos recortes. Como sugerencia cabe mencionar un pavo, un fantasma, las astas de un ciervo, un gato, un pollito, un pato, un conejito, las alas de un ángel, tulipanes, una mariposa o figuras caprichosas.
4. Pegar las figuras al papel y añadir otros trozos de papel o algunos dibujos para completar el trabajo. La simple operación de pegar las figuras de las manos constituye un ejercicio interesante y satisfactorio.
5. Dejar que se seque por completo la obra.

Variaciones

- Como idea diferente, trazar y recortar pies.
- Emplear chinchetas para articular las piezas móviles del trabajo.

OBSERVACIÓN

• *Cuando los pequeños artistas capten la idea de ver las configuraciones de objetos corrientes, como las manos empleadas para imitar las astas de un ciervo, descubrirán nuevas formas en su mundo visual.*

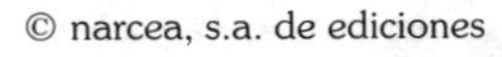

Figuras con velas

DIBUJO

Materiales

Velas (de todos los tamaños, formas y colores); Papel blanco; Acuarelas y un pincel; Una taza de agua; Lápices de cera, opcional; Una superficie de trabajo cubierta.

Proceso

1. Colocar una hoja de papel sobre la superficie de trabajo cubierta.
2. Dibujar con velas de cualquier tamaño, forma y color. Oprimir con fuerza para obtener huellas visibles de muchas velas.
3. Como idea opcional, dibujar y colorear con lápices de cera sobre el dibujo de las velas.
4. Para ver el dibujo de las velas, pintar encima con acuarela. Este proceso da permanencia al trabajo.
5. Secar el trabajo por completo. Si el dibujo ha quedado arrugado o se enrolla, alisarlo por la parte posterior con una plancha caliente.

Variaciones

- Escribir mensajes secretos con las velas o dibujar imágenes sobre el papel grueso y blanco que cubra la mesa de las golosinas en una fiesta. Dar a cada invitado una taza de agua coloreada y un pincel para que descubra los secretos que oculta la mesa.
- Con témpera diluida o con tinta aguada se obtiene el mismo efecto que producen las acuarelas.
- Se puede lograr un efecto espectacular y permanente, coloreando con intensidad el papel mediante lápices de cera y pintando sobre el dibujo con témpera negra o azul oscuro.

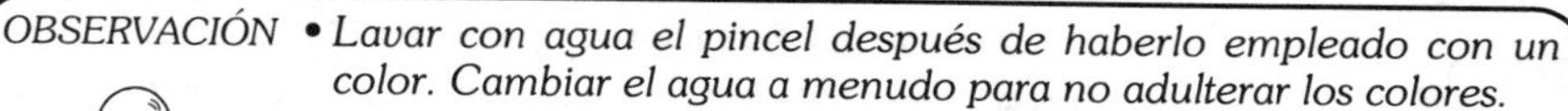

OBSERVACIÓN
- *Lavar con agua el pincel después de haberlo empleado con un color. Cambiar el agua a menudo para no adulterar los colores.*
- *Oprimir con fuerza unas velas para obtener un dibujo que reaccione con las acuarelas.*

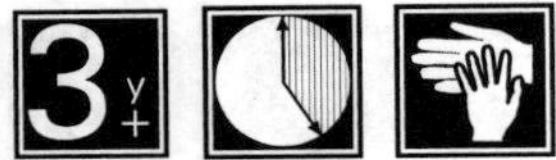

Figura borrosa

DIBUJO

Materiales

Tijeras; Hilos para el fondo en colores que hagan contraste; Una bolsa o un recipiente de plástico con tapa para los trocitos de hilo; Cola transparente en un platito (para colorearla, mezclarla con un colorante alimentario o con témpera); Pincel para la cola; Un plato de cartón como base; Una superficie de trabajo cubierta.

Proceso

1. Liar un hilo en torno de los dedos unas quince veces. Cortarlo.
2. Cortar e introducir en la bolsa o el recipiente de plástico trocitos del hilo de 1 cm o menos de largos. (Si se desea, cortar hilos de longitudes o colores diferentes).
3. Hacer que el artista ponga cola en una pequeña área de la base.
4. El pequeño puede elegir hilo de un determinado color y pegarlo en la zona encolada.
5. Dar con más cola en un sector diferente y añadir nuevos hilos a ese lugar. Proseguir haciendo dibujos con cola e hilos hasta que toda la base quede ocupada.

Variación

- Cortar hilos de colores diferentes y trazar un dibujo con un frasco de cola para crear imágenes borrosas de hilos. Actuar siempre en pequeñas áreas y no con superficies extensas, para que no se seque la cola antes de haber puesto los hilos.

OBSERVACIÓN

- *El único truco preciso para tener éxito en esta tarea consiste en extender la cola sobre la base y apretar el hilo contra ésta. No mojar el hilo en la cola del platito.*
- *Las personas adultas pueden colaborar en el aseo de las manos y en el corte de los hilos, pero los pequeños artistas han de trazar las figuras de colar y cubrirlas con hilos.*

Dibujo al aceite

DIBUJO

Materiales

Papel blanco; Lápices de cera; Aceite de cocinar; Bastoncillos de algodón; Periódicos para cubrir la mesa.

Proceso

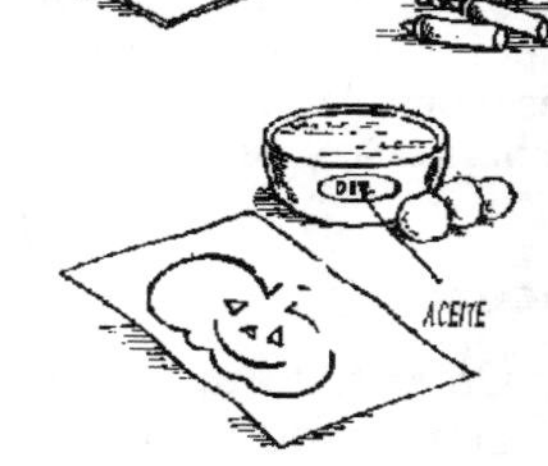

1. Colocar el papel blanco sobre los periódicos.
2. Dibujar los que se quiera sobre el papel blanco, empleando lápices de cera en trazos fuertes.
3. Frotar el reverso del papel blanco con un pedacito de algodón mojado en aceite de cocinar.
4. Dejar que se seque el dibujo aceitado sobre otros periódicos.

Variaciones

- Emplear aceite infantil o mineral en vez del de cocina.
- Para extender el aceite, usar un pincel en lugar de algodón.
- Experimentar con diferentes tipos de papel.

OBSERVACIÓN

- *Preparar un cubo con agua jabonosa y tibia para lavarse las manos pringosas de aceite.*
- *Es posible que a algunos artistas no les agrade trabajar con aceite ni el resultado. Recuerde que es una reacción normal en niños pequeños.*

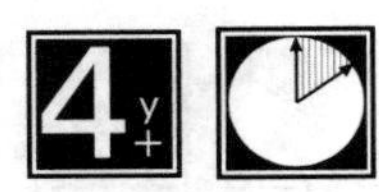

Dibujo puntillista

DIBUJO

Materiales

Cualquier medio de dibujar y colorear como lápices de cera, rotuladores, pinturas y pinceles, tiza, pastel o lápices de colores; Papel.

Proceso

1. Crear todo un dibujo empleando sólo puntitos de colores.
2. Cambiar de color cuando se desee.
3. Cambiar diferentes medios artísticos como puntitos de lápices de cera en una parte del dibujo y de acuarela para el fondo.

Variaciones

- Recurrir al contraste cromático, como por ejemplo, con puntitos verdes sobre papel rojo o puntitos amarillos sobre papel púpura.
- El puntillismo es una técnica pictórica en la que sólo se emplean puntitos. Los pequeños artistas pueden explorar fácilmente este procedimiento.

OBSERVACIÓN

- *Examinar a través de una lupa las páginas infantiles de los suplementos, tebeos o libros ilustrados y comprobar que las imágenes se componen de puntitos. Tras emplear la lupa o ver reproducciones de maestros del puntillismo como Seurat o Santiago Rusiñol, los pequeños artistas podrán llegar a entender esta técnica.*

Grabado de mazorca

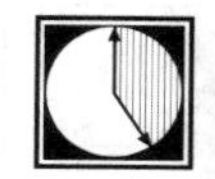

PINTURA

Materiales

Mazorcas secas sin granos; Témpera en una bandeja de horno; Mazorqueros o clavos; Papel grande; Superficie de trabajo cubierta.

Proceso

1. Guardar las mazorcas después de haber consumido el grano y dejarlas a secar en un estante.
2. Verter un poco de pintura en una bandeja de horno o de cualquier otro tipo.
3. Introducir los mazorqueros en los extremos de la mazorca para sujetarla durante la realización de la obra. Si no se dispone de mazorqueros, una persona **adulta** pueden introducir un clavo por cada extremo de la mazorca. En el caso de que este sistema no diese resultado, recurrir a los dedos para que gire en torno.
4. Pasar la mazorca sobre la pintura de la bandeja del horno como si fuese un rodillo para pintar.
5. Pasarla ahora empapada de pintura sobre el papel. Hacerla rodar de un lado a otro o describir movimientos en los dos sentidos. Crear así formas o dibujos diversos.
6. Dejar que se seque la obra.

Variación

- Emplear las impresiones como papel de envolver regalos o como fondo para otros trabajos artísticos.

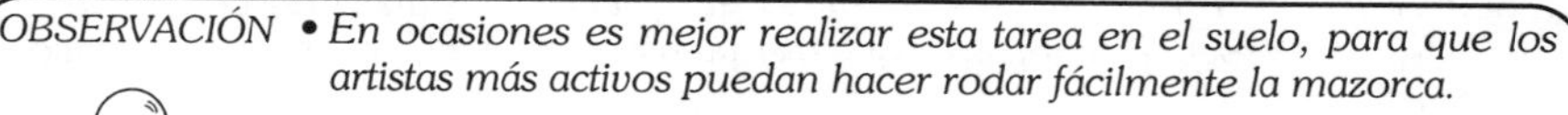

OBSERVACIÓN
- *En ocasiones es mejor realizar esta tarea en el suelo, para que los artistas más activos puedan hacer rodar fácilmente la mazorca.*
- *Se puede lavar con agua las mazorcas, secarlas y emplearlas de nuevo.*

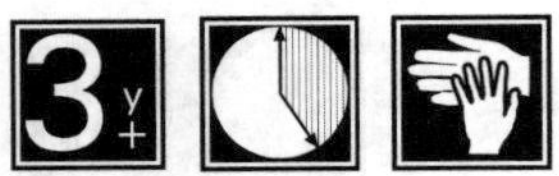

Figura en negativo

PINTURA

Materiales

Un pliego grande de papel de imprimir; Tijeras; Caballete; Pinturas y pinceles; Bastidor para el secado.

Proceso

1. Con ayuda de una persona **adulta**, recortar un círculo o cualquier otra figura en el papel de imprimir que se va a utilizar en el caballete.
2. Sujetar el pliego de papel al caballete.
3. Pintar sobre el papel, empleando el espacio en negativo como parte de la pintura.
4. Retirar la obra del caballete y colocarla en un bastidor para que se seque.

Variaciones

- Recortar diversas formas en el papel que después se colocará en el caballete.
- Pegar con goma una figura coloreada al papel de imprimir para incorporarla a la pintura.
- Utilizar todo el espacio negativo o trazar por encima en el papel figuras con lápices de cera o bolígrafos.

OBSERVACIÓN • *A muchos artistas no les gusta ver un agujeto en el centro del papel. Anímeles a que disfruten de un papel con espacio negativo.*

Dibujo en blanco    

PINTURA

Materiales

Restos de papel de construcciones; Tijeras; Una presilla de cinta adhesiva; Pintura para pintar con los dedos (témpera y almidón líquido); Bandeja de horno o la superficie de una mesa; Papel grande; Periódicos para que se sequen las pinturas; Cubo de agua jabonosa.

Proceso

1. Recortar en papel de construcciones una figura como, por ejemplo, un círculo, una hoja, o cualquier otra forma.
2. Pegarla en el centro del papel con una presilla de cinta adhesiva colocada por detrás de la forma recortada. Dejar a un lado el papel.
3. Verter un poco de almidón líquido en el centro de la bandeja de horno. Echar sobre el charquito formado una cucharada de témpera líquida o en polvo.
4. Remover en las manos el almidón y la pintura y utilizar esa mezcla para pintar con los dedos sobre la bandeja de horno (si la pintura se "resiste", añadir unas gotas de detergente líquido).
5. Cuando esté terminada la figura sobre la bandeja de horno, ayudar al pequeño artista a colocar encima el papel con la forma recortada (ésta por debajo). Presionar con suavidad para que la figura pintada se imprima en el papel.
6. Retirar el papel de la bandeja de horno y colocarlo sobre algunos periódicos para que se seque.
7. Despegar luego con suavidad la forma recortada de la pintura; esa figura en blanco estará rodeada de espacios pintados.

OBSERVACIÓN

- *Tener cerca unos trapos para que el artista se limpie las manos.*
- *El sitio en donde se seque la pintura debe estar próximo a aquél en donde se realizó la impresión.*

Media vuelta al papel

PINTURA

Materiales

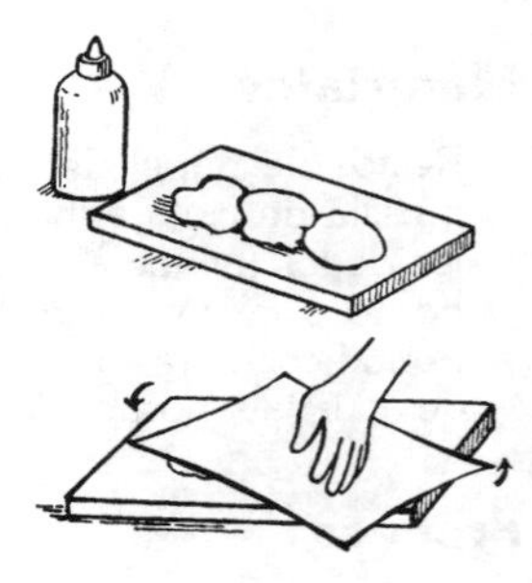

Frascos flexibles con témperas; Papel grueso; Periódicos para cubrir el suelo; Superficie de cinc sobre la que pintar; Esponjas, agua y jabón para lavarse.

Proceso

1. Oprimir los frascos flexibles para dejar caer sobre el cinc tres o cuatro gotas grandes de pintura.
2. Colocar un papel grueso sobre las gotas grandes de pintura.

3. Dar media vuelta al papel con la palma de la mano.
4. Levantarlo y contemplar el dibujo.
5. Seguir experimentando con colores y tipos de giros de la palma de la mano para crear nuevos dibujos.
6. Empapar una esponja en agua jabonosa y lavar el cinc para dar paso a nuevas creaciones o a otros niños.

Variaciones

- Realizar los giros con los pies descalzos, con o sin papel.
- Utilizar un plato de cartón u otros tipos de papel.
- Emplear una mesa en vez del cinc.
- Actuar sobre una bandeja de horno en lugar de la mesa o del cinc.

OBSERVACIÓN

- *Una persona* ***adulta*** *debe encargarse de que el cinc quede limpio cuando se remueven los artistas o cuando se inicie una nueva creación. Por ello, es recomendable llevar a cabo esta actividad al aire libre, en donde un cubo o una manguera facilitarán el lavado.*

Paleta de pintor

PINTURA

Materiales

Bandeja de alimentos congelados; Témperas; Pincel; Tarro de agua y un trapo; Caballete; Papel.

Proceso

1. Colocar pequeñas cantidades de pintura en la bandeja de alimentos congelados.
2. Hacer que el pequeño artista se sitúe ante el caballete, sujetando con una mano la bandeja como si fuera una paleta. Con el pincel mezclará pinturas en la bandeja, creando tonalidades que aplicar en el papel.
3. Lavar a menudo el pincel con agua. Usar el trapo para secarlo cuando sea necesario.

Variaciones

- Emplear como paleta un plato de cartón o una tapa de plástico o usar una auténtica paleta de pintor.
- Utilizar un raspador de paleta (servirá al efecto cualquier objeto similar de plástico) para que el niño adquiera experiencia en extender pintura por el papel.
- Algunos pequeños pueden experimentar con pinturas acrílicas.

OBSERVACIÓN • *La pintura con paleta es un paso avanzado que puede explorar el niño tras haber conseguido una cierta experiencia en la mezcla de colores. Al pequeño artista le gusta jugar a ser un famoso pintor adulto ante el caballete y pintar como él. Proporciónele una boina como elemento de disfraz para esta actividad.*

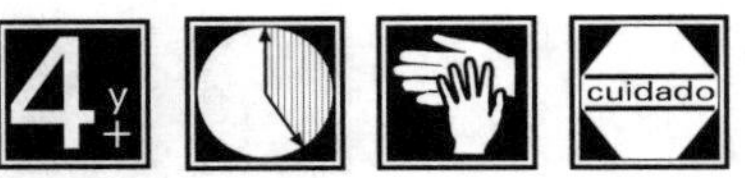

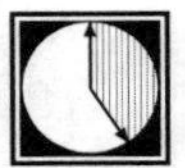

ESCULTURA

El globo que se fue

Materiales

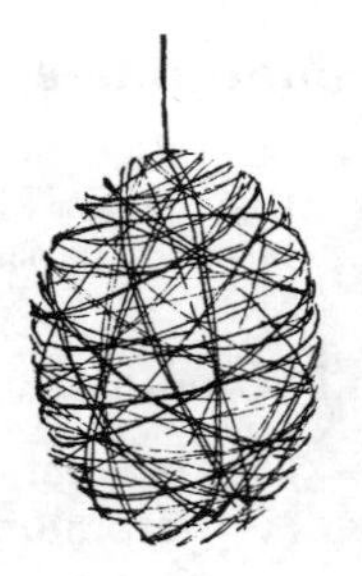

Almidón granulado; Agua; Cazuela; Cocina; Cuchara; Bol; Hilo de color o de seda para bordar, aproximadamente de un metro de longitud; Globo resistente; Mesa abierta con periódicos.

Proceso

1. Una persona **adulta** se encargará de preparar una solución fuerte de almidón de la siguiente manera: disolver una cucharada de almidón granulado en la cantidad de agua que indique el envase; seguir el resto de las instrucciones del envase; dejarlo en un bol y enfriarlo.
2. Inflar un globo. Cerrar el extremo con un nudo doble.
3. Sumergir el hilo en la solución de almidón. Asegurarse de que esté completamente cubierto de almidón, pero que no sea demasiado pesado a la hora de envolver el globo.
4. Proceder a envolver el globo con el hilo, cuidando de que se peguen bien los dos cabos.
5. Cuando el globo esté bien envuelto por el hilo (pero no totalmente), dejarlo secar toda la noche.
6. Cuando se haya secado por completo el hilo, desinflar el globo y retirarlo.
7. Emplear una hebra para colgar la obra del techo, de una rama o de un marco.

OBSERVACIÓN

- *Es corriente la tendencia a envolver el globo. Si se emplea el hilo en exceso acabará por desprenderse del globo. Comenzar de nuevo y emplear menos hilo.*
- *Eliminar en dos dedos parte del almidón del hilo para que se adhiera sin pesar mucho.*

A pisotones

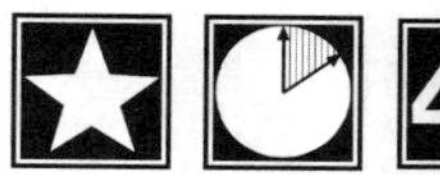

ESCULTURA

Materiales

Papel de aluminio, nuevo o reciclado; Papel celo; Un cartón negro o de otro color.

Proceso

1. Tomar un trozo de papel de aluminio y apretarlo hasta hacer una pelota o cualquier otra forma.
2. Colocar en el suelo la pelota.
3. Pisotearla hasta que quede completamente plana.
4. Hacer presillas de cinta adhesiva y colocarlas en el reverso del papel aplastado de aluminio.
5. Presionar el papel aplastado sobre el cartón hasta que se pegue. Añadir más papel celo si es preciso.

Variaciones

- Colorear el cartón con tiza o pintura para proporcionar un fondo abigarrado a la escultura aplastada.
- Se puede colgar la obra del techo.

OBSERVACIÓN • *Las esculturas aplanadas crean formas interesantes y constituyen experiencias artísticas satisfactorias para cualquier edad.*

ESCULTURA

Papel de aluminio pintado

Materiales

El papel de aluminio, reciclado o nuevo; Cartón; Pintura encolada; mezcla de cola viscosa con témpera y unas gotas de detergente líquido; Una pistola de cola, opcional (que será empleada por una persona **adulta**); Un pincel.

Proceso

1. Crear una forma o escultura con un trozo de papel de aluminio.
2. Montar sobre un cartón la escultura con cola viscosa o pintura encolada. Dejar bastante tiempo para que se seque. Un método más rápido consistirá en que una persona **adulta** emplee una pistola de cola y pegue la escultura de papel de aluminio al cartón. Observe las medidas de seguridad.
3. Cubrir la escultura con pintura encolada. Así brillará el plateado.
4. Dejar que se seque por completo la escultura.

Variaciones

- Mezclar colorante alimenticio con la cola para obtener una pintura encolada más trasparente.
- Añadir más témpera a la encolada para hacerla opaca.
- Añadir virutas u otros materiales de colage a la escultura de papel de aluminio.

OBSERVACIÓN • *El papel de aluminio es un excelente material artístico y resulta barato y adecuado. Concede al pequeño artista una cierta dosis de experimentación y exploración. Reciclar o volver a emplear el material de los primeros ensayos.*

• *Es difícil reproducir con papel de aluminio rasgos minuciosos, adornos o partes del cuerpo. Trate de que la escultura proceda se haga con un pliego entero de este papel.*

Bandeja cosida

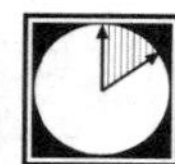

ARTESANÍA

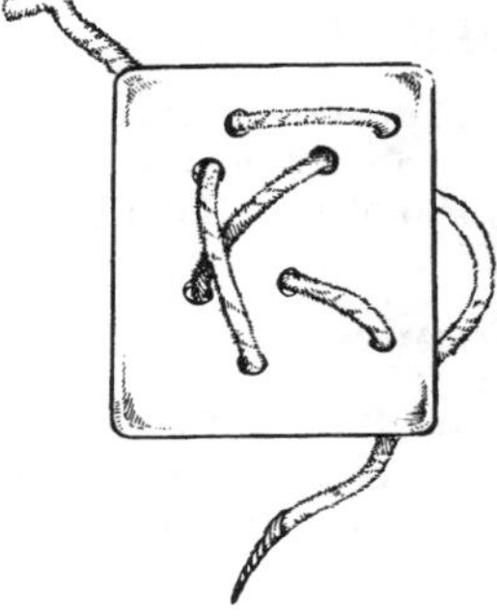

Materiales

Bandeja de polispán para comestibles; Instrumento para perforar, como un lápiz o la punta de unas tijeras; Unos cuantos periódicos sobre los que trabajar; Hilos de diversos colores previamente cortados, de medio metro de longitud aproximadamente; Papel celo.

Proceso

1. Poner la bandeja de polispán sobre el montón de periódicos.
2. Con la ayuda de una persona **adulta**, abrir agujeros, no demasiados, con un instrumento puntiagudo, por ejemplo, un lápiz. (Conviene que el pequeño artista decida de antemano cuántos orificios va a hacer y que se atenga a ese número).
3. Perforar al azar o hacer agujeros que sugieran una forma o un dibujo. Más tarde, en cualquier momento se puede hacer más orificios.
4. Envolver un cabo del hilo con papel celo para que haga las veces de aguja y pasarlo por uno de los agujeros de la bandeja.
5. Pasar todo el hilo hasta el final. Sujetar al extremo al reverso de la bandeja con cinta adhesiva.
6. Continuar pasando el hilo por los agujeros hasta crear una trama. Cambiar el color del hilo de vez en cuando.
7. Cuando el diseño esté terminado, sujetar con papel celo el extremo del hilo al reverso de la bandeja.

Variaciones

- Coser con un hilo enhebrado en un aguja grande de plástico.
- No hacer previamente agujeros en la bandeja de polispán. Coserla con hilo enhebrado en una aguja de plástico, perforando con la punta de ésta.

OBSERVACIÓN • *Los pequeños artistas necesitan ayuda a la hora de enhebrar la aguja, pegar cinta adhesiva al extremo del hilo para que desempeñe la función de un aguja y deshacer los nudos y lazos que a veces se forman.*

ARTESANÍA

Colección de obras maestras

Materiales

Trabajos artísticos infantiles; Cola y papel celo; Un álbum de recortes con las páginas en blanco; Rotulador.

Proceso

1. Para conservar los trabajos artísticos favoritos en un álbum, pegarlos en éste con cola o papel celo. El álbum estará estructurado por secciones específicas o cronológicamente, a medida que avance el curso.
2. Un adulto/a puede anotar en el álbum de recortes los comentarios del autor acerca de un determinado trabajo artístico. No se debe escribir sobre este trabajo. Se puede preguntar al pequeño artista: "¿Qué es lo que más te gusta de este trabajo?", "¿Qué te parece?" o "Dime qué colores has empleado".
3. Seguir guardando trabajos artísticos planos en el álbum de recortes hasta que se llene.

Variaciones

- Algunos niños y niñas prefieren realizar directamente sus trabajos sobre las hojas del álbum.
- Se puede fabricar un álbum con un fajo de hojas grandes.
- Perforarlas por un lado y abrir también agujeros en la tapa de cartón. Una vez que se pase el bramante por los orificios, ya está listo el álbum para guardar trabajos o fotografías.

OBSERVACIÓN • El pequeño/a debe elegir lo que desea guardar en la colección.

Monigotes de un pantalón

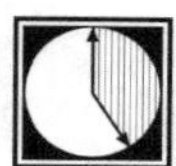

ARTESANÍA

Materiales

Un pantalón viejo de boca ancha; Máquina de coser; Tijeras; Materiales para adornar los monigotes, como retales, hilo, botones, ojos de plástico o fieltro; Goma o hilo y aguja.

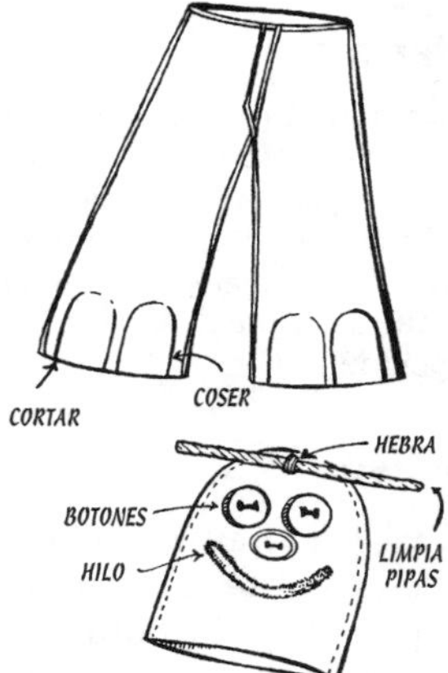

Proceso

1. Volver un pantalón viejo. Cortar por la vuelta.
2. Con ayuda de una persona **adulta** coser dos retales en U por la parte de abajo de forma tal que esa parte corresponda a la base de cada monigote.
3. Adornar los muñecos con diversos materiales de costura o artesanía, utilizando cola o aguja e hilo. Los monigotes pueden ser animales, personas, personajes de un libro o de un relato o formas caprichosas.
4. Interpretar comedias, canciones o simplemente disfrutar de los muñecos.

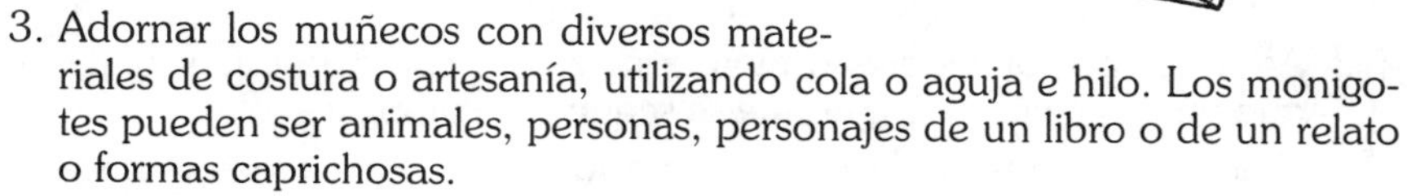
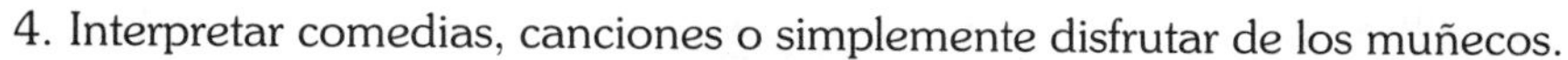

Variación

- Adornar una caja en donde guardar una colección cada vez mayor de estos monigotes. Crear un grupo de muñecos, como por ejemplo 3 ositos y una niña rubia.

OBSERVACIÓN • De cada pantalón es posible obtener unos cuatro monigotes.

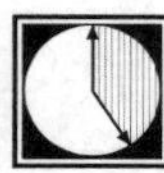

Guiñol

ARTESANÍA

Materiales

Una barra de cortina que tenga un muelle que le permita encajar en el marco de una puerta; Una sábana vieja; Rotuladores; Pinturas encoladas (Una mezcla de cola viscosa y témperas); Platos con pinturas; Pinceles; Máquina de coser, opcional.

Proceso

1. Colocar una barra de cortina adaptable en el marco de una puerta, a la altura conveniente para los pequeños que van a manejar el guiñol.
2. Adornar con rotuladores o pintura mezclada con cola una sábana vieja que servirá de telón. Dejar que se seque por completo.
3. Colgar la sábana de la barra y que los niños, agachados, muevan los muñecos de guiñol.
4. Como idea opcional, crear un marco sencillo que encaje en la puerta y pasar por él la barra del telón.
5. Para guardar el guiñol, enrollar el telón en la barra y dejarlo en un rincón de cualquier armario.

Variación

- Obtener un telón más atractivo, añadiendo polvos brillantes a la pintura húmeda.

OBSERVACIÓN • *En ocasiones los pequeños requieren ayuda cuando la representación es larga, y habrá que indicarles que el espectáculo concluirá al cabo de unos minutos.*

Círculo de lana

ARTESANÍA

Materiales

Círculos de cartón de cualquier tamaño; Tijeras; Hilos de lana de muchos colores y de unos 70 cm de longitud; Papel celo.

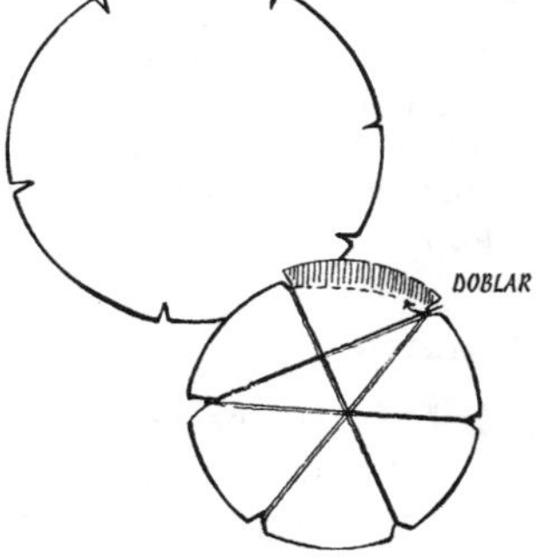

Proceso

1. Con ayuda de una persona **adulta** recortar círculos de cartón de cualquier tamaño. La dimensión recomendable para las manos de los pequeños es unos 12 centímetros de diámetro.
2. Ayudar a cada niño/a a abrir con unas tijeras 5 ó 6 ranuras en el borde de cada círculo.
3. Envolver el círculo con hilo de lana pasándolo por cada ranura. Experimentar con diseños entrecruzados.
4. Pegar o a sujetar el extremo del hilo de lana al reverso del círculo. Si se desea, doblar los bordes entre las ranuras.

Variaciones

- Recortar otras formas de cartón como un árbol, un cuadrado o un corazón.
- Emplear hilo de bordar.

OBSERVACIÓN • *Para utilizar con soltura el hilo, meter un ovillo en una cajita de cartón. Abrir un agujero en la tapa. Pasar el hilo por el orificio y luego cerrar la cajita con la tapa. Saldrá sin enredarse.*

 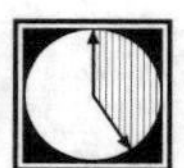 

Pendientes y collares

ARTESANÍA

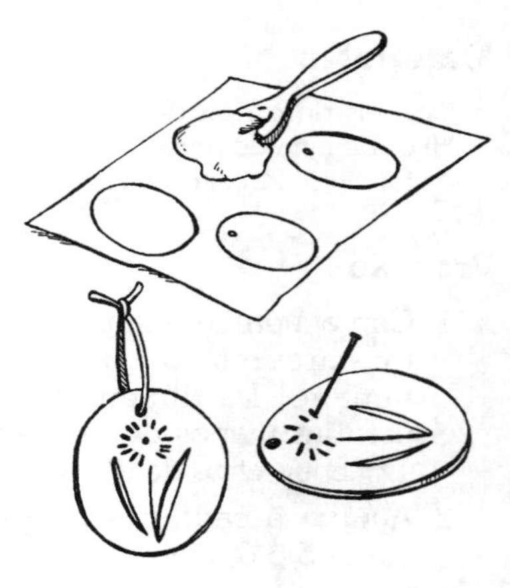

Materiales

1/3 de taza de yeso (70 g); 2/3 de taza de agua (150 ml); Un clavo o un alfiler; Rotuladores; Tazas de medida; Una correa fina; Un cuchara; Laca, opcional; Papel encerado; Un trapo.

Proceso

1. Mezclar una taza de yeso con dos tercios de taza de agua en un recipiente, removiendo con una cuchara hasta que tome cuerpo. Recordar que hay que actuar deprisa porque el yeso se endurece muy pronto.
2. Echar cucharadas de yeso en el papel encerado. Aguardar de 5 a 10 minutos para que fragüe. Si es necesario, remover el yeso con el mango de la cuchara.
3. Si se piensa hacer un collar, abrir un agujero encima de cada montoncito de yeso mientras aún esté blando.
4. Cuando se haya endurecido, trazar un boceto con un clavo o un alfiler como los dibujos que hacían los balleneros en dientes de tiburón, huesos de ballena y colmillos de morsa.
5. Dibujar sobre los trazos realizados con rotuladores y luego borrar lo que se sale. La tinta llenará las hendiduras realizadas.
6. Si se desea, realizar otros dibujos sobre el plástico.
7. Cubrir el colgante con goma de pegar si se pretende conservar el dibujo.
8. Pasar un cordón de cuero por el orificio y utilizar el colgante como pendiente o collar.

OBSERVACIÓN • *Los pequeños artistas hacen a veces colgantes muy, MUY grandes, pero disfrutan luciéndolos.*

INVIERNO

Dibujo de canela

DIBUJO

Materiales

Canela en rama; Papel de lija; Tijeras

Proceso

1. Recortar el papel de lija creando cualquier forma o utilizarlo tal como está.
2. Dibujar en el papel de lija con un palito de canela en rama.

Variaciones

- Crear con el papel de lija figuras de adornos de fiesta y ensartarlas en un hilo con otros adornos entre las diversas piezas. Se puede usar polispán, cacahuetes, pedazos de papel de aluminio, de papel de colores o de envolver, plastilina u otros materiales interesantes. Colocar la guirnalda en el techo alrededor de la habitación ¡Caramba, que bien huele!
- Hacer cuadraditos de papel de lija y ensartarlos en un hilo. Abrir agujeros con una taladradora de papel en los cuadraditos de lija impregnados de canela. Así se obtiene un collar aromático.
- Como adorno, pegar polvo dorado o hilo en los bordes de las figuras de papel de lija.

OBSERVACIÓN

- *Es dificil cortar el papel de lija y puede atascar las tijeras.*
- *A los pequeños les gusta hacer garabatos y rascar en el papel de lija con la canela más por su fragancia que por el propio dibujo.*

Estampación de tejidos

DIBUJO

Materiales

Ceras especiales para tejido; Papel blanco; Tejido: una sábana vieja, muselina, una camisa, una funda de almohada; Una plancha vieja; Un montón de periódicos sobre los que planchar.

Proceso

1. Dibujar o colorear a discreción con ceras para tejido sobre un papel blanco (seguir las instrucciones de la caja de ceras).
2. Colocar el tejido sobre el montón de periódicos.
3. Poner encima y boca abajo el papel dibujado.
4. Una persona **adulta** colocará una plancha caliente sobre el papel. Pero en vez de pasarla al estilo tradicional (hacia atrás y hacia adelante), se limitará a presionar con firmeza. El dibujo pasará entonces al tejido.
5. Retirar el papel. La cera se habrá fundido sobre el tejido y el calor traspasará los colores a éste.

Variaciones

- Coser varios retales para formar una colcha.
- Adornar así un pañuelo grande, una bolsa de libros, servilletas, un mantel o cualquier otro paño.

OBSERVACIÓN

- *Las pinturas a la cera para tejido se encuentran en los establecimientos especializados y a menudo en los comercios en donde se venden pinturas corrientes*
- *El dibujo realizado con lápices de cera para tejido no se asemejará a los logrados con ceras corrientes, pero la figura traspasada poseerá colores brillantes y reales. Los colores pueden ser diferentes de los de pinturas normales.*
- *Como sucede siempre que hay que usar una plancha, una persona **adulta** debe encargarse de utilizarla o vigilar su utilización por parte de los niños/as mayores.*

DIBUJO

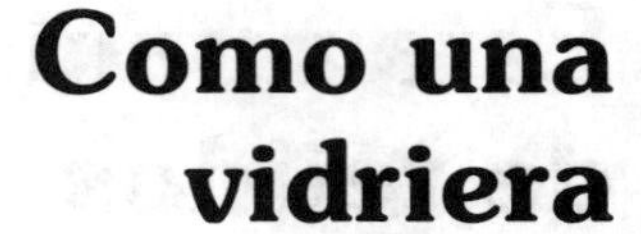

Como una vidriera

Materiales

Papel blanco; Rotuladores negros; Restos de lápices de cera sin envoltorio; Una plancha para calentar; Un guante grueso o una manopla de cocina; Tijeras y papel celo, opcional.

Proceso

1. Utilizar el rotulador negro para hacer el boceto en el papel. Los espacios que queden en blanco, colorearlos con lápices de cera fundidos.
2. Colocar en la plancha para calentarlo el papel del dibujo en negro.
3. Utilizar un guante grueso o una manopla de cocina en la mano con la que no se dibuja. Sujetar el papel con esa mano.
4. Emplear las ceras para colorear el dibujo. Trabajar lentamente con el fin de que las pinturas tengan tiempo de fundirse y empapelar el papel.
5. Retirar el papel de la plancha. Ponerlo delante de la luz o frente a una ventana y contemplar el efecto semejante al de un vidriera de colores.
6. Se puede recortar el dibujo o ponerlo en una ventana para que se parezca a una vidriera.

Variaciones

- Los artistas pueden contemplar diversas vidrieras auténticas para estimular su imaginación a la hora de realizar sus creaciones.
- Con objeto de que sea mayor el efecto de la transparencia, frotar el reverso del papel con un poco de algodón empapado en aceite para bebés.

OBSERVACIÓN

- *Como sucede en cualquier tarea que exija el empleo del calor o de la electricidad, hay que tomar medidas de precaución. Sujetar el cable de la plancha a la mesa y poner ésta junto a la pared.*
- *Algunos pequeños no habrán adquirido aún el concepto del vidriera y disfrutarán simplemente empleando pinturas de cera fundidas en experimentos atrayentes y un tanto improvisadas.*

Adorno de fiesta

DIBUJO

Materiales

Un frasco de cola blanca; Papel encerado; Rotuladores; Hilos o hebras; Periódicos para cubrir la mesa.

Proceso

1. Verter unos goterones de cola sobre una hoja de papel encerado. Trazar figuras de formas diversas.
2. Aguardar hasta que la cola se endurezca y se aclare.
3. Adornar la cola seca con los rotuladores.
4. Despegar cuidadosamente del papel encerado las figuras adornadas de cola seca.
5. Se pueden ensartar con un hilo y colgarlas del techo, lucirlas como si fuesen una joya o emplearlas como adorno de una fiesta.

Variaciones

- Mezclar témperas con la cola para colorearla.
- Rociar purpurina en polvo o sal sobre la cola antes de que se seque para que tenga aún más brillo.

OBSERVACIÓN
- *Despegar la cola exige cierta paciencia y coordinación y quizá resulte conveniente la ayuda de una persona* ***adulta****.*
- *En función de las condiciones meteorológicas, tal vez haya que esperar varios días hasta que la cola se seque y aclare.*

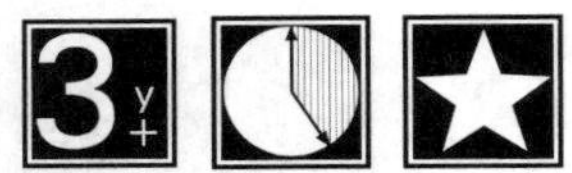

Gotas de colores

PINTURA

Materiales

Diversos tipos de papel: de arroz, de filtro de café, secante o toallas de papel; Colorantes alimentarios en varios boles; Cuentagotas; Papel de periódico para proteger la mesa.

Proceso

1. Cubrir la mesa con el papel de periódico.
2. Colocar una hoja de papel secante sobre el periódico.
3. Llenar un cuentagotas en un bol y formar un charquito de color sobre el papel.
4. Emplear otro cuentagotas para añadir otro color. Las tonalidades se mezclarán hasta crear un diseño.
5. Trasladar el papel secante a otro papel de periódico sin imprimir para que se seque.

Variaciones

- Una vez seco, se puede recortar el papel en figuras de cristales de hielo, emplearlo para envolver o colgarlo de una ventana con el fin de disfrutar de su cromatismo.
- Plegar y mojar el papel en los boles de colorantes en vez de emplear los cuentagotas.
- En vez de colorantes alimentarios, utilizar pintura en polvo o tintes de tejidos, a la venta en las tiendas de materiales artísticos. Aunque esos tintes parecen caros, duran mucho tiempo y los hay en una gama sorprendente de tonalidades.

OBSERVACIÓN

- *Muchos pequeños artistas se entusiasman de tal modo por la tarea que al final el papel queda tan empapado que resulta difícil manejarlo. Conviene usar papel bastante fuerte para que después sea posible alzar el del dibujo y llevarlo a secar a otro lugar.*
- *Indudablemente, se mancharán las manos. Es posible que se requieran lavados sucesivos hasta que desaparezcan los colores al cabo de varios días. Proteja la roja con una camisa vieja o con un babi.*

Pintura brillante

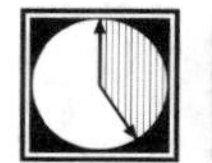

PINTURA

Materiales

Una mezcla de témpera líquida, 4 cucharadas de jarabe de maíz, 1-1,5 cucharaditas de detergente líquido de lavavajillas; Un cartón; Pinceles; Cucharas para mezclar; Tarritos.

Proceso

1. Mezclar la témpera líquida, el jarabe de maíz y el detergente de lavavajillas. Conservar el producto en tarritos.
2. Utilizar la mezcla para pintar en donde y como se prefiera sobre el cartón que servirá de base.

Variaciones

- Impregnar con la mezcla hilo o hebras y luego comprimirlos entre hojas de papel para obtener un dibujo. Retirar después los hilos.
- Colocar un papel en una bandeja de horno y hacer rodar unas canicas sobre charquitos de esa mezcla.
- Emplear esa pintura sobre papel blanco o de seda coloreado para hacer papel de envolver.

OBSERVACIÓN

- *Esta pintura es muy espectacular y brillante, y resulta muy indicada en adornos para fiestas.*
- *También es muy pegajosa y tarda más tiempo en secarse que las corrientes.*

PINTURA

Impresión de plantilla

Materiales

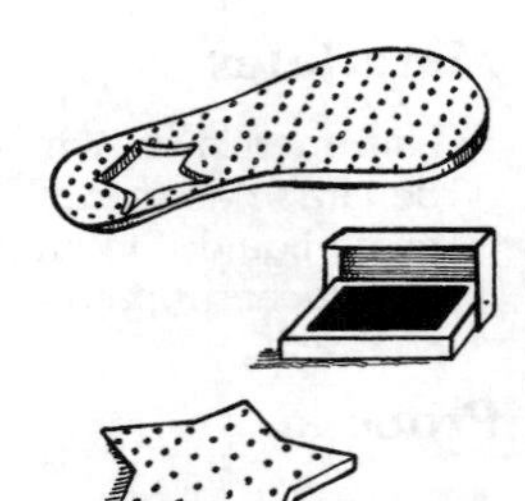

Plantillas de calzado; Bolígrafo; Tijeras; Goma de pegar; Un taco de madera; Un tampón o toallas de papel empapadas de pintura.

Proceso

1. Trazar un dibujo sobre la plantilla por el lado del látex (no por el del tejido).
2. Recortar el dibujo con unas tijeras.
3. Pegar con goma la figura recortada a un taco de madera.
4. Una vez seca la goma, presionar con el taco de madera en un tampón (si no se dispone de uno, verter un poco de pintura o de colorante alimentario sobre un fajo de toallas de papel puestas en una bandeja de polispán y utilizarlas como tampón).

Variaciones

- Se puede pegar la figura obtenida de la plantilla a la tapa de un tarro o a un trozo de cartón grueso.
- Emplear esta idea para adornar papel de envolver regalos o en la confección de tarjetas de felicitación.

OBSERVACIÓN

- *Algunos niños/as parecen creer que cuanto más aprieten el sello en el tampón, mejor será la marca. Recomiéndeles que presionen con suavidad, pero por igual, para obtener una buena impresión.*
- *Si no se dispone de goma de pegar o no la juzga conveniente por su olor y sus emanaciones, se puede utilizar otros procedimientos para pegar la figura recortada.*

Vidrio pintado

PINTURA

Materiales

Papel blanco de dibujo; Rotuladores negros permanentes; Tazas con témpera brillante y líquida; Pinceles.

Proceso

1. Dibujar en el papel con los rotuladores, gruesas líneas negras.
2. Colorear los espacios entre las líneas con las témperas.

Variaciones

- Para obtener un efecto brillante, véase Pintura brillante (pág. 127).
- Trazar las líneas negras con témpera de ese color. Una vez seca, colorear los espacios en blanco con témperas de diversos colores.

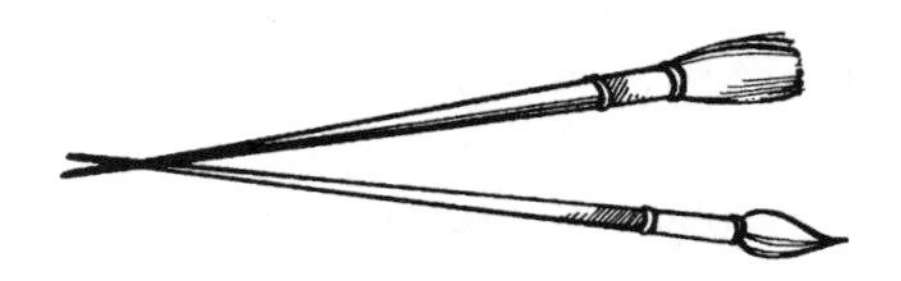

OBSERVACIÓN

- *Los rotuladores permanentes empapan el papel y pueden manchar la mesa. Protéjala por tanto con un plástico o con papel de periódico. Pero es posible eliminar las manchas de la mesa con detergente en polvo. Para quitar las manchas de los rotuladores en la ropa, cubrirlas con laca para el pelo en espray, enjuagar, volver a aplicar la laca y enjuagar de nuevo. Continuar de este modo hasta que la mancha haya desaparecido por completo.*
- *Algunas personas prefieren que los niños no utilicen rotuladores permanentes por causa de las emanaciones de la tinta. La decisión es suya.*

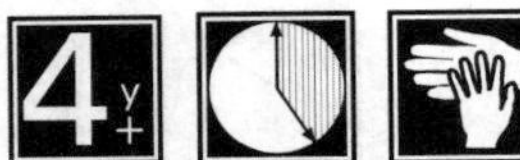

Efecto de nieve

PINTURA

Materiales

Papel de envolver en un tono oscuro como rojo y azul; Lápices de cera; Pinceles; Cuatro cucharadas de sulfato de magnesio hidratado; Un cuarto de taza (60 ml) de agua caliente; Tacitas o boles pequeños; Cucharas; Una mesa cubierta.

Proceso

1. Mezclar un cuarto de taza de agua caliente con cuatro cucharadas de sal de la Higuera (sulfato de magnesio hidratado). Revolver la mezcla para que se disuelva.
2. Dibujar a discreción con las ceras en el papel oscuro.
3. Pintar sobre el dibujo con la mezcla de sulfato de magnesio.
4. Dejar que se seque por completo.

Variación

- Recortar en el papel dibujos de cristales de nieve y ensartarlos con un hilo.

OBSERVACIÓN

- *Al secarse la disolución de sulfato de magnesio hidratado creará un cristalino efecto de nieve.*
- *Agitar la disolución cada vez que se moje el pincel para que éste se empape de agua muy salada.*
- *Los cristales de la sal se desprenden del papel cuando éste se seca.*
- *Se puede sustituir el sulfato de magnesio hidratado por sal común.*

Ventana pintada

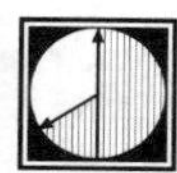

PINTURA

Materiales

Pinceles; Periódicos; Adhesivo; Tarritos de témpera líquida.

Proceso

1. Cubrir el borde inferior de la ventana para proteger el suelo y el alféizar.
2. Pintar por la parte interior de la ventana para que la lluvia no borre la pintura.
3. Dejar el dibujo durante días o semanas.
4. Quitarlo con una esponja, agua y jabón (¡Es una tarea engorrosa!)

Variaciones

- Pintar motivos de fiesta en la ventana.
- Cubrir la ventana con una hoja grande de celofán y pintar sobre él en vez de utilizar el vidrio.
- Pintar con crema para zapatos blancos, utilizando los utensilios que llevan los tarros de este producto. Resulta muy fácil quitarlo después. El blanco es además muy indicado para las escenas de nieve.

OBSERVACIÓN

- *Mezclar témpera en polvo con detergente líquido de lavavajillas y agua para facilitar su lavado.*
- *Mezclar pintura con crema para zapatos blancos como método alternativo para facilitar su posterior lavado.*
- *Cuanto más tiempo se deje la pintura en la ventana, más costará luego quitarla.*

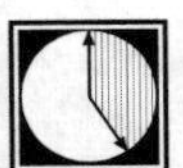

Figuras de menta

MASA

Materiales

Mezclar 1/3 de taza (70 g) de mantequilla o margarina; 1/3 de taza (75 ml) de jarabe diluido de maíz; Una cucharadita de extracto de menta; Media cucharadita de sal; 450 g de azúcar granulada (una caja).

Colorante alimentario; Un bol grande; Boles pequeños; Cucharas.

Proceso

1. Asegurarse de que los pequeños se laven las manos antes de empezar esta actividad.
2. Mezclar en un bol grande todos los ingredientes a excepción del colorante alimentario.
3. Distribuir la mezcla en boles pequeños, uno por cada color deseado.
4. Verter en cada bol con una cuchara unas gotas de colorante alimentario.
5. Con las manos bien limpias, crear figuras y esculturas a base de la mezcla de azúcar y menta. Cambiar además los colores.
6. Las figuras de menta son comestibles, pero resultan muy dulces.

Variación

- Prescindir de la menta y experimentar con otros sabores como los de almendra, vainilla y limón.

OBSERVACIÓN

- *Los dedos y las caras se vuelven pegajosos por lo que hay que tener cerca agua y toallas. El calor de esas manitas puede ablandar demasiado la masa; entonces todo empieza a ponerse pegajoso.*
- *Se puede dejar en el frigorífico las figuras. Así se endurecerán un poco. Una vez terminadas, regalar las esculturas envueltas en celofán o plástico y adornadas con un lazo. También es posible que los artistas deseen comer inmediatamente sus creaciones.*

Figuritas de pan

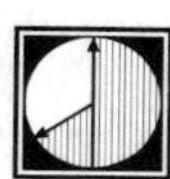

MASA

Materiales

Una cucharada o un envase de levadura seca; Una taza de (230 ml) de agua; Una cucharadita de azúcar; Dos tazas (400 g) de harina; Una cucharada de aceite; Un horno a 400 grados; Un rejilla en donde enfriar el producto; Útiles de cocina para el modelado (cuchillo, tenedor, palillo); Una cucharadita de sal; Un bol para mezclar; Una cuchara de madera; Un paño limpio.

Proceso

1. Los niños deben lavarse las manos antes de mezclar en un bol el agua, el azúcar y la levadura hasta que se ablande (de 2 a 3 minutos).
2. Añadir una taza de harina y remover vigorosamente con una cuchara de madera. Batir la mezcla hasta que tome cuerpo y echar una cucharadita de aceite y otra de sal. Incorporar luego a la masa la segunda taza de harina.
3. Colocar la masa densa de una tabla enharinada e ir añadiendo lentamente más harina mientras se amasa. Mantener la masa envuelta en una capa de harina para impedir que se ponga pegajosa.
4. Amasar durante unos cinco minutos. La masa debe quedar tersa y elástica y volver a su ser después de presionar con un dedo. Colocarla en un bol aceitado y taparla con un paño limpio. Dejarla en un lugar caliente para que se levante en unos 45 minutos.
5. Comprimir la masa hasta que tome el aspecto de una pelota. Dividirla en proporciones que correspondan a las diversas partes de la figura de pan o a los distintos niños que la van a emplear.
6. Crear con la masa las más diversas formas.
7. Cocer las esculturas de 15 a 20 minutos en la parte inferior de un horno a 400 grados. Puede ser que, si la masa es mucha, requieran más tiempo. Dejar que cueza hasta que tome un color dorado. Enfriar las esculturas en una rejilla. Comerlas y disfrutar.

OBSERVACIÓN • *A los pequeños artistas les gusta tener cerca un bol con harina. A veces prefieren esa harina a las propias esculturas.*

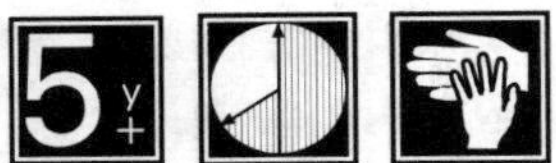

Frutas de mazapán

MODELADO

Materiales

Pasta de mazapán; Colorantes alimentarios; Clavo; Rodajitas de almendras; Una superficie limpia para trabajar; Tarros herméticos o plástico de envolver.

Proceso

1. Lavarse las manos antes de empezar. Dividir la pasta de mazapán en varias bolas, una por cada color de fruta de fantasía.
2. Añadir un poco de colorante alimentario a cada bola y amasar con las manos la pasta coloreada.
3. Con el mazapán coloreado, crear frutas como las auténticas, frutas imaginarias o cualquier figura.
4. Añadir las rodajitas de almendra para simular las hojas y un clavo para reproducir los tallos.
5. Guardar las frutas de mazapán en tarros herméticos o envueltos en plástico.
6. Las frutas son comestibles, pero a la mayoría de los niños no parece gustarles el sabor del mazapán.

Variaciones

- En vez de frutas, hacer otras figuras, como globos, payasos, animales, flores o formas abstractas.
- Utilizar esta tarea como un medio de hacer regalos en las fiestas.

OBSERVACIÓN • *La pasta de mazapán se vende en algunas panaderías y tiendas de comestibles y de productos para pastelería.*

Escarchado

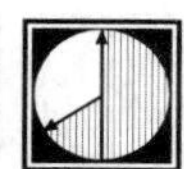

ESCULTURA

Materiales

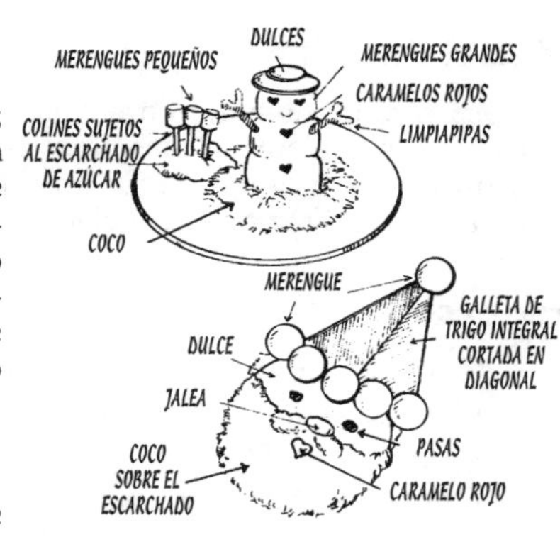

Taza y cuarto (250 g) de azúcar granulado; Una clara de huevo a la temperatura de la habitación; Media cucharadita de zumo de limón; Una batidora de huevos manual o eléctrica; Un bol pequeño; Adornos sabrosos como caramelos, dulces, merengue y coco en rodajas o en pedacitos; Limpiapipas; Cuchillos de untar; Un cartón forrado de papel de aluminio o la base circular de cartón de una *pizza*.

Proceso

1. Un **adulto** debe batir la clara de huevo hasta que tome cuerpo.
2. Añadir azúcar muy fina, cucharada a cucharada, batiendo tras cada una de ellas.
3. Cuando el escarchado cobre consistencia, echar el zumo de limón que acelera el secado.
4. Trabajar sobre cartón envuelto en papel de aluminio o una base de *pizza*. Utilizar el escarchado para sujetar a la base dulces y caramelos con los que hacer animales, juguetes o escenas de fiestas.
5. Comerlos inmediatamente o dejarlos expuestos para que todos los vean.

Variación

- Hacer casitas de dulce; una escena de un granero con su corral y un cerdito de merengue; un Papá Noel con barba blanca escarchada y nariz de jalea; una escena invernal con esquiadores sobre blancas pistas, etc..

OBSERVACIÓN

- *Como siempre que se manipulan artículos comestibles, hay que lavarse las manos antes de empezar.*
- *Se puede doblar, triplicar o elaborar cualquier dosis de escarchado. Pero cuando se trata de grandes cantidades, conviene cubrir el bol con un paño húmedo para evitar que se reseque.*
- *Es posible guardar durante una semana el escarchado sobrante en tarros herméticos que se conservarán en el frigorífico.*

Bichos dulces

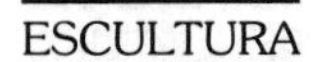

ESCULTURA

Materiales

Plástico transparente para envolver; Limpiapipas de colores; Cintas, tiras de goma e hilos; Caramelos pequeños; Frutas pasas, como albaricoques; Palillos.

Proceso

1. Colocar caramelitos en una tira de plástico y enrollarla para crear una oruga (o un insecto).
2. Doblar limpiapipas entre los caramelos o a intervalos adecuados para constituir la cabeza, el cuerpo y las patas. Utilizar también tiras de goma, hilo o cintas.
3. Los bichos dulces resultan deliciosos en las fiestas de cumpleaños.

Variación

- Se puede poner al bicho palillos como si fueran espinas, antenas, aguijones o dientes.

OBSERVACIÓN

- *Siempre que se trabaja con algo tan tentador como los caramelos, conviene tener algunos a mano para saborearlos mientras se realiza la tarea.*
- *Las manos pueden ponerse pegajosas. Por tanto, es conveniente tener cerca un cubo de agua. Hay que lavárselas siempre antes de empezar a manipular productos comestibles.*
- *Es posible que resulte defícil dar al envoltorio de plástico la forma deseada; hay que procurar entonces que los fragmentos de caramelo no sean grandes o ayudar a los pequeños artistas en la tarea de forrarlos.*

Adornos de hilo

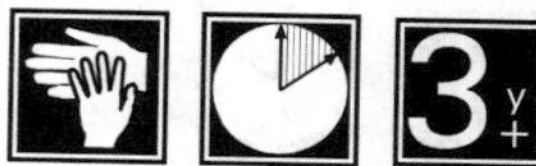

ARTESANÍA

Materiales

Hilo corriente o de bordar de cualquier longitud; Cola blanca, mezclada con agua en un tarrito; Papel encerado; Polvos brillantes; Tijeras; Una toalla húmeda para limpiarse.

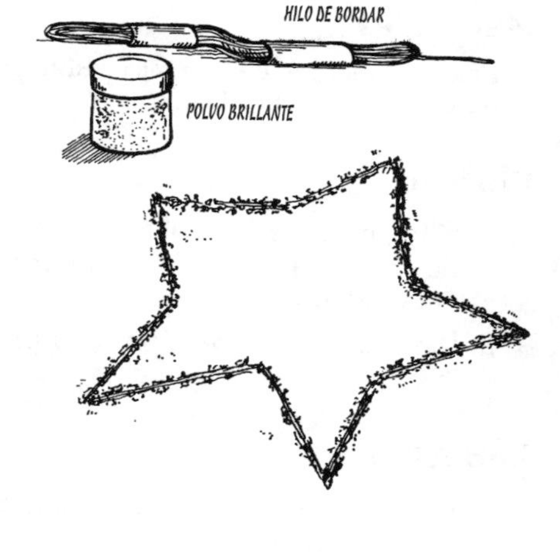

Proceso

1. Sumergir el hilo en la cola diluida.
2. Eliminar del hilo el exceso de cola, pasándolo entre el índice y el pulgar o por el borde del bol. (Luego habrá que limpiarse los dedos en la toalla).
3. Colocar el hilo sobre el papel encerado de la manera que se prefiera para que adopte cualquier forma.
4. Rociarlo con polvos brillantes.
5. Dejar que se seque por completo.
6. Despegarlo suavemente del papel encerado.
7. Si se desea, colgar el hilo como adorno.

Variaciones

- Lograr con el hilo formas definidas como círculos, estrellas, rombos u otros dibujos.
- Añadir témpera a la cola diluída para que tome color.
- Rociar el hilo con arena de color, confetti o escarchado.

OBSERVACIÓN • *El hilo necesitará al menos una noche para secarse por completo.*
• *Puede resultar difícil despegar el hilo del papel encerado.*

Decorar baldosas

ARTESANÍA

Materiales

Baldosas blancas de cerámica; Rotuladores de tinta indeleble; Un delantal.

Proceso

1. Dibujar sobre las baldosas blancas de cerámica con los rotuladores de tinta indeble.
2. Las baldosas se secarán muy pronto.

Variaciones

- Emplear las baldosas así adornadas como base para proteger la mesa del calor de algunos platos.
- Constituyen simpáticos regalos.
- Se pueden decorar con motivos de fiesta y emplearlas para la ocasión.

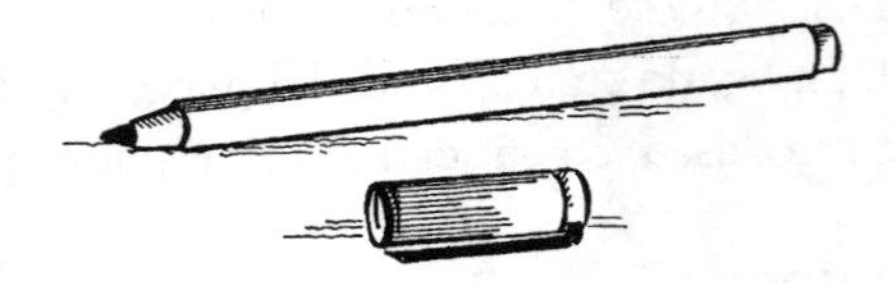

OBSERVACIÓN

- *Se puede obtener de algunos constructores baldosas que les sobren o recurrir a almacenes locales de materiales de construcción en demanda de muestras gratuitas.*
- *Los rotuladores de tinta indeleble pueden manchar, de modo que se debe poner una protección para la mesa, el niño o cualquier cosa del área de trabajo que pueda estropearse.*

Agujeritos de luz

ARTESANÍA

Materiales

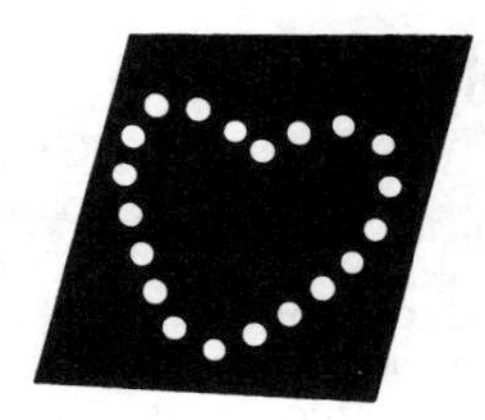

Papel negro; Cartón fuerte como superficie de trabajo; Instrumentos de perforación como un lápiz, un clavo, un pincho de caña o unas tijeras; Adhesivo; Retales de tejido de color, celofán y papel de color.

Proceso

1. Adherir un cuadrado de papel negro al cartón de la superficie de trabajo.
2. Emplear los instrumentos de perforación para abrir orificios en el papel negro. Hacer tantos agujeros de diversos tamaños como se desee.
3. Retirar el papel celo.
4. Cubrir los orificios con papel de cualquier color, pegándolo o sujetándolo con un adhesivo al reverso del negro. Resulta muy bonito cubrir uno o varios agujeros con pequeños retales de tejido o con celofán.
5. Colocar el dibujo en una ventana o sostenerlo a contraluz para ver los colores iluminados.

Variaciones

- Hacer los orificios conforme a un diseño.
- Trabajar sobre papel negro recortado con la forma de un árbol, una estrella o un círculo.
- Hacer orificios en papel de color y sujetarlo con adhesivo a una hoja de papel negro. Usando este método, los orificios destacan.
- Pegar el papel perforado a una hoja de papel de aluminio para obtener orificios brillantes.
- Emplear como superficie de trabajo una tabla de contrachapado y hacer todos los orificios empleando un martillo y clavos.

OBSERVACIÓN

- *La vigilancia ha de ser muy estricta cuando se utilicen herramientas punzantes o afiladas. Deje bastante espacio entre los pequeños artistas y establezca la norma de que todos los objetos con filo han de quedar sobre la mesa si alguien tiene que levantarse por cualquier motivo.*
- *Algunos niños aún no han aprendido a controlar la perforación de orificios a través del papel y puede ser que todo lo que consigan sea rasgarlo. Los papeles rotos pueden unirse con adhesivo o ser incorporados al diseño final.*

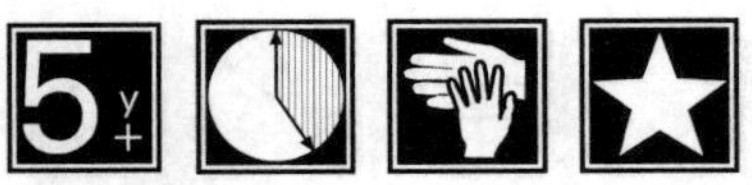

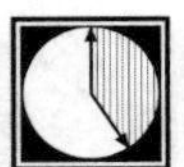

Fotoescultura

ARTESANÍA

Materiales

Una imagen o fotografía de una revista; Un tablero de polispán (tienda de materiales de arte); Cola blanca (diluída con agua en un platito) o goma de pegar (tal como viene); Un pincel para la cola; Tijeras; Dos listones de un marco de igual longitud; Papel celo o tiras engomadas; Pistola de cola, opcional.

FOTOGRAFÍA DE UNA REVISTA
TABLERO DE POLISPÁN
LISTONES DE UN MARCO

Proceso

1. Recortar con cuidado una fotografía de una revista o una imagen grande.
2. Colocar la imagen en el tablero y trazar su silueta. Retirar la imagen. Una persona **adulta** recortará en el tablero de polispán la silueta trazada.
3. Pegar la imagen al tablero, cuidando de alisar los bordes y de que no se formen arrugas.

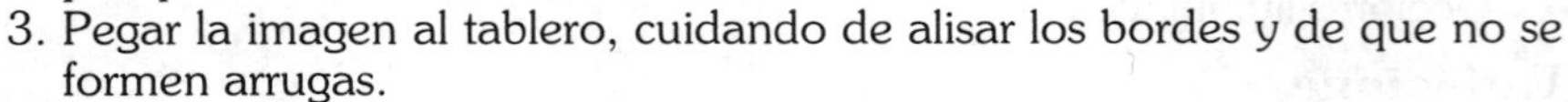

4. Dejar que se seque por completo.
5. Eliminar cualquier exceso de pintura o de polispán si fuera necesario.
6. Para crear una base, poner goma de pegar en los bordes interiores de dos listones de un marco. Colocar en posición vertical la fotoescultura entre los listones y presionar uno contra otro. Mantenerlos con papel celo o tira engomadas hasta que se seque la goma.
7. Cuando se trate de la imagen de una revista, pintar toda una capa de cola blanca sobre el conjunto, incluyendo los listones de la base y los bordes del tablero de polispán.

OBSERVACIÓN

- *A veces gotea la cola entre los listones de madera y la fotoescultura acaba pegándose a la mesa. Para evitarlo, conviene desplazar a menudo la escultura hasta que esté seca.*
- *La fotoescultura presenta un gran parecido con la realidad.*

Cajas de Adviento

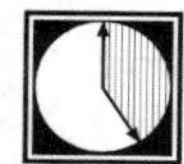

ARTESANÍA

Materiales

24 cajitas (de bisutería o de cerillas); Resto de papel de regalo; Cinta; Papel celo; Dulces, nueces o juguetes pequeños; 24 etiquetas; Bolígrafo; Tijeras.

Proceso

1. Llenar cada caja con dulces, nueces o juguetes pequeños.
2. Envolver cada caja con restos de papel de regalo.
3. Atar cada caja con una cinta. Hacer un lazo si se desea.
4. Pegar una etiqueta a cada caja y numerarla del 1 al 24.
5. Cortar 24 cintas y atar una a cada caja.
6. Regular su longitud de modo que luego cuelguen a alturas diferentes.
7. Reunir en una mano los extremos de todas las cintas, dividirlas en dos grupos y atar cada uno con un nudo o un lazo. Si se desea, rematar el conjunto con un lazo todavía mayor.
8. Colgar las cajas de Adviento y abrir una cada día a partir del 1 de diciembre. La caja número 24 será abierta el día de Nochebuena.

Variación

- Otras ideas para el interior de cada caja: buenos deseos para los demás, dibujitos o imágenes de cosas que recuerden las fiestas o frases de felicitación.

OBSERVACIÓN

- *La mayor parte de esta actividad requiere la ayuda de una persona* ***adulta****. A los niños les divertirá sobre todo abrir una caja cada día. Los pequeños serán capaces de envolverlas, pero no proceden del mismo modo que una persona adulta.*

DIBUJO

Siluetas en fondo negro

Materiales

Tiza de color; Una cucharada de témpera blanca y espesa; La tapa de un tarro; Papel negro u oscuro.

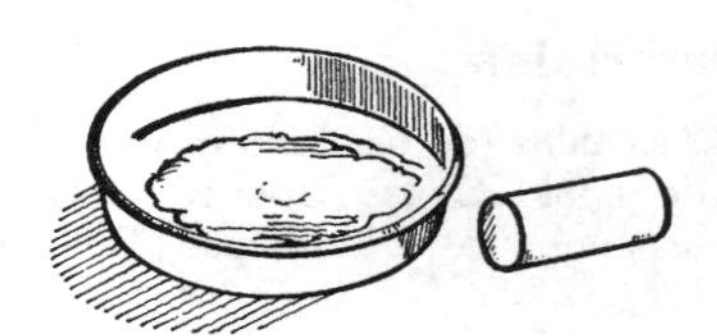

Proceso

1. Mojar la punta de una tiza de color en un poco de témpera blanca y espesa, depositada en la tapa de un tarro.
2. Dibujar con la tiza blanqueada y hemedecida. Los trazos mostrarán el color original de la tiza con bordes blancos de témpera que destacarán sobre el papel negro.

Variaciones

- Hacer trazos distintos sobre el papel negro como zigzags, espirales, curvas, líneas rectas, etc.
- Experimentar mojando la tiza en pintura negra para dibujar sobre papel blanco.

OBSERVACIÓN

- *Si se restriega la tiza mojada en témpera sobre el papel, se crean tonalidades variadas y borrosas en vez de trazos con bordes blancos.*
- *La tiza puede manchar manos, prendas y el papel. Así suele suceder cuando se combinan los niños pequeños y la tiza.*

Siluetas de cola

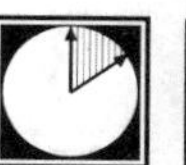

DIBUJO

Materiales

Cola blanca en un frasco de plástico comprimible; Tizas de colores; Papel oscuro; Laca para el pelo como fijador, opcional.

Proceso

1. Trazar con cola cualquier dibujo sobre papel oscuro.
2. Dejar que se seque toda una noche.
3. Aplicar tiza de colores a las áreas comprendidas entre las líneas de cola, que aparecerán negras. La tiza logrará en el resto un efecto apagado.
4. Si se desea, una persona **adulta** puede fijar la tiza y la cola con laca para el pelo, que ejerce un excelente efecto. Habrá que aplicarla al aire libre o en una zona bien ventilada y lejos de los niños y niñas.

Variaciones

- Dibujar con cola sobre papel blanco, secarla y luego pintar los espacios que quedan entre las líneas de cola. Estas aparecerán en blanco.
- Una persona **adulta** puede añadir tinta china a la cola. Seguir los mismos pasos sobre papel blanco o negro, utilizando acuarelas o tiza para rellenar los espacios.

OBSERVACIÓN

- *La tiza produce un efecto apagado sobre papel negro.*
- *Debe suponer y aceptar que los niños pequeños se ensuciarán con la tinta. Tenga cerca agua tibia y jabonosa para que se laven.*

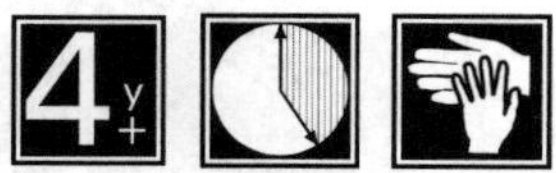

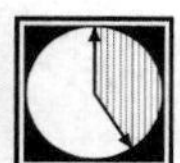

Cuadernos de arte

DIBUJO

Materiales

Papeles de escaso gramaje (en tiras de 6 x 20 cm); Papel grueso para la cubierta, del mismo tamaño; Grapas, clavillos, hilo o limpiapipas para la encuadernación; lápices o rotuladores.

Proceso

1. La persona **adulta** doblará por la mitad los papeles del cuaderno.
2. La persona **adulta** hará otro tanto con el papel de la cubierta. Grapar el cuadernillo o utilizar alguna otra forma de encuadernación. Se puede perforar las hojas y pasar por los orificios hilo, clavillos o limpiapipas.
3. El pequeño artista hará dibujos en cada página.
4. Adornar la cubierta.

Variaciones

- Emplear tarjetones grapados de 6 x 12 cm.
- Hacer cuadernillos con papeles de colores diferentes y utilizar distintos materiales de dibujo como lápices de colores, patrones, una regla y adhesivo.

OBSERVACIÓN

- *Después de haberles enseñado el procedimiento, los pequeños artistas pueden confeccionar sus propios cuadernillos. Las grapadoras les fascinan, así que prepárese a contemplar verdaderas creaciones.*
- *Si el pequeño artista ha pensado un título para su cuaderno, bríndese a escribirlo en la portada y a hacer otro tanto con las frases que quiera incluir también en cada página.*

Exposición en zigzag

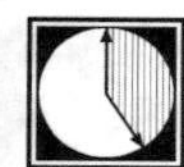

DIBUJO

Materiales

Dos trozos de cartón para la cubierta (20 x 25 cm); Un cartón o cartulina cortado en piezas del mismo tamaño, que serán empleadas como páginas; Cinta adhesiva o esparadrapo; Lápices y lápices de cera.

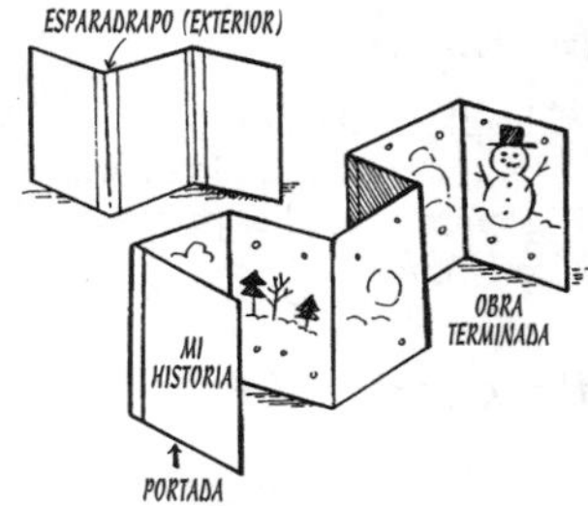

Proceso

1. Dibujar una serie de imágenes o dibujos para contar una historia. También puede ser una colección de pensamientos o de figuras basados en un tema. Cabe utilizar asimismo una colección de dibujos favoritos.
2. Una persona **adulta** debe pegar la serie de cartones o cartulinas con cinta adhesiva o esparadrapo, de modo tal que las páginas se plieguen después como un acordeón.
3. Añadir el cartón de la cubierta.
4. Doblar el cuaderno zigzag en forma de libro o desplegarlo sobre una mesa o una repisa.

Variaciones

- En vez de dibujar, recortar figuras de papel corriente o de empapelar y pegarlas a las páginas del cuaderno.
- Ilustrar una historia favorita o un cuento de hadas.
- Crear un cuaderno en zigzag que carezca de secuencia en los dibujos o pensamientos y constituya simplemente una colección de trabajos y dibujos artísticos.

OBSERVACIÓN

- *La tarea de pegar las páginas corresponde a una persona **adulta**.*
- *Una secuencia puede resultar demasiado abstracta para los pequeños artistas, pero este trabajo puede ayudarles a determinarla.*
- *Si se corta las páginas en cuadrados, por ejemplo de 25 cm de lado, ya no se plantea el problema de que algunos dibujos tengan que ser apaisados.*
- *Hay muchos colores en tejido engomado para libros. Suele proceder de los almacenes de suministros escolares y sustituye bien a la cinta adhesiva.*

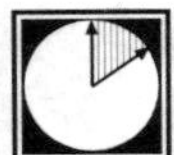

Tema de nieve

DIBUJO

Materiales

Lápices de cera; Papel blanco de dibujo, de cualquier tamaño; Instrumentos para raspar, como un lápiz romo, las puntas de unas tijeras, un clip o una cuchara.

Proceso

1. Recurriendo a los músculos y a la determinación, colorear por completo (o parte de) un papel blanco de dibujo. Apretar con fuerza, utilizando diversos lápices de cera azules, blancos y grises de tonalidades intensas.
2. Colorear sobre esa capa con lápices negros o azul oscuro.
3. Una vez terminada esta etapa, rascar en determinados lugares la capa superior hasta obtener el dibujo de un muñeco de nieve, un paisaje nevado, copos de nieve o cualquier otro motivo. Así aparecerá la primera capa de color.

Variaciones

- En vez de una segunda capa de ceras de colores, emplear con los dedos pintura blanca o negra sobre la primera.
- Colorear un cuadrado, un círculo o cualquier otra forma geométrica en el centro del papel, reduciendo la tarea a esa superficie.

OBSERVACIÓN

- *Para este trabajo viene muy bien el cartón satinado en lugar de papel. Este puede arrugarse y romperse a veces si el esfuerzo de colorearlo es demasiado intenso.*
- *Recomiende a los pequeños artistas paciencia y fuerza suficiente para obtener una espesa capa de color sobre toda la superficie del papel. Seguramente, algunos no lograrán el ritmo o la intensidad deseados.*

Cinco grabados

PINTURA

Materiales

5 materiales de imprimir: 1) cinta adhesiva (que se pueda despegar); 2) una bandeja de polispán para productos alimenticios; 3) retales de fieltro; 4) tiras de cartulina y 5) hilo; 5 bloques de madera; Cola blanca en un frasco comprimible; Tijeras; Témpera; Un trapo viejo; Agua; Una bandeja de horno; Papel.

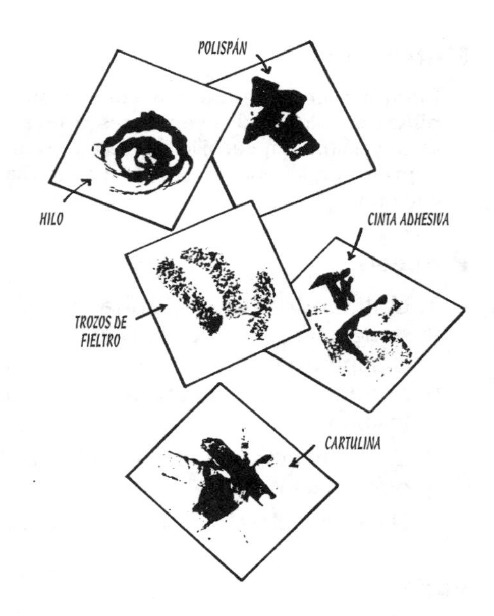

Proceso

1. Recortar los 5 materiales para imprimir, creando formas o siluetas, y pegar cada una a un bloque de madera. (La cinta aislante se adherirá por sí sola). Dejar que se seque la cola.
2. Empapar en agua mientras tanto un trapo viejo y escurrirlo.
3. Colocarlos sobre una bandeja de horno.
4. Extender témpera sobre el trapo húmedo para usarlo como tampón.
5. Presionar con uno de los bloques secos sobre la pintura y luego sobre el papel.
6. Combinar diferentes formas de impresión o hacer un conjunto, empleando sólo un bloque en cada trozo de papel.

Variaciones

- Utilizar en lugar de la pintura colorantes alimentarios en polvo o en pasta, tintes, tintas o tampones.
- Hacer papel de envolver imprimiendo en pliegos grandes de papel de seda blanco.

Paleta de pintar

PINTURA

Materiales

Pintura espesa de muchos colores para pintar con los dedos, en botes o tazas; Una espátula, un cuchillo de plástico o un depresor de la lengua; Cartón; Una mesa cubierta.

Proceso

1. Utilizando una espátula o algo semejante, extender la pintura por la superficie del cartón como que si se tratase de mantequilla sobre una tostada.
2. Experimentar con el extremo y los bordes de la espátula para conseguir otros efectos.
3. Dejar que el trabajo se seque durante toda una noche.

Variación

- Emplear otras herramientas para extender y mezclar la pintura, como un bastoncillo de algodón, un lápiz, un palo, una espátula o una cuchara.

OBSERVACIÓN

- *La espátula permite al pequeño artista apreciar cómo se combinan los colores, experimentar con trazos y dibujos, percibir la densidad de la pintura y cómo se puede manipularla. Muchos niños acaban con algo parecido a una masa achocolatada sobre un cartón, pero de todos modos habrán realizado mezclas de colores y disfrutado con el trabajo. Habrá que proporcionarles otro cartón. Cada experiencia logrará una nueva apreciación y un resultado diferente.*

Pintura de balanceo

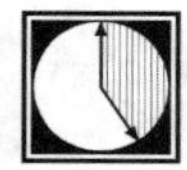

PINTURA

Materiales

Papel celo; Un papel grande; Pinceles de diferentes tamaños; Hilos; Témperas de diversos colores, en bandejas o botes.

Proceso

1. Pegar al suelo una hoja grande de papel.
2. Sujetar luego unos hilos a los mangos de distintos pinceles.
3. Mojar un pincel en la pintura.
4. Colgar el pincel de manera que toque el papel. Hacer que oscile para realizar diversos trazos.
5. Volver a mojar cada pincel cuando sea preciso.

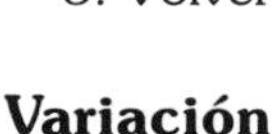

Variación

- Colgar de hilos otros objetos como bastoncillos de algodón, un lápiz, un tornillo, una tuerca o una goma de borrar. Mojarlos en la pintura y hacer trazos sobre el papel.

OBSERVACIÓN • *Resulta un poco difícil controlar completamente los pinceles, que a veces gotean. Conviene proteger el suelo con un plástico o con periódicos.*

Pintura de péndulo

PINTURA

Materiales

Un pequeño embudo de plástico; Cordón fuerte; Papel celo; Una hoja grande de papel; Témpera en polvo; Almidón líquido; Tijeras; Un jarrito.

Proceso

1. Una persona **adulta** debe atar una cuerda alrededor de la boca grande de un embudo. A éste sujetará otras 3 cuerdas, de unos 40 cm de longitud y separadas por igual distancia. Unir los 3 cabos por encima del embudo.
2. Mezclar en un tarro almidón líquido y témpera en polvo, de modo que el colorante obtenido sea fluido pero no demasiado diluido.
3. Sujetar el embudo pendiente sobre el papel.
4. Obstruir con un dedo de la otra mano la abertura inferior del embudo.
5. Una persona **adulta** verterá la pintura en el embudo.
6. Cuando el embudo esté lleno, retirar el dedo y hacer oscilar el embudo.
7. Mantener un movimiento pendular hasta que ya no quede pintura.
8. Si se desea, llenar el embudo con pintura de otro color y continuar pintando.

Variaciones

- Colocar un listón entre dos sillas y colgar el embudo. Proceder como antes para llenar el embudo, retirando luego el dedo del orificio para que caiga la pintura.
- Llenar el embudo con arena coloreada, corriente o sal, mezclada con témpera en polvo. Proceder como anteriormente.

OBSERVACIÓN • *Este trabajo exige una cierta dosis de coordinación y sincronización, pero resulta muy divertido y permite crear dibujos sumamente interesantes.*

Dibujo en muselina

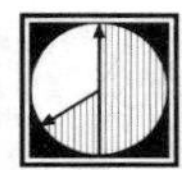

PINTURA

Materiales

Media taza de harina (100 g); Media taza de agua (100 ml); Dos cucharaditas de alumbre; Una batidora; Un retal de muselina (100% de algodón) sin lavar; Cartón ondulado; Varios frascos comprimibles; Pasta colorante de alimentos (de repostería); Varias latas vacías, limpias y poco profundas; Pinceles; Papel celo; Agua; Tijeras; Una plancha.

Proceso

1. Mezclar en una batidora los tres primeros ingredientes hasta constituir una pasta con la que habrá que llenar varios frascos comprimibles.
2. Pegar la muselina a un cuadrado de cartón. Dibujar sobre el paño con la pasta extraída de los frascos comprimibles. Tratar de que la pasta fluya ininterrumpidamente. También se puede hacer puntos, líneas y masas compactas. Dejar que se seque el trabajo durante toda una noche.
3. En latas casi planas mezclar con agua la pasta de colorantes alimentarios. Una pequeña cantidad de ésta bastará para conseguir una tonalidad espléndida.
4. Mojar un pincel en la mezcla de colorante alimentario y pintar sobre los dibujos de la pasta seca. Dejar que se seque por completo.
5. Rascar con los dedos la muselina para desprender la pasta seca. Los dibujos que aparezcan debajo serán blancos.

Variación

- Confeccionar una tarjeta de felicitación, pegando la pasta a un trozo de papel de color.
- Para depositar la pasta de colorante alimentario, las latas planas de atún o paté resultan más convenientes que otras de mayor altura.
- Si se trata de una tarea colectiva, irá muy bien un paño de muselina de metro y medio de largo por un metro de ancho.

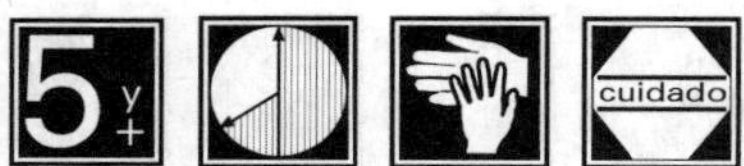

Figuras de sal

MODELADO

Materiales

Mezcla de la masa: una taza (200 g) de sal, media taza (100 g) de maicena y 3/4 de taza (150 g) de agua; Una cazuela y una cuchara de madera; Una cocina; Un tubo de cartón o un bote vacío de zumo; Una bola grande de masa; Bolitas de masa en diversas tonalidades de colorantes alimentarios; Palillos de dientes; Elementos decorativos como hilos, algodón, fieltro, papel de colores, retales, plumas, cenefas o encajes; Goma de pegar o papel celo.

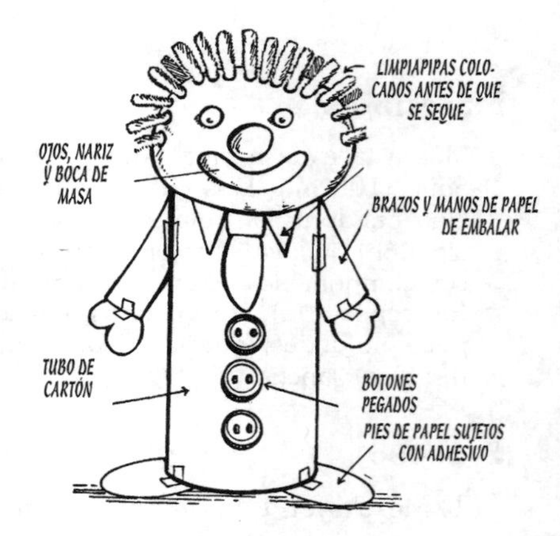

Proceso

1. Una persona **adulta** se encargará de poner a calentar una cazuela (fuego medio) con lo ingredientes de la masa. La removerá con una cuchara de madera hasta que se espese, formando una bola. Luego la retirará del fuego y la colocará sobre papel de aluminio para que se enfríe. Entonces habrá que amasarla concienzudamente.
2. Llenar el tubo de cartón con masa o algo suficientemente pesado para evitar que se vuelque.
3. Colocar en lo alto del tubo una bola de masa que hará las veces de cabeza. Añadir otros fragmentos de masa para crear los rasgos de la cara. Si no se pegan, habrá que mojarlos con un poco de agua y luego adherirlos. Los palillos también ayudan a sostener los rasgos faciales.
4. Dejar que se seque durante varios días hasta que la cabeza y el contenido del tubo hayan perdido su humedad.
5. Añadir adornos en forma de prendas de vestir, pelo, un sobrero, unas gafas, una barba, unos brazos o unas trenzas. Utilizar goma o cinta adhesiva.

Variaciones

- Este tipo de mezcla requiere a veces volver a amasarla para seguir siendo manejable.
- Se puede guardar la masa en un recipiente de plástico herméticamente cerrado hasta que llegue el momento de utilizarla.
- Cuando se seca, esta masa adquiere la dureza de una roca sin que haya necesidad de cocerla.

Figura de alambre

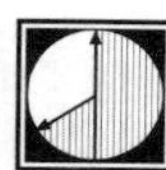

ESCULTURA

Materiales

Yeso; Agua; Recipientes de medida; Un bol; Una cuchara; Un cartón de cuarto de litro de leche; Cable telefónico desechado (los hilos de colores que contiene) con una longitud de unos 30 cm o cualquier otra longitud manejable; Acuarelas, opcional; Elementos decorativos como canicas, cintas, etc., opcional.

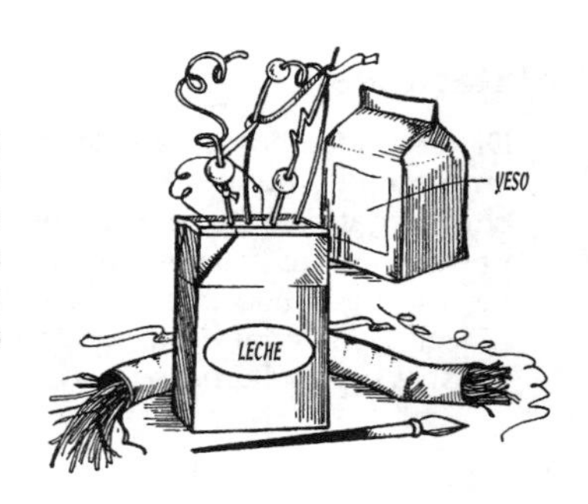

Proceso

1. Una persona **adulta** mezcla en un bol una taza de yeso con media taza de agua, revolviendo con una cuchara (Advertencia: no echar yeso a la pila al lavar los utensilios porque puede obstruir las cañerías).
2. Verter el yeso en el cartón pequeño de leche (habrá suficiente para unos tres cartones).
3. Cuando el yeso empiece a fraguar, el pequeño artista puede introducir en la masa los cables de colores en número y modo que prefiera. Dejar que se seque el yeso hasta endurecerse.
4. Una vez solidificado el yeso, despegar el cartón de leche. Retorcer y modelar los cables para que formen una escultura.
5. Si se desea, añadir elementos opcionales como canicas, cinta, etc.
6. Se puede dejar el yeso en blanco o pintarlo con acuarelas.

OBSERVACIÓN

- *Se puede pedir trozos sobrantes de cable a algún encargado de reparaciones telefónicas. Una vez eliminada la envoltura exterior, aparecerá un manojo de cable de colores que se pueden cortar con unas tijeras y emplear en muchas experiencias plásticas.*
- *Dejar que el yeso comience a endurecerse en el bol. Extraerlo una vez seco y limpiar luego el bol con una toalla húmeda. Después se puede limpiar el bol en una pila. Es preferible lavarse las manos en un cubo de agua jabonosa que utilizar la pila. Se debe echar el agua al exterior y no verter nada de yeso por el desagüe porque puede endurecerse en las cañerías y crear un serio problema.*

Colage libre

COLAGE

Materiales

Diversos elementos de colage, incluyendo limpiapipas, papel de seda, papel pinocho, pegatinas, papel de aluminio, páginas de revistas, retales, baratijas, chinchetas, plumas e hilos; Tazas de cola blanca y pinceles; Material de fondo, como cartón, madera o papel grueso.

Proceso

1. Pegar cualquiera de los elementos de colage al material de fondo elegido.
2. Mojar el pincel en una taza de cola de pegar y pintar la superficie de base; pegar el objeto a la cola y añadir más si es preciso.
3. Crear una imagen realista o bien un diseño caprichoso.

Variación

- Limitar el número de materiales. Elegir un elemento decorativo y un fondo interesante, por ejemplo plumas sobre papel de empapelar, pompones sobre un tejido a todo color o trozos de lana en un cartón de un color intenso.

OBSERVACIÓN • *Permanezca al margen durante la realización de esta tarea y observe la maravillosa creatividad de los pequeños artistas.*

Palmatoria

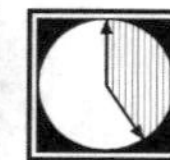

ARTESANÍA

Materiales

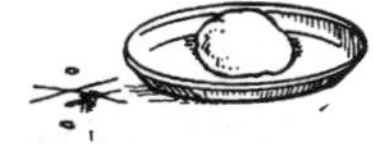

Masa de elaboración casera; Piñas pequeñas, ramitas, palitos, vainas de semillas y nueces; Vela; Un molde de aluminio para hacer tortas; Polvo brillante; Pintura plateada o dorada, opcional; Horquillas; Cintas.

Proceso

1. La masa formará la base de la palmatoria. Colocar una bola de masa en el molde de aluminio y presionarla hasta lo llene.
2. Poner una vela en el centro de la masa. Es mejor que sea gruesa.
3. Sujetar a la masa otros elementos como piñas, ramitas, palos, vainas de semillas y nueces.
4. Si se desea que la palmatoria quede plateada o dorada, habrá que retirar la vela y una persona **adulta** se encargará de pintar el resto con un *spray* de plata u oro. Se puede echar polvo brillante sobre la pintura húmeda. Cuando la base esté seca, volver a poner la vela en su sitio.
5. Atar cintas o lazos a las horquillas que se clavarán también en la masa.
6. Bajo la vigilancia de una persona **adulta**, prender por unos momentos la vela. No dejarla nunca encendida sin la presencia de una persona mayor porque los materiales que se emplean son inflamables.

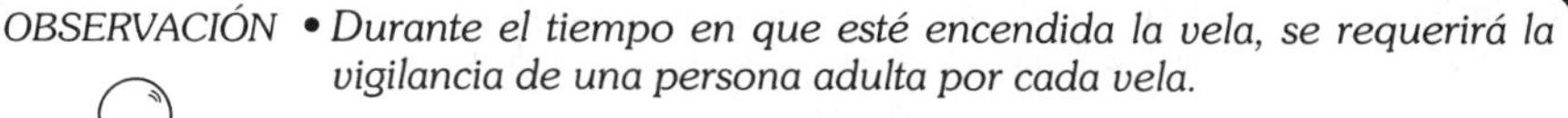

OBSERVACIÓN

- *Durante el tiempo en que esté encendida la vela, se requerirá la vigilancia de una persona adulta por cada vela.*
- *Una variación más segura consiste en introducir una vela en el interior de un tarro pequeño y transparente y colocar éste en el centro de la masa. El vidrio contribuirá a aislar la llama.*

 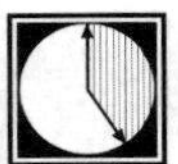 

Tejido relleno

ARTESANÍA

Materiales

Lápiz o cera; Dos cuadrados (20 cm de lado) de tela lisa o estampada; Tijeras; Rotuladores para tejido; Cola para tejido; Grapadora; Borra o desechos de relleno; Tijeras de corte ondulado.

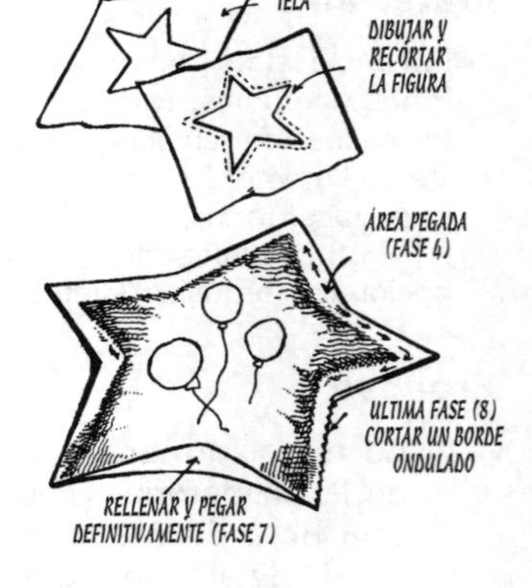

Proceso

1. Trazar un dibujo sobre uno de los paños. Repetirlo exactamente en el otro.
2. Recortar las figuras con unas tijeras.
3. Si se desea, adornar los paños con rotuladores para tejido.
4. Colocar las dos piezas unidas por el revés de la tela.
5. Pegar los bordes con cola para tejidos, dejando un lado abierto para introducir el relleno. Dejar que se seque por completo el trabajo durante toda una noche.
6. Meter el relleno (desechos de tela o borra).
7. Una vez introducido, pegar el lado que faltaba. Si se despega, grapar ese borde y eliminar las grapas una vez que se haya secado la cola.
8. Hacer un festón.

OBSERVACIÓN

- *Existen muchos tipos de colas para tejidos. Habrá que encontrar una de "Secado rápido" o "Recomendable para costuras".*
- *Hacer juguetes rellenos, adornos de árbol o muñequitas para que jueguen las muñecas grandes.*
- *Coser a máquina o a mano en vez de pegar.*

Figura rellena

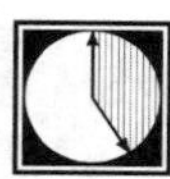

CONSTRUCCIÓN

Materiales

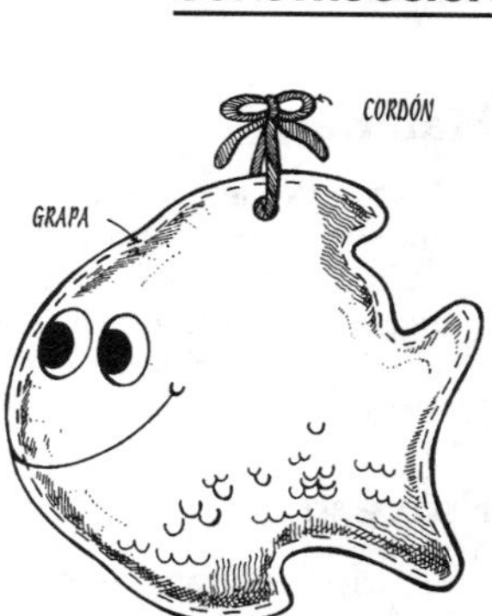

Trozos de papel de embalar de un metro cuadrado aproximadamente; Periódicos u otros papeles grandes; Bolígrafos, lápices, pinturas y pinceles; Grapadora; Tijeras; Cordón.

Proceso

1. Elegir una figura o un dibujo como una calabaza, un pez, cualquier otro animal o una forma abstracta.
2. Dibujar la figura elegida en tamaño muy grande sobre papel de estraza.
3. Una persona adulta o el propio niño o niña puede entonces recortar la figura. Para hacer al mismo tiempo las dos que hacen falta, conviene grapar dos hojas y luego recortarlas juntas.

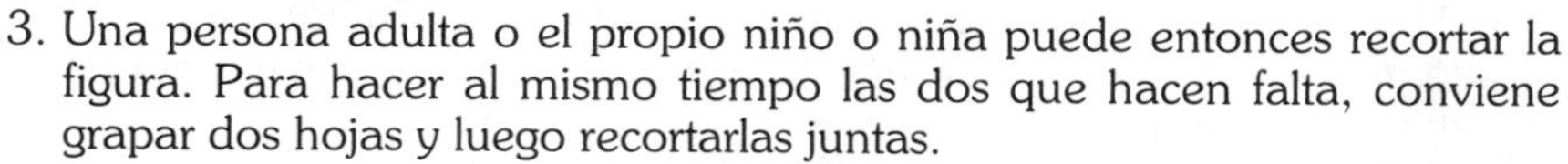

4. Pintar, dibujar o adornar de cualquier modo las dos figuras con diversos colores o pegar con goma distintos materiales.
5. Grapar las dos figuras, dejando un lado abierto.
6. Rellenar de papeles. Una vez introducido el relleno, grapar el lado que quedaba abierto.
7. Añadir un cordón, si se desea colgar del techo la figura rellena.

Variaciones

- Utilizar como rellenos regalos, premios, caramelos... Y entregar este trabajo a alguien que posea para su autor una significación especial.
- Confeccionar todo un parque zoológico, un mundo submarino o un jardín de figuras extrañas.

OBSERVACIÓN • *A los niños y niñas les gusta trabajar con materiales grandes. Puede que el grapado resulte difícil, pero debemos permitir que lo hagan hasta donde sea posible.*

  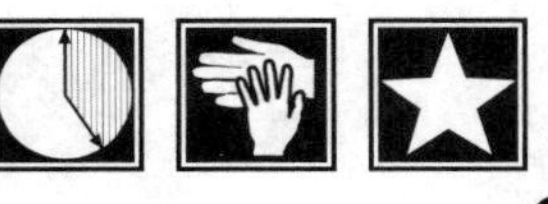 

CONSTRUCCIÓN

Animal de tamaño natural

Materiales

Una serie de cajas de cartón de tamaño grande y mediano, envases cilíndricos para helados y otros objetos de cartón; Cinta adhesiva ancha o cinta aislante de fontanería; Engrudo en un cubo o recipiente grande; Periódicos con las dobles páginas cortadas por la mitad; Retales, trapos o papel de colores; Témperas líquidas y pinceles.

Proceso

1. Montar con las cajas un animal de cartón. No encolar ni emplear cinta adhesiva para sujetar sus diferentes piezas. Es preciso concebir previamente al escultura.
2. Una vez determinados el tamaño y la configuración satisfactorios, emplear abundante cinta adhesiva o aislante de fontanería para sujetar las diversas partes.
3. Sumergir durante unos instantes cada hoja de periódico en el cubo de engrudo hasta que se empape. Eliminar luego el exceso de engrudo.
4. Extender después con las manos la hoja del periódico sobre el cuerpo del animal. Aislar las arrugas con las manos o empleando una toalla húmeda.
5. Añadir una hoja de periódico hasta que el animal de cartón quede completamente cubierto. Si se desea, se puede emplear pelotas de papel empapado en engrudo para poner una joroba u otras protuberancias.
6. Dejar la escultura varios días para que se seque hasta que esté crujiente y suene a hueco.
7. Revestir al animal de cartón con témpera o adornar su cuerpo con trapos y otros papeles

OBSERVACIÓN

- *A los pequeños artistas les entusiasma construir un objeto verdaderamente grande. La complicación de trabajar con el engrudo y los periódicos queda compensada por el desarrollo de su creatividad y la alegría de hacer una escultura de tamaño natural.*
- *Tenga cerca un cubo de agua jabonosa para lavarse las manos.*

Bajorrelieve en madera

Materiales

Diversos trozos de madera; Una tabla fina de contrachapado como base; Goma de pegar blanca; Periódicos; Pinturas y pinceles, opcional.

Proceso

1. Colocar en el suelo una tabla fina de contrachapado. (Si lo cree conveniente, proteja el suelo con periódicos).
2. Verter charquitos de cola sobre el contrachapado para pegar en sentido horizontal los pedazos de madera.
3. Dejar que se seque durante toda una noche.
4. Una vez seco, se puede pintar el bajorrelieve con uno o varios colores.

Variaciones

- Se puede incorporar al contrachapado cabos de cordones entre los trozos de madera.
- Con goma de pegar diluida, añadir fotografías de revistas, papel de envolver o de otro tipo hasta cubrir enteramente las piezas de madera. Los niños/as pueden optar también por añadir más piezas.
- Construir una escultura vertical. Habrá que sujetarla con cinta adhesiva mientras se seca la cola.

OBSERVACIÓN

- *Para obtener piezas de madera del tipo aquí requerido se puede recurrir a las tiendas de marcos, los talleres de Formación Profesional, las tiendas de muebles y las obras de edificios.*
- *Se puede emplear una pistola de cola para acelerar el trabajo. Pero es imprescindible la vigilancia de una persona **adulta** por cada herramienta de este tipo.*

CONSTRUCCIÓN

Colage de clavos

Materiales

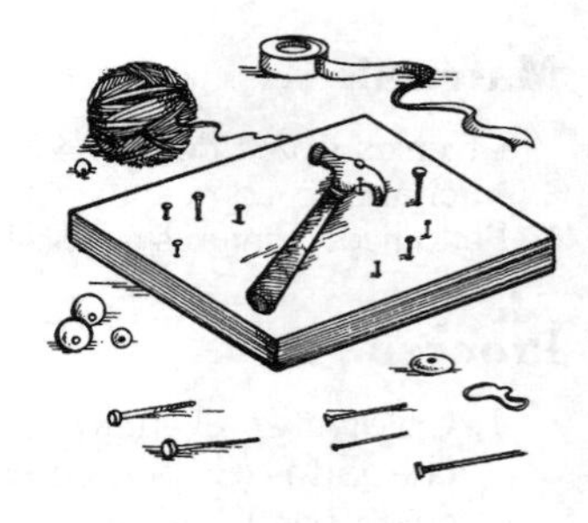

Clavos de todos los tamaños y longitudes, con y sin cabeza; Martillo; Cuadrado de contrachapado grueso; Banco de carpintero o una mesa para trabajos de artesanía; Elementos decorativos como hilos, canicas, cintas o gomas; Lápiz.

Proceso

1. Trazar con el lápiz sobre el contrachapado un dibujo sencillo o la silueta de un objeto.
2. Empezar utilizando en el dibujo sólo un tipo de clavo y esforzarse para que todos los de esa clase alcancen igual altura.
3. Emplear ahora otro tipo de clavo en una parte diferente del dibujo, cuidando también de que tengan la misma altura.
4. Seguir con otras clases de clavos.
5. Si se desea, añadir adornos al dibujo, sujetándolos entre los clavos.

Variaciones

- Clavar los clavos en una tabla y hacer el dibujo a base de gomas.
- Tender entre los clavos hilo de bordar para conseguir el efecto de una tela de araña.
- Antes de utilizar los clavos, cubrir la tabla con fotografías de revista pegadas con cola, pintura, papel de envolver o de seda.

OBSERVACIÓN

- *Se puede variar la altura de los clavos para realzar el efecto. Por ejemplo, si se trata de un pez tropical, procurar que los clavos que formen la silueta estén a escasa altura y emplear otros de cabeza gruesa para las escamas, de cabeza pequeña para las aletas y añadir hilo y cordones para imitar los colores.*
- *Los pequeños suelen preferir los dibujos al azar más que figuras realistas como la de un pez.*

Escultura de cartón

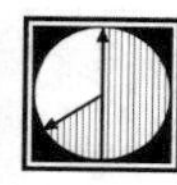

CONSTRUCCIÓN

Materiales

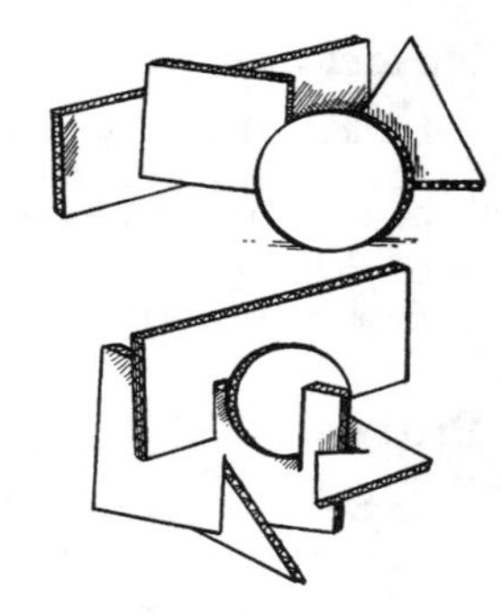

Cartón ondulado; Guillotina, si es posible; Tijeras; Un frasco de cola blanca; Una superficie de trabajo protegida; Pintura y pinceles, opcional; Papel celo, opcional.

Proceso

1. Una persona **adulta** recorta el cartón en formas geométricas como triángulos, rectángulos y cuadrados, cada una de un tamaño comprendido entre los 8 y los 13 cm. Una guillotina permitirá ahorrar tiempo y fatigas.
2. Hacer una pequeña muesca en uno de los lados de cada pieza.
3. Unir dos piezas, muesca con muesca.
4. Añadir unas gotas de cola para que no se separen las dos piezas.
5. Unir de esta manera otras dos piezas de cartón. Seguir juntando pares de piezas. Se puede emplear papel celo para sujetar las piezas y quitarlo más tarde o dejarlo.
6. Esperar dos días enteros a que se seque el trabajo.
7. Unir ahora pares, mediante muescas y cola como antes. Crear una escultura pequeña o incluso muy grande. Dejar que se seque de nuevo.
8. Quitar el papel celo o dejarlo donde está. Una vez seca y si se desea, pintar la escultura.

OBSERVACIÓN

- *Es preciso atender al equilibrio para que no se caiga. En ocasiones, al volcar surge una motivación completamente distinta para que el pequeño cree una nueva forma.*
- *La construcción de esculturas está muy indicada para trabajos colectivos.*

Encaje de fricción

DIBUJO

Materiales

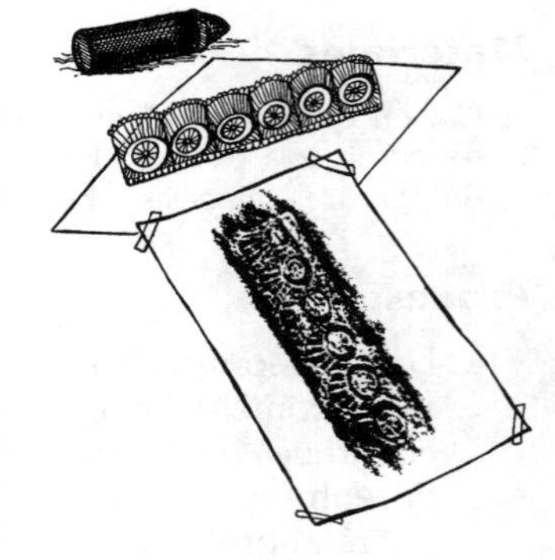

Lápices de cera, grandes y sin envoltorio; Trozos de encaje, tejido, paño o plástico recortados en forma de corazones, cuadrados, círculos, bandas o cualquier otra forma; Papel blanco de dibujo; Papel celo, opcional.

Proceso

1. Seleccionar unas cuantas piezas de encaje y colocarlas sobre una mesa. Si se prefiere, sujetarlas a la mesa por el reverso con una presilla de papel celo.
2. Cubrir las piezas con una hoja de papel blanco de dibujo. Se puede sujetar a la mesa las esquinas del papel para evitar que luego se arrugue.
3. Frotar con los lápices de cera ya desprovistos de su envoltorio. Pronto surgirá la reproducción de la trama.

Variación

- Cambiar de sitio las piezas, alterar los colores, probar con otras formas, hacer tarjetas de felicitación o recortar los trabajos realizados para colgarlos de la ventana o del techo.

OBSERVACIÓN

- *Habrá que ayudar al niño o niña a dibujar un corazón.*
- *La fricción de los niños y niñas no es siempre igual a la de las personas adultas. Hay que tener paciencia; los muy pequeños estarán aprendiendo la técnica de frotar y a controlar el manejo de la pintura de cera.*

Cabos cocidos

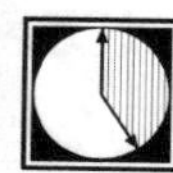

DIBUJO

Materiales

Cabos de lápices de cera sin envoltorio; Un cartón; Una bandeja de horno forrada de papel de aluminio; Piedras, conchas, cuadraditos de fieltro, trozos de madera y otros elementos; Un día muy caluroso o un horno a 250 grados; Palitos.

Proceso

1. Quitar el papel que envuelve los lápices de cera.
2. Colocar el cartón sobre la bandeja del horno cubierta por el papel de aluminio.
3. Poner sobre el cartón los cabos pelados, al azar o amontonándolos.
4. Si se desea, añadir piedras y conchas.
5. Dejarlo todo al sol o que una persona **adulta** ponga la bandeja en un horno a 250 grados durante unos 10 minutos.
6. Una persona **adulta** sacará del horno la bandeja caliente.
7. Es posible que el pequeño artista quiera remover con los palitos la cera fundida antes de que se enfríe.
8. Enfriar por completo. Retirar el cartón de la bandeja.

Variación

- Fundir los cabos de pintura a la cera sobre cuadrados de fieltro, retales, maderas, tablitas, cartón u otros materiales sólidos.

OBSERVACIÓN • *Un persona **adulta** debe encargarse de todas las fases "cálidas", como colocar la bandeja en el horno y retirarla. Por razones de seguridad, habrá que cerciorarse de que la bandeja esté tibia antes de que el niño/a empiece a hurgar con los palitos en las ceras fundidas.*

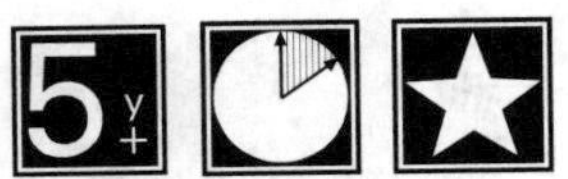

Fricción de tiza

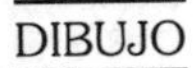

DIBUJO

Materiales

Diversos trozos de papel; Tizas de colores; Papel fuerte en tonos claros; Pañuelos de papel.

Proceso

1. Rasgar los papeles en trozos de cualquier forma.
2. Frotar con tiza sobre los bordes de las figuras de papel.
3. Colocarlas sobre papel fuerte de un tono claro y sujetarlas con la otra mano.
4. Frotar con un pañuelo de papel la tiza de los bordes sobre el papel fuerte. Así se creará una silueta de contornos difusos.

Variación

- Para emplear una técnica diferente, vea en la página 166 *Tres corazones*.

OBSERVACIÓN

- *Unas manos manchadas de tiza son el resultado natural de la creatividad en este tipo de trabajo.*
- *Los niños y niñas tienden a emplear un nuevo pañuelo de papel por cada figura que frotan, pero hay que animarles a emplear sólo uno durante todo el trabajo.*

Reproducción de cera-tiza

DIBUJO

Materiales

Tizas de colores (de la variedad blanda llamada pastel); Dos lápices de cera (uno blanco y otro de cualquier color); Un cuadrado de cartón de 13 cm de lado; Un pliego de papel de seda; Papel celo, opcional; Un lápiz romo o el mango de un pincel.

Proceso

1. Frotar con fuerza las tizas sobre todo o parte del cartón.
2. Aplicar la pintura blanca a la cera sobre los colores de las tizas. Esta etapa exige mucho esfuerzo muscular y una gran determinación.
3. Cubrir la pintura de cera blanca con cualquier otro color del mismo material. También aquí se requiere bastante fuerza y resolución.
4. Colocar la hoja de papel de seda sobre el cartón coloreado y sujetarla con papel celo.
5. Dibujar sobre el papel de seda con un lápiz romo o el mango de un pincel (ejercer mucha presión). Los colores de las tizas y los lápices de cera pasarán del cartón al papel de seda.

Variaciones

- Experimentar con cartones de diferentes texturas, con colores del papel y con tipos de tiza distintos.
- Realizar esta tarea sobre un papel pautado o una pintura con acuarelas que ya se haya secado.

OBSERVACIÓN

- *La tiza se rompe y emborrona con facilidad. Es su condición natural y no tiene por qué constituir un motivo de preocupación.*
- *Los niños motivados y llenos de energía disfrutan del reto que representa el coloreado y la presión requerida. Es posible que algunos se cansen pronto o que no sientan el impulso artístico suficiente.*

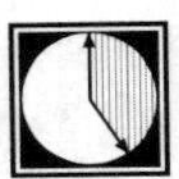
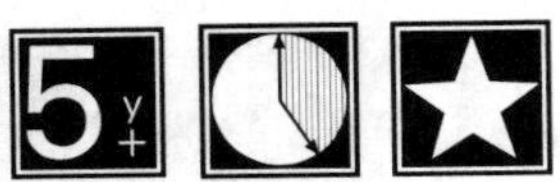

Tres corazones

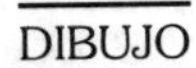

DIBUJO

Materiales

Carpetas viejas; Toallas o pañuelos de papel; Tizas de colores; Tijeras; Lápices de cera; Papel de construcciones; Rotuladores.

Proceso

Recortar con unas tijeras unos corazones (o cualquier otra figura) de unas carpetas viejas. Se puede hacer primero el dibujo, recortarlo después o recortar sin modelo. Conservar la figura recortada y la carpeta de la que se extrajo.

Tiza

1. Colocar el recorte (o la carpeta de la que procede) sobre una hoja de papel, preferiblemente blanco. Dibujar con tiza de color dentro o en torno de la figura.
2. Sin retirar la figura de papel, frotar los trazos de tiza con un pañuelo o una toalla de papel, difuminando las líneas y rebajando el color. Retirar ahora la silueta y ver los dibujos que quedan.

Huellas dactilares

1. Colocar sobre otra hoja de papel la carpeta agujereada. Impregnar la punta de un dedo con la tinta de un rotulador hasta que cubra toda la yema.
2. Presionar con el dedo coloreado sobre el papel que aparece a través del orificio. Dejar que las impresiones superen los límites del orificio. Llenar toda la figura de huellas digitales. Retirar la carpeta y observar el dibujo que ha quedado en el papel.

Pintura a la cera

1. Colocar sobre una hoja de papel la carpeta agujereada y hacer trazos en torno con lápices de cera.
2. Desplazar ligeramente la carpeta y volver a describir trazos, empleando cualquier color. Seguir realizando esos desplazamientos hasta que el dibujo obtenido parezca haberse movido sobre el papel siguiendo una pauta.

OBSERVACIÓN • *Con frecuencia hay que ayudar a los pequeños/as a dibujar y recortar corazones. A veces resulta útil que sigan un modelo o dejar que escojan la figura que prefieran. La mayoría desean un corazón; en ese caso quizá baste con ayudarles a dibujarlo.*

Mancha en papel de seda

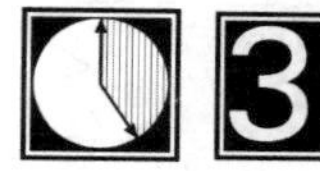

PINTURA

Materiales

Tres o cuatro papeles de seda de color, en trocitos; Un cartón; Pinceles; Boles con agua; Frascos pulverizadores llenos de agua; Una mesa protegida.

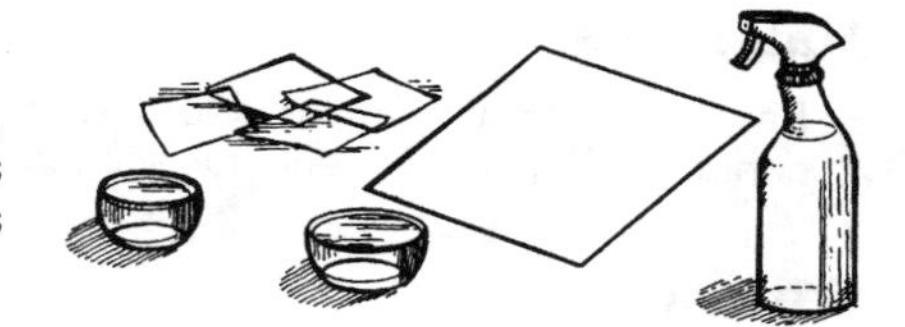

Proceso

1. Colocar sobre el cartón trocitos de papel de seda de color. Se puede utilizar uno o varios colores.
2. Pulverizar agua sobre los trocitos de papel. Humedecerlos aún más con un pincel mojado en agua.
3. Retirar o despegar los papelitos y quedará un dibujo iluminado.
4. Dejar que se seque el dedo.
5. Si se desea, añadir más colores una vez seco el dibujo.

Variaciones

- Realizar este trabajo sobre huevos duros, un paño blanco, toallas de papel, filtros de café o servilletas de papel.
- Recortar la base en forma de una figura festiva, como un corazón para el día de San Valentín.

OBSERVACIÓN • *También se manchan los dedos, por lo que hay que tener cerca un cubo de agua jabonosa y una toalla. A veces las manchas tardan varios días en desaparecer.*

PINTURA

Pintura en papel de seda

Materiales

Papel de seda de muchos colores; Pinceles; Boles con agua; Papel (conviene que sea blanco).

Proceso

1. Rasgar o cortar el papel de seda en figuras o trazos pequeños.
2. Colocar los trocitos en boles con agua y removerlos con los pinceles.
3. Cuando el agua haya quedado coloreada, utilizarla para pintar sobre el papel.

Variación

- Con almidón líquido, pegar los trocitos de papel de seda al papel blanco. Mojar un pincel en agua limpia y pintar sobre los trocitos para que el color se extienda sobre el papel blanco.

OBSERVACIÓN

- *Para evitar que se vierta accidentalmente el agua, usar recipientes de bordes altos como los que se suelen utilizar para alimentar a los animales domésticos.*

Pintura en papel de aluminio

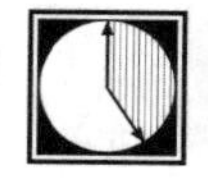

PINTURA

Materiales

Papel de aluminio; Un cartón; Papel celo (opcional); Media taza (115 ml) de témpera espesa; Una cucharadita de detergente líquido; Pinceles.

Proceso

1. Cubrir un cartón con papel de aluminio, doblándolo por el reverso.
2. Si se desea, sujetar el papel de aluminio con papel celo.
3. Añadir una cucharadita de detergente líquido a la témpera espesa.
4. Pintar sobre el papel de aluminio. Dejar que se seque.

Variación

- Envolver una caja, un frasco o el marco de una fotografía con papel de aluminio. Proceder como antes.

OBSERVACIÓN

- *El detergente líquido facilita la adherencia de la pintura al papel de aluminio, al plástico o cualquier otra superficie pulida. Si no produce el efecto deseado, añadir a la pintura otra cucharadita o media de detergente líquido.*

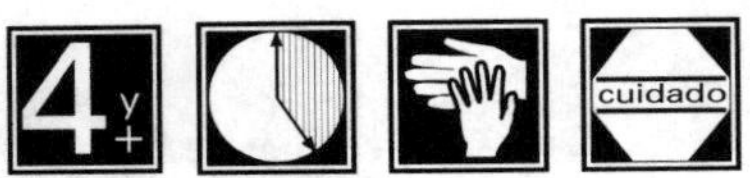

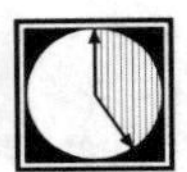

Pintura salada

PINTURA

Materiales

Papel grueso sujeto a la masa con papel celo; Pinceles; Agua; Acuarelas; Alcohol para fricciones; Cuentagotas; Sal natural o de mesa.

Proceso

1. Pasar un pincel mojado en agua sobre el papel grueso hasta que se empape.
2. Pintar con acuarelas sobre el papel húmedo.
3. Una persona **adulta** ayudará a echar alcohol para fricciones en el papel con un cuentagotas y luego espolvoreará sal sobre la pintura. Esta etapa exige una atenta vigilancia.
4. Dejar que se seque el trabajo por completo.
5. Una vez secado, sacudir el papel para que se desprenda la sal.
6. Despegar con cuidado el papel celo y retirar el papel de la mesa.

OBSERVACIÓN

- *El alcohol y la sal logran un extraordinario efecto artístico. Pero se puede prescindir de ese producto en la tercera etapa, limitándose a espolvorear la sal.*
- *Emplear pinceles grandes que dejen mucha agua sobre el papel.*
- *Dejar que se seque la pintura sobre la mesa en vez de trasladarla a otro sitio para que pierda la humedad.*

Garabatos impresos

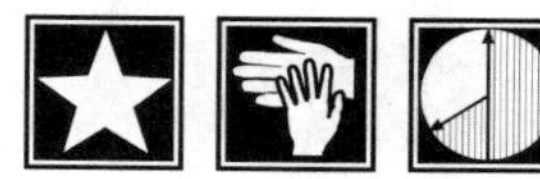

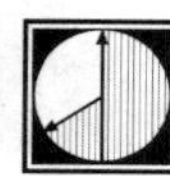

PINTURA

Materiales

Un recipiente de polispán; Plastilina; Diversos elementos para imprimir, como canicas, corchos, azulejos pequeños, botones u otros objetos diminutos; Yeso con una consistencia cremosa; Témpera; Una toalla de papel en una bandeja de polispán; Un pincel o una cuchara para extender la pintura; Papel.

Proceso

1. Recortar el recipiente de polispán y emplear la mitad inferior.
2. Colocar algo de plastilina en el fondo y presionarla.
3. Introducir varios objetos pequeños en la plastilina.
4. Una persona **adulta** echará el yeso en el recipiente hasta que alcance una profundidad de 2,5 cm.
5. Cuando el yeso haya fraguado y se seque, extraerlo del recipiente. Sacar también la plastilina.
6. El trozo de yeso se utilizará como troquel.
7. Echar algo de pintura en la toalla de papel de la bandeja de polispán.
8. Extender la pintura con un pincel o una cuchara.
9. Presionar con el troquel en esa pintura y después sobre un papel para conseguir un grabado.

Variación

- Hacer papel de regalo o empapelar, tarjetas de felicitación o cartas.

OBSERVACIÓN

- *El yeso fragua muy pronto, por lo que hay que tener todo preparado cuando llegue el momento de echarlo.*
- *Aunque bastante meticuloso, este trabajo permite lograr impresiones muy interesantes y justifica toda su complejidad.*

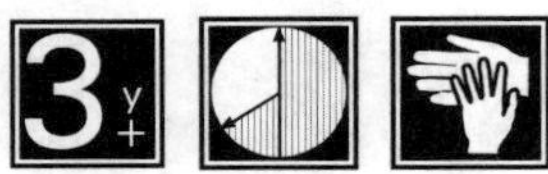

Figuras dulces

MASA

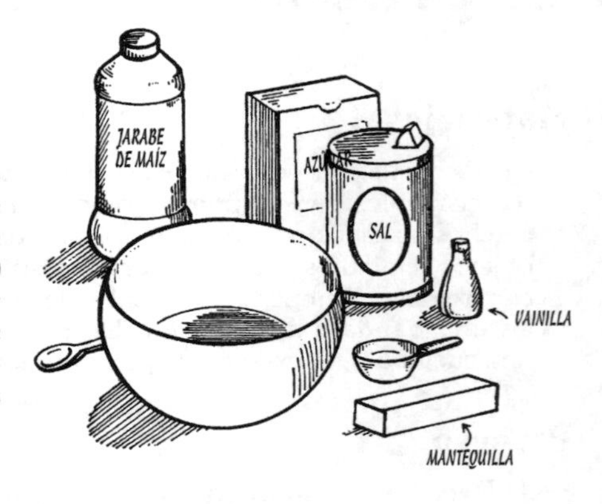

Materiales

1/3 de taza (70 g) de mantequilla o margarina; 1/3 de taza (75 g) de jarabe diluido de maíz; Media cucharadita de sal; Una cucharadita de vainilla; 450 gramos de azúcar granulado; Tazas y cucharas de medida; Una superficie limpia de trabajo; Una espátula o un cuchillo; Colorante alimentario; Toallas de papel; Galletas integrales.

Proceso

1. Lavarse las manos y limpiar la superficie de trabajo.
2. Mezclar con las manos en un bol los 4 primeros ingredientes.
3. Añadir el azúcar granulado. Amasar hasta que se alise.
4. Si es preciso, añadir más azúcar para que la masa no se desmigue ni resulte pegajosa.
5. Dividir la masa en trozos pequeños y mezclarlos con colorantes alimentarios. Utilizar una espátula o un cuchillo para combinar los colores.
6. Trabajar con los trozos de masa dulce coloreada sobre una toalla de papel y adornar con cada trozo una galleta integral.
7. ¡Comerse el producto!

Variación

- Batir clara de huevo con azúcar y mantequilla para adornar pastas, bollos o galletas integrales y colocar en el centro una de estas figuras dulces.

OBSERVACIÓN

- *Tiene que haber masa suficiente para que cada miembro de un grupo de 30 adorne una galleta integral o una torta o para que un solo niño/a decore 30 piezas de repostería.*
- *Prescindir de esta tarea en una día caluroso porque la mantequilla se fundirá y hará demasiado pegajosa la masa.*
- *No tratar de conseguir figuras derechas que reproduzcan animales o personas; es mejor hacer figuras planas.*

Pizza de manzana   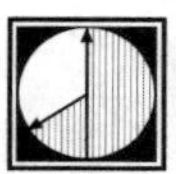 

MASA

Materiales

Dos tazas y cuarto (450 gramos) de harina; Una barra o barra y cuarto de mantequilla a la temperatura de la habitación; Tres cucharadas y media de azúcar; Cuarto de cucharadita de sal; Cuarto de taza de agua fría; Tres manzanas de tamaño mediano; Media cucharadita de canela; Horno a 400 gramos; Espátula; Bandeja de horno; Una tabla; Manoplas de cocina; Bol grande; Bol mediano; Rodillo de cocina; Pelador y deshuesador de manzanas.

Proceso

Masa: **1.** En un bol grande, mezclar con las manos la harina y la mantequilla hasta que la primera cobre un tono ligeramente amarillento. **2.** Añadir a la harina 3 cucharadas de azúcar y la sal, removiendo con las manos. **3.** Verter el agua fría y seguir revolviendo hasta que la masa adquiera forma. **4.** Extender un poco de harina sobre la tabla. Trabajar la masa durante 5 minutos en la tabla enharinada. Agregar más harina si hace falta. **5.** Dar a la masa la forma de una pelota. Dividirla luego en 4 piezas iguales. Aplanar cada pieza con el rodillo hasta dejarla de un grosor de unos 6 mm. Espolvorear harina sobre la masa para que no se ponga pegajosa. **6.** A mano, dar forma plana de corazón a cada una de las piezas. Deslizar una espátula bajo la masa y trasladar uno de los corazones a la bandeja del horno. Hacer lo mismo con las tres piezas restantes.

***Pizza* de manzana:** **1.** Pelar y deshuesar las manzanas. Cortar cada una en 4 partes y luego cada una de ellas en rodajas (de 6 a 10). **2.** Colocar todas las rodajas en un bol mediano. Espolvorear por encima una cucharada de azúcar y la canela. Revolver las rodajas de manzanas, la canela y el azúcar hasta que los dos últimos ingredientes cubran el primero por igual. **3.** Colocar las rodajas de manzana en cada corazón de masa, formando un molinillo o cualquier otro esquema. **4.** Calentar durante 15 minutos a 400 grados. Cuando el borde tome un color pardo dorado, los corazones de la *pizza* de manzana estará ya listos. Una persona **adulta** se encargará de retirar las *pizzas* del horno. **5.** Colocar cada *pizza* en un plato. Comerla caliente, tibia o fría.

OBSERVACIÓN • *Se puede preparar de antemano la masa y guardarla bien tapada en el frigorífico hasta que llegue el momento de añadir las manzanas y ponerla en el horno.*

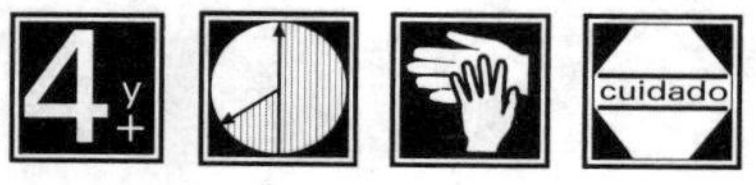

Siluetas dulces

MASA

Materiales

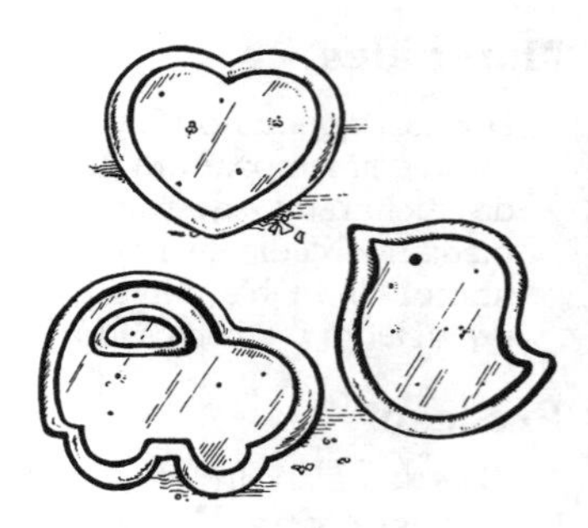

1/3 de taza (70 g) verduras cortadas en trozos muy pequeños; 1/3 de taza (70 g) de azúcar; Un huevo; Tres tazas (600 g) de harina con media cucharadita de bicarbonato sódico; Una cucharadita escasa de sal (opcional); 2/3 de taza (150 ml) de miel; Bol; Tazas y cucharas de medida; Caramelos o dulces machacados; Bandeja de horno cubierta por papel de aluminio; Horno a 375 grados.

Proceso

Amasar:

1. En bol grande, mezclar la harina y la mantequilla con los dedos hasta que la harina adquiera un tono amarillento.
2. Dar a la masa formas serpenteantes de unos dos centímetros y medio que marcarán el contorno de los dulces.
3. Emplear la masa para hacer dibujos de dulce sobre papel de aluminio en una bandeja de horno. Trazar formas libres, corazones, círculos, coches, aves, caras o cualquier otra cosa. Asegurarse de unir los extremos de masa para que constituyan el trazado de una silueta.
4. Espolvorear los caramelos machacados en los espacios delimitados por la masa hasta llenarlos completamente y rebasar un poco la masa de alrededor.
5. Dejar los dulces en el horno de 8 a 10 minutos a 375 grados.
6. Una persona **adulta** sacará los dulces del horno para que se enfríen. Cuando la masa esté dura y fría, hay que despegar cuidadosamente el papel de aluminio ¡Estará delicioso!

OBSERVACIÓN

- *Si se prefiere poner un palito a cada dulce, habrá que asegurarse de que el horno posea capacidad bastante para que quepan todos.*
- *Experimentar con diversos colores de caramelos machacados, aunque el rojo siempre parece ser el favorito.*

Figuras de papel adhesivo

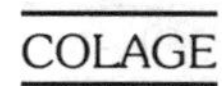

Materiales

Papel adhesivo transparente; Papel de seda de colores variados; Tijeras; Taladradora de papeles; Hilo; Elementos opcionales de un colage como trocitos de encaje, hilo, cofeti, oropel o papel picado.

Proceso

1. Recortar un rectángulo de papel adhesivo tansparente de 15x30 cm o de cualquier otro tamaño.
2. Doblar por la mitad. Desprender el papel protector de esa mitad hasta el doblez.
3. Colocar el papel sobre la mesa, con la parte adhesiva hacia arriba.
4. Adherir pedacitos de papel de seda. No se necesita goma de pegar. Se pueden emplear también figuritas de motivos festivos como corazones o flores.
5. Una vez terminado el dibujo, retirar el papel protector de la otra mitad.
6. Doblarlo y pegarlo al dibujo.
7. Eliminar con unas tijeras todo lo que rebase el contorno.
8. Si se desea perforar la parte superior del dibujo, añadir un hilo de colgar el trabajo de una ventana o en un lugar bien iluminado.

Variación

- Recortar el dibujo en forma de corazón.

OBSERVACIÓN • *En función de la edad y de la habilidad de los niños que han de doblar el papel, puede ocurrir que el trabajo quede arrugado o descentrado. Acéptelo.*

Corazones de papel

COLAGE

Materiales

Variedad de papeles: de envolver, de revistas, de colores, de seda, de carteles o de chalecos de libros; Tijeras; Cola; Cartulina; Lápices de cera o de otro tipo, rotuladores o cualquier instrumento para dibujar y colorear; Patrones en forma de corazones.

Proceso

1. Sobre los más diversos papeles trazar figuras de corazones, sirviéndose de los patrones o a mano.
2. Recortar las figuras. Emplear también los papeles en donde hayan quedado los huecos de los corazones.

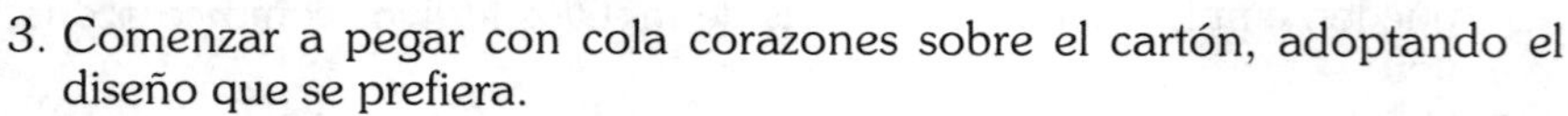

3. Comenzar a pegar con cola corazones sobre el cartón, adoptando el diseño que se prefiera.
4. Añadir al cartón, si se desea, dibujos con rotuladores o lápices de cera.
5. Algunos pequeños prefieren llenar de corazones todo el cartón mientras que otros optan por una composición más simple.

Variación

- Emplear las cartulinas en la confección de tarjetas de felicitación, móviles, carteles o adornos para las paredes.

OBSERVACIÓN

- *A veces resulta difícil dibujar corazones, pero gustan tanto a los niños/as pequeños que se pueden utilizar de vez en cuando patrones.*

Colgantes de corazones

COLAGE

Materiales

Hoja de papel encerado, doblada y abierta; Platito con cola blanca, diluida en agua hasta que cobre un tono lechoso (añadir un poco de detergente líquido para evitar que se formen goterones); Pincel grande; Papel de seda; Tijeras; Mesa cubierta con periódicos; Taladradora de papel; Hilo o gomas.

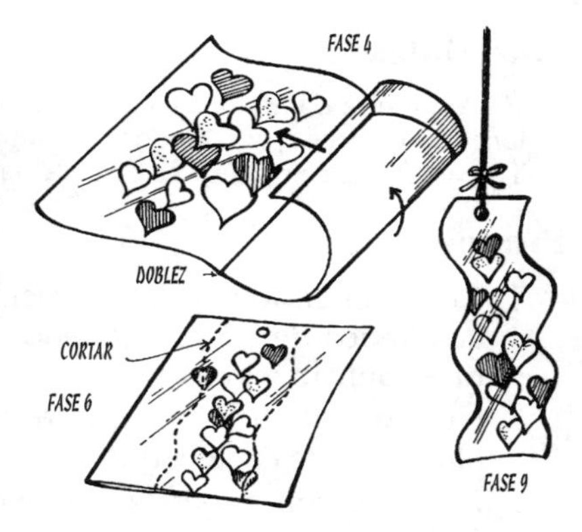

Proceso

1. Cubrir de cola diluida, empleando el pincel, la mitad del papel encerado.
2. Adherir figuras de corazones o pedacitos de papel de seda de colores, cortados a mano o con tijeras. Tendrán un efecto espléndido como motivo decorativo.
3. Extender más cola blanca sobre los corazones o los dibujos.
4. Doblar sobre la figura lograda la otra mitad del papel encerado.
5. Dejar que se seque durante toda la noche.
6. Recortar el colage, una vez seco, para hacer tiras largas rectangulares, serpenteantes o de cualquier otra forma.
7. Hacer un agujero en la parte superior de cada tira.
8. Pasar una goma o un hilo por el orificio.
9. Colgar los corazones móviles de un travesaño, de una percha con un cordón, o con una chincheta en el marco de una ventana.

Variaciones:

- Hacer marcadores de libros en vez de colgantes. Enmarcar el colage en lugar de cortarlo en tiras.

OBSERVACIÓN
- *Abrir el agujero por lo menos a 8 mm del final para evitar que se desgarre.*
- *La cola húmeda estará turbia; quedará transparente al secarse.*

 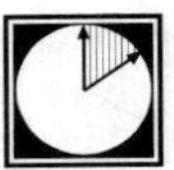  

Cartones cosidos

ARTESANÍA

Materiales

Cartón fuerte o carpetas viejas; Hilo grueso, cordón o lana de colores, precortados; Taladradora de papel; Tijeras; Papel celo; Lápices de cera o rotuladores.

Proceso

1. Cortar el cartón o una carpeta vieja en seis cuadrados de 15 cm de lado o en cualquier otra configuración.
2. Utilizar la taladradora para hacer agujeros alrededor de cada cartón.
3. Envolver con papel celo el extremo de un hilo para que asemeje a la punta de una aguja.
4. Sujetar con papel celo el otro extremo del cordón al reverso del cartón. Comenzar a pasar el cordón por los agujeros, formando el dibujo o trama que se prefiera.
5. Cuando ya no quede cordón, sujetar el extremo por detrás del cartón y continuar con un nuevo cartón del mismo color u otro distinto.
6. Una vez terminado el cosido, colorear los espacios que quedan entre los cordones para formar triángulos, cuadrados y otras figuras, empleando lápices de cera, rotuladores o ambas cosas.

Variaciones

- Realizar este trabajo sobre bandejas de polispán o de cartulina en figuras como corazones, flores, coches o gatos.
- Preparar materiales previamente perforados para que los utilicen.
- Usar materiales en forma de corazones para el día de S. Valentín.

OBSERVACIÓN

- *Si al niño le cuesta demasiado trabajo hacer los agujeros, una persona* ***adulta*** *puede hacerlos, siguiendo sus indicaciones.*
- *Utilizar una taladradora grande para abrir orificios en cartones gruesos.*

Tubo de colores

ARTESANÍA

Materiales

Un tubo de cartón de cualquier diámetro; Papel encerado; Trocitos de papel de seda; Taladradora; Tijeras; Cola blanca diluída con agua; Pincel; Papel celo o gomas fuertes.

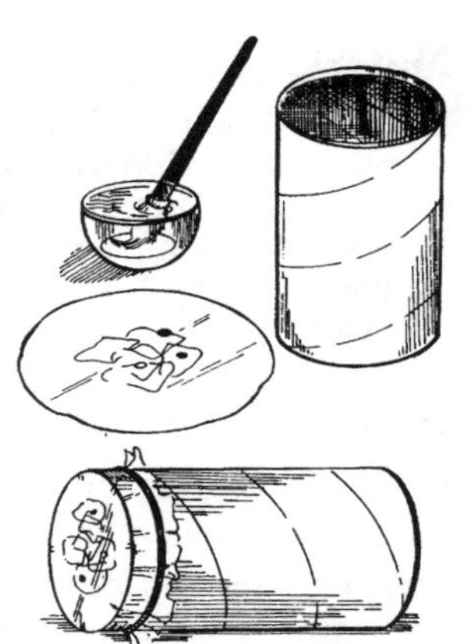

Proceso

1. Recortar un círculo de papel encerado de un diámetro que supere en 3 ó 5 cm el del tubo de cartón.
2. Con el pincel empapado en cola diluída, pegar pedacitos de papel de gasa sobre el círculo de papel encerado. Los fragmentos pueden ser cortados a mano o con tijeras, o ser hechas con una taladradora.
3. Dejar que se seque el papel encerado durante toda una noche.
4. Una vez seco, tapar con el papel un extremo del tubo de cartón y sujetar los bordes a éste con papel celo o con una goma fuerte.
5. Observar por el otro extremo del tubo para ver los colores y dibujos, levantándolos hacia la luz.

Variaciones

- En vez de papel encerado, emplear plástico o celofán.
- Tapar con celofán el otro extremo del tubo.

OBSERVACIÓN

- *A los pequeños suele gustarles observar a través del celofán o de los trocitos coloreados de papel de seda antes de pegarlos al papel encerado. De esta manera decidirán cuáles prefieren pegar.*

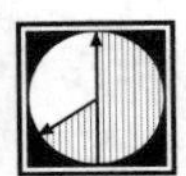

Collares comestibles

ARTESANÍA

Materiales

Hilo de bordar o de hacer croché; Tijeras; Una aguja de plástico de ojo grande; Productos alimenticios perforados y secos: cereales, pasas, ciruelas, albaricoques y pastillas de goma; Cuentas de arcilla.

Proceso

1. Enhebrar la aguja. Hacer un nudo doble al extremo del hilo.
2. Ensartar en el hilo diversos productos alimenticios hasta llenarlo.
3. Cortar el hilo a la altura de la aguja y atar este extremo con el otro, haciendo un collar.
4. ¡Lucirlo, comerlo y disfrutarlo! Una verdadera delicia que llevar a cualquier parte.

Variaciones

- Añadir como colgante del collar una cajita de pasas.
- Llenar bolsitas de plástico con semillas o nueces y colgarlas también del collar.
- Alternar con el diseño del collar artículos oscuros y claros, suaves y ásperos o grandes y pequeños.
- Ir de paseo con uno de esos collares comestibles.
- Confeccionar estos collares para regalarlos.

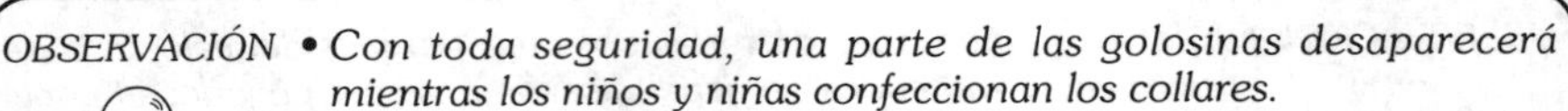

OBSERVACIÓN

- *Con toda seguridad, una parte de las golosinas desaparecerá mientras los niños y niñas confeccionan los collares.*
- *Lavarse las manos antes de comenzar cualquier actividad.*

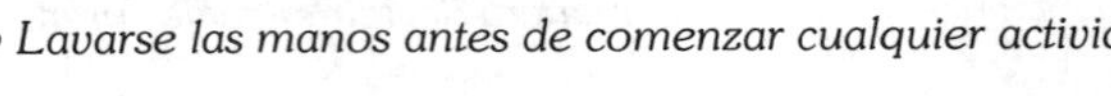

Figura de palitos

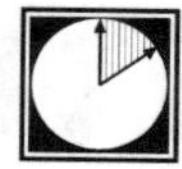

CONSTRUCCIÓN

Materiales

Palitos de madera; Tintes en polvo o colorantes alimentarios; Agua tibia en una cubeta de horno; Toallas de papel y periódicos; Cinta adhesiva o esparadrapo; Pinzas o una espátula ancha.

Proceso

1. Mezclar tinte en polvo o colorante alimentario con el agua tibia de la cubeta. Si se desea, emplear varias cubetas de colores diferentes.
2. Colocar los palitos de madera en la tintura tibia.
3. Recoger los palitos con las pinzas o la espátula o colocarlos sobre los periódicos para que se sequen. Es posible que se requieran varias horas o una noche entera para conseguir el secado.
4. Una vez secos, montar una escultura, uniendo los palitos con trozos de cinta adhesiva o esparadrapo.

Variación

- Para un tema festivo, pegar a la escultura acabada pequeños corazones de papel o de encaje.

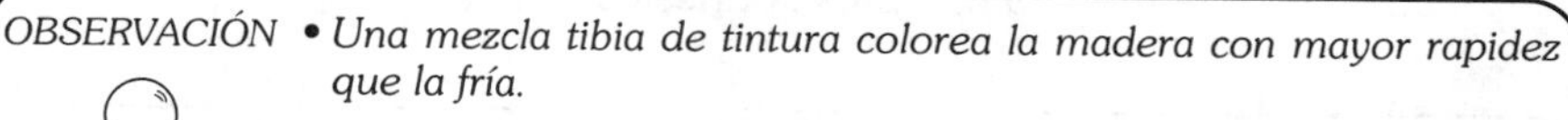

OBSERVACIÓN

- *Una mezcla tibia de tintura colorea la madera con mayor rapidez que la fría.*
- *El tinte mancha también las manos, por lo que habrá que utilizar guantes o pinzas para sacar los palitos.*
- *Teñir cerillas grandes u otros elementos de madera para emplearlos en la escultura.*

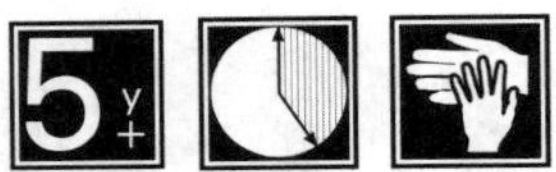

CONSTRUCCIÓN

Figuras de cordones

Materiales

Cuerdas, hilos o cordones; Un cuadrado de contrachapado de 1,5 cm de espesor como mínimo y unos 70 cm de lado (o mayor); Martillo; Clavos de cabeza grande y longitud no superior a 1,5 cm; Opcional: plumas, bolas de algodón, cintas u otros elementos decorativos.

Proceso

1. Introducir los clavos en el contrachapado siguiendo un esquema cualquiera. Se pueden clavar hacia los bordes o en el centro. Una persona **adulta**, supervisará atentamente esta etapa y cuidará de que los clavos no atraviesen enteramente el contrachapado y penetren en el suelo o en la mesa.
2. Una vez introducidos bastantes clavos, pasar en torno a ellos cuerdas, cordones o lanas que se entrecrucen para formar dibujos sugerentes.
3. Si se desea, se puede añadir adornos opcionales a cuerdas o cordones.

Variaciones

- Hacer de este trabajo un ejercicio de grupo con un contrachapado más grande, mayor número de clavos y más niños que trabajen juntos.
- Pintar primero la madera.
- Cubrir antes la madera con papel adhesivo o de envolver.

OBSERVACIÓN • *Algunos de los pequeños artistas necesitarán ayuda para pasar por los clavos cuerdas o cordones y sujetarlos. También puede valer el papel celo.*

PRIMAVERA

Cliché de tiza

DIBUJO

Materiales

Cinta adhesiva o esparadrapo ancho; Cartón; Una esponja húmeda; Tizas de colores.

Proceso

1. Pegar la cinta adhesiva sobre el cartón, siguiendo un esquema cualquiera.
2. Frotar la tiza sobre una esponja húmeda o trazar figuras en ella.
3. Presionar la esponja húmeda sobre el cartón sobre el que se ha pegado la cinta adhesiva. La tiza se adherirá al cartón.
4. Despegar la cinta adhesiva y saltará a la vista un dibujo.

Variaciones

- Se puede realizar esta misma tarea con acuarelas en vez de tiza. Al despegar la cinta adhesiva aparecerá un dibujo en negativo.
- Recortar la cinta adhesiva, formando figuras.
- Emplear el papel adhesivo transparente en vez de cinta.

OBSERVACIÓN

- *No mantener demasiado tiempo pegada la cinta adhesiva al cartón, pues sería imposible despegarla luego.*
- *Dejar un extremo de cinta sin pegar y después resultará más fácil despegarla.*

Papel de lija caliente

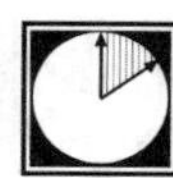

DIBUJO

Materiales

Una placa eléctrica cubierta con papel de aluminio; Lápices de cera sin envoltorio; Papel de lija de textura media; Guantes gruesos para proteger las manos.

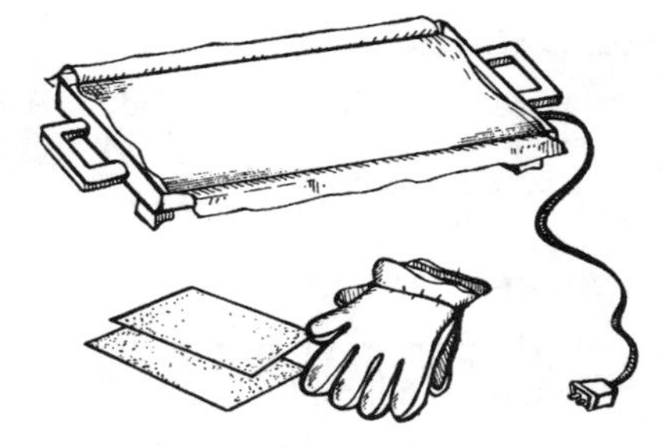

Proceso

1. Colocar el papel de lija sobre la placa eléctrica.
2. Mediante un guante grueso, proteger de posibles quemaduras la mano con la que no se dibuje y que habrá de sujetar el papel de lija.
3. Dibujar o frotar lentamente los lápices de cera sin envoltorio sobre el papel de lija caliente.
4. Retirar el papel de lija de la placa caliente una vez concluído el dibujo. Este se enfriará y endurecerá.

Variación

- Experimentar sobre la placa caliente con papel de fotocopia, de dibujo o de otro tipo.

OBSERVACIÓN

- *Sujetar los bordes del papel de lija a la placa metálica para impedir que se arrugue.*
- *La placa metálica debe estar colocada junto a una pared sobre una mesa y el cable sujeto a ésta para evitar que alguien tropiece.*
- *Es preciso tener cuidado con la placa eléctrica. En todas las tareas que exigen el empleo de calor se requiere la vigilancia de una persona* ***adulta*** *por cada niño/a.*

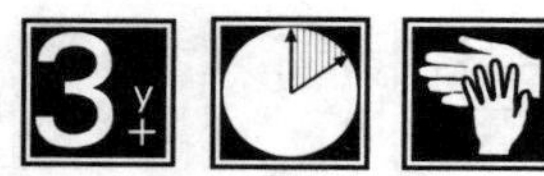

DIBUJO

Figura en almidón

Materiales

Un paño cuadrado de algodón; Almidón líquido en un cubo o en un bol; Una bandeja; Agua; Tizas de colores.

Proceso

1. Empapar el paño de algodón en el almidón líquido.
2. Escurrirlo en las manos.
3. Colocarlo sobre una bandeja y alisarlo.
4. Dibujar con tizas de colores sobre el paño húmedo.
5. Dejar que se seque sobre la bandeja o pasarlo a cuarto lugar, cuidando de que quede bien extendido.

Variaciones

- Trabajar con otra textura bajo el paño, de manera que el dibujo la reproduzca.
- Enmarcar el trabajo.

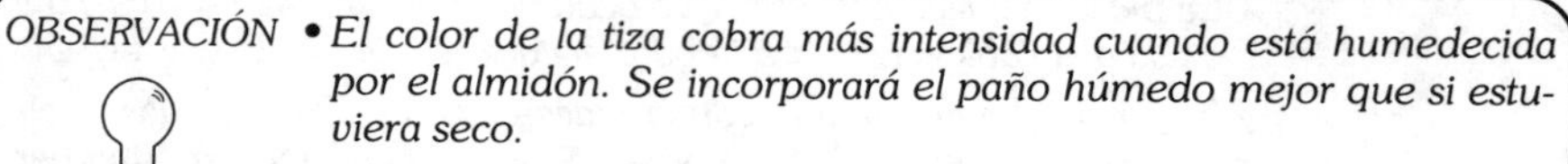

OBSERVACIÓN
- *El color de la tiza cobra más intensidad cuando está humedecida por el almidón. Se incorporará el paño húmedo mejor que si estuviera seco.*
- *No lavar después el paño o desaparecerá el dibujo.*

Moldes de colores

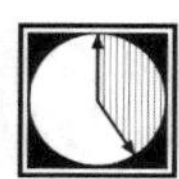

DIBUJO

Materiales

Restos de lápices de cera sin envoltorio y diferenciados por colores; Una placa de cocina cubierta con papel de aluminio; Pequeños envases de metal (forrados con papel de aluminio) de los empleados para el hielo o como moldes de repostería; Manoplas de cocina

Proceso

1. Colocar lápices de cera de un determinado color en un recipiente de metal sobre la placa caliente.
2. Dejar que se fundan.
3. Verter una fina capa de cera fundida en un molde. Dejar que se enfríe por completo.
4. Fundir ceras de otro color.
5. Verter una capa fina del segundo color sobre la del primero. Dejar que se enfríe por completo.
6. Seguir echando capas de cera fundida hasta llenar el molde.
7. Cuando estén completamente enfriadas, extraer la masa del molde y utilizarla para colorear un papel.

OBSERVACIÓN

- *Si se desea obtener resultados más rápidos, introducir en el congelador las capas de pintura a la cera fundida.*
- *Hay que tener mucho cuidado en todas las etapas que impliquen el empleo de la placa caliente. Este trabajo requiere que a cada pequeño le vigile una persona **adulta** para evitar lesiones o quemaduras.*

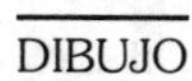
DIBUJO

Impresión en papel de lija

Materiales

Papel de lija de grosor medio; Lápices de cera; Periódicos; Una plancha vieja, muy caliente; Papel blanco.

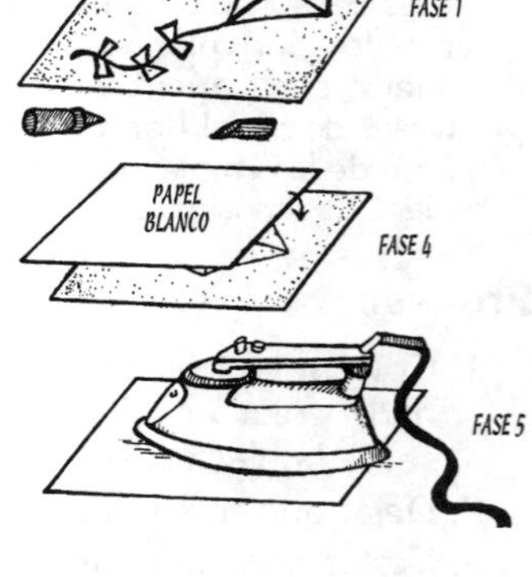

Proceso

1. Dibujar sobre el papel de lija con lápices de cera presionando con fuerza.
2. Colocar un montón de periódicos en la mesa donde haya que utilizar la plancha.
3. Trasladar el papel de lija a esa mesa.
4. Cubrirlo con una hoja de papel blanco.
5. Una persona **adulta** pasará la plancha sobre el papel blanco colocado encima del de lija para que se fundan los trazos de los lápices de cera y pasen al papel blanco.
6. Si se desea obtener varias impresiones del mismo dibujo, colorearlo de nuevo y planchar otra hoja de papel blanco.

IMPRESIÓN OBTENIDA DEL DIBUJO
EN EL PAPEL DE LIJA

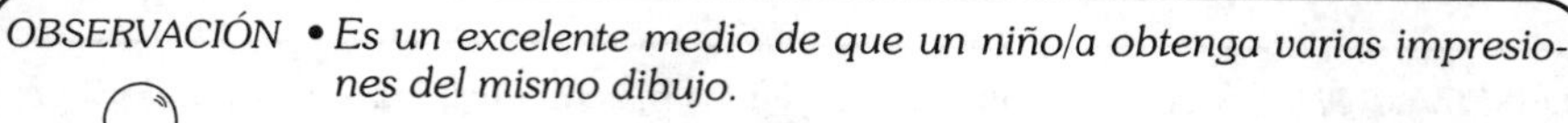

OBSERVACIÓN

- *Es un excelente medio de que un niño/a obtenga varias impresiones del mismo dibujo.*
- *Algunos de los pequeños/as podrán realizar el planchado bajo la vigilancia de una persona **adulta**. En ese caso habrá que emplear una mesa baja.*
- *Hay que sujetar la mesa con cinta adhesiva al papel de lija para que no se arrugue mientras dibuja el niño.*

Pintura brillante

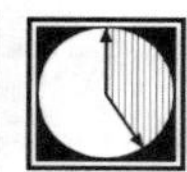

PINTURA

Materiales

Una lata de leche condensada dulce; 4 colorantes alimentarios de otras tantas tonalidades; 4 tazas; Papel blanco de dibujo; Pinceles; Bastoncillos de algodón; Un tablero pequeño; Chinchetas.

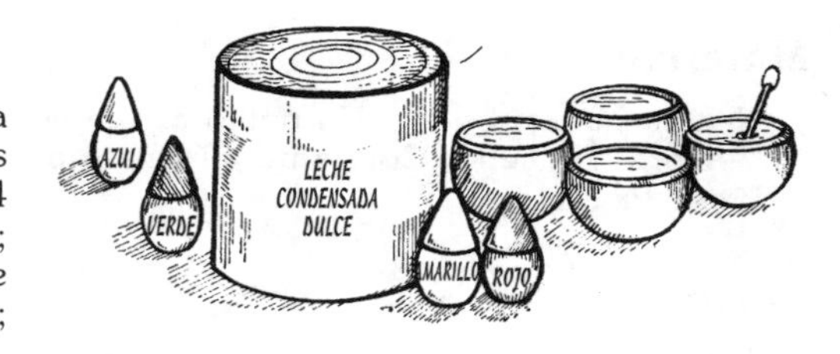

Proceso

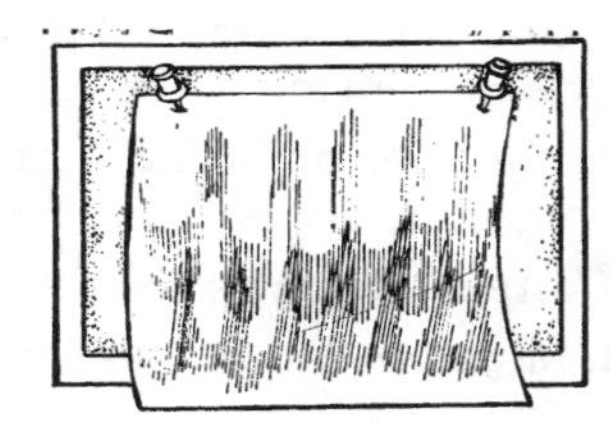

1. Dibujar o recortar figuras del papel blanco.
2. Mezclar, en cada una de las tazas, un tono distinto de colorante alimentario con leche condensada.
3. Con un pincel o bastoncillos de algodón pintar las figuras de colores diferentes.
4. Cuando la pintura esté todavía húmeda, colgarlas de una pared con chinchetas para que se corran los colores (También puede servir al efecto una valla o un tablero pequeño).
5. Dejar que se seque durante varios días.

Variaciones

- Pintar o dibujar huevos de Pascua o temas primaverales.
- Crear una combinación de colores intensos y de pinturas al pastel.

OBSERVACIÓN
- *Es posible que haya que ayudar a los niños/as pequeños a trasladar las figuras pintadas, sujetarlas con chinchetas y, en general, a mantener el control de la tarea.*

- *Hay que proteger el suelo del goteo de la pintura.*

PINTURA

Pintura de maicena

Materiales

Una cuchara pequeña; Un potito con tapa; Vinagre; Maicena; Colorante alimentario; Papel; Pinceles.

Proceso

1. Mezclar una cucharadita de vinagre, otra de maicena y 20 gotas de colorante alimentario en el potito.
2. Agitar el potito para que se mezclen los ingredientes.
3. Crear diferentes colores en otros tantos potitos.
4. Mojar un pincel en la mezcla y pintar sobre papel como si se tratase de témperas.

Variaciones

- Pintar sobre huevos duros.
- Pintar sobre trozos de madera.
- Experimentar pintando sobre otras superficies.

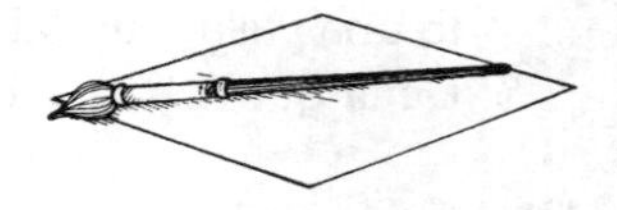

OBSERVACIÓN

- *Se puede doblar o triplicar la receta si se necesita una gran cantidad de esta pintura.*
- *Se puede reemplazar por una pintura más intensa el colorante alimentario a la venta en las tiendas de artículos de repostería.*
- *El colorante alimentario mancha la ropa, por lo que habrá que tener preparadas agua jabonosa y toallas. Será también preciso proteger a los niños/as y a la mesa de los vertidos de la pintura.*

Huevo rodado

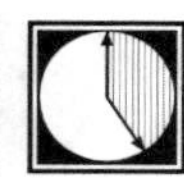

PINTURA

Materiales

Una cubeta pequeña de horno; Témperas de diversos colores; Huevos duros; Papel del tamaño de la cubeta; Una rejilla para enfriar alimentos; Un cartón de huevos vacío

Proceso

1. Colocar el papel en el fondo de la cubeta. Si es preciso, recortar los bordes para que encaje.
2. Verter sobre el papel pintura de varios colores.
3. Depositar un huevo en la cubeta.
4. Inclinarla un poco para que el huevo ruede suavemente sobre las pinturas, pero cuidar de que no se estrelle contra los bordes.
5. Secar el huevo en una rejilla. Luego, a la hora de retirarlo, habrá que tener en cuenta que la pintura puede manchar la ropa y las manos, sobre todo si están húmedas. Utilizar al efecto un cartón de huevos.

Variación

- El papel del fondo de la cubeta puede ser también un trabajo artístico.

OBSERVACIÓN

- *Permanezca sentado mientras inclina la cubeta.*
- *Cuando se trate de niños muy pequeños, utilizar un recipiente de plástico de tamaño reducido en vez de una cubeta de horno.*
- *En vez de la pintura, emplear colorante alimentario mezclado en media taza de agua con una cucharadita de vinagre. Resulta menos espeso.*

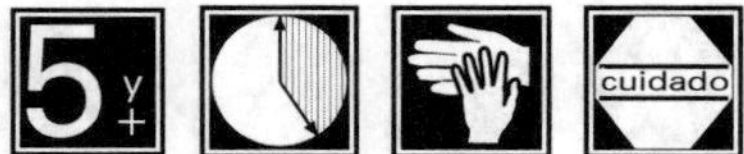

PINTURA

Huevos a la cera

Materiales

Un cartón de huevos o una hoja arrugada de papel de aluminio para que se sequen los huevos; Huevos duros; Papel de seda, en varios colores; Tijeras; Bol; Agua caliente; Pinzas; Una cucharada de vinagre de vino blanco; Una vela y cerillas; Toallas de papel; Una mesa cubierta.

Proceso

1. Cortar tiras de papel de seda de un color, aproximadamente de un centímetro de anchura. Ponerlas en un bol. Hacer lo mismo con papel de seda de otros colores.
2. Una persona **adulta** echará agua caliente sobre el papel de seda para que desprenda el tinte. Revolver los papeles con unas pinzas o con los dedos.
3. Añadir una cucharada de vinagre de vino blanco para que se asiente el tinte. Dejar que se enfríe.
4. Una persona **adulta** verterá cera de la vela en cualquier parte del huevo con el fin de mantener en esa superficie su color natural.
5. Habrá que adornar los huevos con varias aplicaciones de cera y tinte. Comenzar por sumergirlos en el color más claro del tinte. Secar cada huevo con una toalla de papel.
6. Una persona **adulta** verterá más cera sobre aquellas áreas del huevo que el artista desee mantener con un tinte claro. Sumergir ahora el huevo en un tinte más oscuro y secarlo con una toalla de papel (Es posible que se requieran varios minutos hasta que el tinte tome el color deseado).
7. Para eliminar la cera, una persona **adulta** colocará el huevo en una bandeja cubierta de toallas de papel y la introducirá en un horno muy caliente. Una vez que se ha fundido la cera (al cabo de unos dos minutos), hay que limpiar el huevo con otra toalla de papel. Enfriarlo en un cartón de huevos o en una hoja arrugada de papel de aluminio.

OBSERVACIÓN

- *En esta tarea, la persona **adulta** acaba realizando la mayor parte del trabajo; procurad que el niño/a haga lo más que pueda.*
- *Se puede vaciar los huevos frescos si se abre con un alfiler un orificio en cada extremo y se sopla para expulsar su contenido. Así se dispone de un huevo vacío, frágil pero ligero. Y persistirá en tal estado indefinidamente.*

Cebolla y huevo

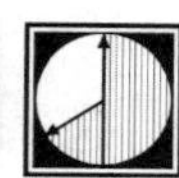

PINTURA

Materiales

Huevos sin cocer; Capas de cebolla blanca y roja; Retales cuadrados de trapos viejos o medias de nylon; Hojitas o arroz; Gomas; Una cazuela para cocer los huevos; Una cocina; Toallas de papel; Una mesa cubierta; Aceite de cocinar.

Proceso

1. Colocar el retal cuadrado de un paño o de una media de nylon sobre la mesa.
2. Poner unas seis capas de cebolla sobre el paño.
3. Colocar hojas o granitos de arroz sobre los trozos de cebolla.
4. Poner el huevo sobre las capas de cebolla, las hojas y el arroz. Colocar encima nuevas capas de cebolla.
5. Envolver bien con el paño o la media de nylon el huevo y los trozos de cebolla. Sujetar el envoltorio con varias gomas y presionar fuertemente las capas de cebolla contra la superficie del huevo.
6. Una persona **adulta** se encargará de dejar el huevo envuelto en una cazuela con agua hirviendo y de que cueza durante unos 30 minutos.
7. Sacar el huevo de la cazuela y esperar a que se enfríe.
8. Separar el huevo del paño y de los restantes elementos.
9. Frotar el huevo con un poco de aceite para que tenga brillo.

OBSERVACIÓN • *Los niños pequeños suelen necesitar ayuda para envolver bien el huevo con la media de nylon.*

 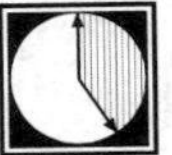 

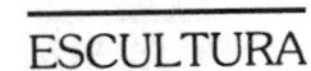

ESCULTURA

Figuras embolsadas

Materiales

Yeso; Agua; Bolsas de plástico para sándwich; Témperas en polvo; Témperas líquidas, opcionales; Pinceles, opcionales; Un bloque de madera o un cartón como base, opcional.

Proceso

1. Introducir un poco de yeso en una bolsa de plástico para sándwich.
2. Añadir al yeso una cucharada o más de témpera en polvo.
3. Echar algo de agua para formar una masa blanda.
4. Apretar con las manos la bolsa de plástico para mezclar el agua, la pintura y el yeso. Cuando se percibe el yeso cálido al tacto es que empieza a fraguar y que se solidificará muy pronto.
5. Dar a la bolsa la forma deseada mientras el yeso se endurece.
6. Cuando la escultura haya cobrado solidez, eliminar la bolsa.
7. Si se desea, adornarla un poco más con témpera líquida.
8. Si se prefiere, pegar con cola la escultura a un bloque de madera o a un cartón que sirva de base.

OBSERVACIÓN

- *Experimentar con medidas de yeso y de agua antes de empezar a trabajar con niños/as pequeños. Las medidas pueden variar de un día para otro, pero conviene comenzar con media bolsa de yeso y un cuarto de taza de agua.*

Globos helados

ESCULTURA

Materiales

Globos de todos los tamaños y formas; Agua; Una bandeja de horno; Un congelador; Un balde o una pila con agua; Cuentagotas; Colorantes alimentarios o acuarelas.

Proceso

1. Llenar de agua cada globo.
2. Dejar en el congelador durante dos días sobre una bandeja cada uno de los globos llenos.
3. Retirar los globos del congelador. Desprender su contenido.

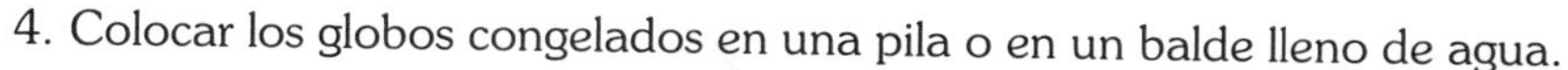

4. Colocar los globos congelados en una pila o en un balde lleno de agua.
5. Dejar caer gotas de colorantes alimentarios o pinturas de acuarela sobre los globos congelados. Empujar, manipular y remover los globos para crear diseños y tramas.

Variaciones

- Echar agua salada coloreada sobre los globos congelados y observar lo que sucede.
- Llenar los globos de agua coloreada antes de congelarlos.
- Se puede congelar el agua en muy distintos recipientes, bolsas y moldes para dar mayor variedad a la escultura flotante de hielo.
- Llenar los globos con témpera diluída con agua. "Pintar" con los globos congelados sobre un papel.

OBSERVACIÓN • Un grupo de pequeños puede disfrutar, contemplando en torno a una bañera, cómo se mezclan y revuelven los colores y flotan y chocan los globos de hielo.

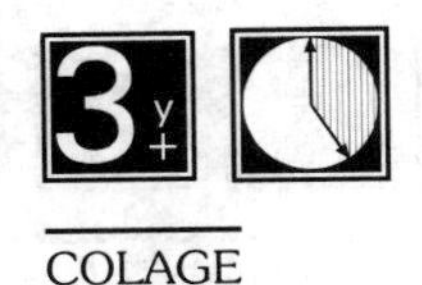

COLAGE

Mosaico de cáscara de huevo

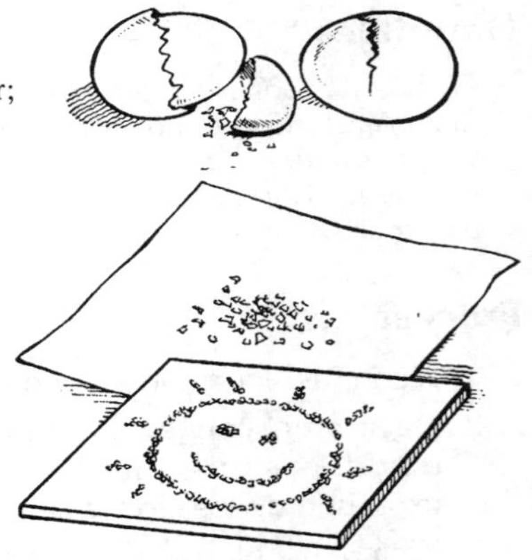

Materiales

Huevos duros que habrá que teñir y pelar; Papel encerado; Un rodillo de cocina; Un cartón; Goma de pegar.

Proceso

1. Pelar unos huevos duros teñidos.
2. Conservar las cáscaras.
3. Colocarlas sobre un papel encerado.
4. Pasar por encima un rodillo.
5. Pegar los trozos de cáscara de huevo a un cartón.
6. Dejar que el trabajo se seque.

Variaciones

- En vez de teñirlas, pintar las cáscaras de los huevos duros con rotuladores. Pelarlos y utilizar las cáscaras así coloreadas.
- Encolar los fragmentos de cáscaras de huevo a un cartón grueso según una pauta definida, como si se tratase de un mosaico.
- Además de la cáscara de huevo, emplear trocitos de papel, confeti o los circulitos de papel que deja una taladradora.

OBSERVACIÓN

- *Los niños pequeños no siempre tienen la coordinación o la paciencia suficientes para trabajar con piezas diminutas de cáscara de huevo. Habrá que proporcionarles un palillo de dientes o un bastoncillo de algodón que puedan mojar en la goma de pegar para tocar con ellos el fragmento de cáscara. Una pequeña gota de goma en el papel les ayudará a desprender sobre él la cáscara del palillo o del bastoncillo.*

Colage de hilos

COLAGE

Materiales

ALMIDÓN LÍQUIDO

Hilos corrientes o de bordar de colores vivos; Tijeras; Almidón líquido; Un papel fuerte; Una bandeja de polispán.

Proceso

1. Cortar cada hilo para que mida poco más de medio metro.
2. Empaparlo durante unos minutos en una bandeja de polispán que contenga almidón líquido.
3. Colocar la bandeja muy cerca del papel grueso.
4. Extraer un hilo de la bandeja.
5. Disponerlo sobre el papel grueso de manera que forme un dibujo de cualquier clase.
6. Repetir la operación con muchos hilos de muy diferentes colores.
7. Dejar que el colage de hilos se seque durante toda una noche.

Variación

- Añadir los hilos a una base de almidón trazada con los dedos y desplazarlos, formando dibujos.

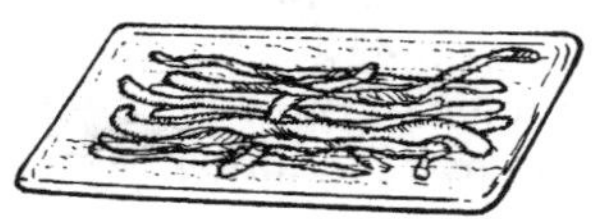

OBSERVACIÓN • *Se puede sustituir el almidón por goma y se obtendrán los mismos resultados.*

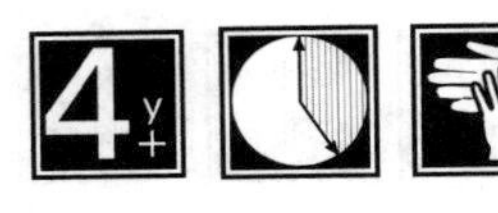

Muñecos de papel

COLAGE

Materiales

Carpetas viejas; Tijeras; Goma de pegar; Elementos de colage como hilo, botones, canicas, judías, encaje o fieltro; Rotuladores.

Proceso

1. Una persona **adulta** ayudará a recortar en una carpeta vieja la silueta de un muñeco, sin rasgos ni prendas. La silueta ha de ser bastante gruesa para que soporte el encolado.
2. Dibujar o colorear la silueta antes de añadir los adornos.
3. Comenzar a adornar la silueta del muñeco con elementos de colage para el pelo, los ojos, las prendas, las joyas, un sombrero, gafas o cualquier otro rasgo que se prefiera.
4. Dejar que se seque completamente el muñeco.

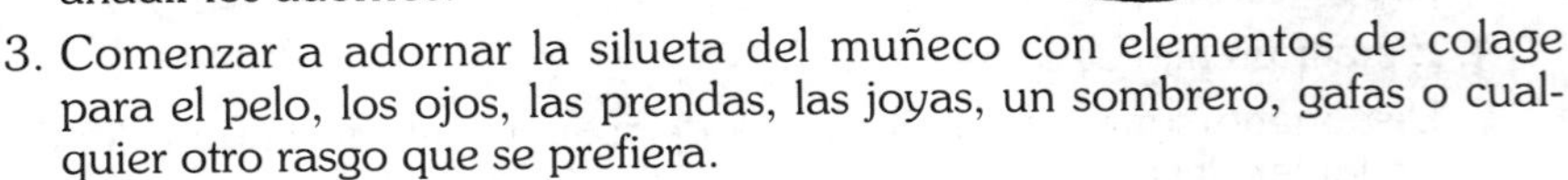

Variaciones

- Crear los personajes del cuento favorito de los niños o de una obra con la que estén familiarizados.
- Convertir a los muñecos en figuras de guiñol, sujetando por detrás una clavija o un palo para que sea posible manejarlos desde el otro lado de una cortina.
- También se pueden confeccionar diversas prendas de papel o trapo para cambiar de indumentaria a los muñecos.

OBSERVACIÓN • *Los niños tienden a usar mucha cola; habrá que secar, pues, a cada muñeco durante uno o dos días. Si se le traslada derecho, se correrá hacia abajo toda la cola y los elementos del colage.*

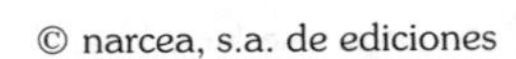

Hilos cruzados

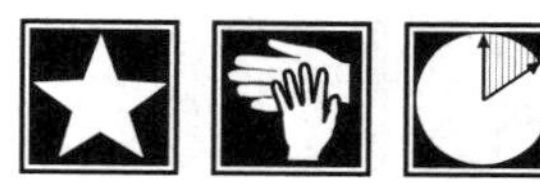

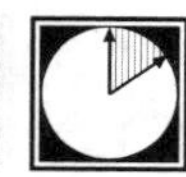

ARTESANÍA

Materiales

Un cartón negro (o al que se pinte de ese color) cortado en cuadrados de 20 cm de lado; Hilos de colores vivos de cualquier longitud (pero no superior a los 2 metros); Papel celo.

Proceso

1. Abrir en cada lado del cuadrado varias muescas de unos 8 mm de profundidad. Los niños pequeños tienden a hacer las muescas MUY juntas, como los flecos de un pañuelo. Hay que animarles a espaciarlas, dejando entre cada dos un hueco de 2,5 a 5 cm para que la trama tenga fuerza. También es posible que abran las muescas demasiado separadas. Para esta tarea se requiere ayuda.
2. Sujetar con papel celo el extremo de un hilo brillante al reverso del cuadrado y comenzar a pasarlo por las muescas.
3. Continuar pasando el hilo por las muescas, entrecruzándolo. Si es preciso, puede emplearse más de una vez la misma muesca.
4. Cuando se acabe un hilo, añadir otros nuevos cuyos extremos habrá que sujetar al reverso del cuadrado. Seguir adornando el cuadrado.
5. Una vez terminada la tarea, sujetar el último hilo al reverso del cuadrado o simplemente pasarlo por una de las muescas.

OBSERVACIÓN

• *Para facilitar el manejo del hilo, conviene hacer un ovillo e introducirlo en una cajita de cartón con tapa. Abrir un orificio en ésta y pasar por allí el hilo. Volver a colocar la tapa sobre la caja. Ahora puede tirarse del hilo sin riesgo de que se enmarañe. Hacer una muesca en el borde de la tapa. Emplearla para sujetar allí el extremo del hilo, en donde lo recogerá la siguiente persona que vaya a utilizarlo. La caja puede tener muchos ovillos y otros tantos agujeros.*

Pulseras de papel maché

ARTESANÍA

Materiales

Una tira de cartulina de unos 30 cm de longitud y 5 cm de anchura; Cola de empapelar paredes; Hojas de periódico cortadas en tiras pequeñas; Tiras de papel blanco fino de 1,5 cm por 5 cm aproximadamente; Esmalte transparente, opcional; Grapadora; Témperas; Papeles de seda de colores; Almidón líquido; Rotuladores; Tijeras.

Proceso

1. Ayudar al pequeño a medir una tira de cartulina alrededor de su muñeca. Dejar espacio suficiente para que la mano entre y salga con facilidad, teniendo en cuenta el grosor adicional del papel maché.
2. Retirar la tira de la muñeca, superponer los extremos y graparlos.
3. Mojar un pedacito de papel del periódico en la cola de empapelar paredes y adherirlo a la pulsera. Repetir este proceso hasta que la pulsera quede cubierta al menos por tres capas de papel de periódico.
4. Cubrir la pulsera con tiras de papel blanco que oculten las de periódico. El papel debe adherirse sin más cola; añadirla si fuese preciso.
5. Dejar que las pulseras se sequen durante varios días.
6. Adornarlas con pinturas o dibujos. También resulta bien cubrir cada pulsera con almidón y pedacitos de papeles de seda de colores.
7. Volver a secar cada pulsera. Luego, una **persona adulta** puede proteger y abrillantar con pintura transparente los dibujos de rotuladores o los trocitos de papeles de seda de colores.

OBSERVACIÓN

- *Un modo eficaz de secar las pulseras consiste en pasarlas por un tubo de cartón o en colgarlas de una percha o de una cuerda de tender la ropa.*
- *Es posible que los pequeños artistas necesiten ayuda cuando empiecen a forrar de papel la tira de cartulina.*
- *El papel maché puede resultar maravilloso. Su atractivo compensará el barullo que originan estas operaciones.*

Gorros

CONSTRUCCIÓN

Materiales

Un plato de cartón; Taladradora de papel; Un cordón o una goma; Elementos decorativos como cintas, encajes, retales, trozos de papel, cuentas, flores artificiales, lazos, fragmentos de fieltro, colgantes, confeti o polvo brillante.

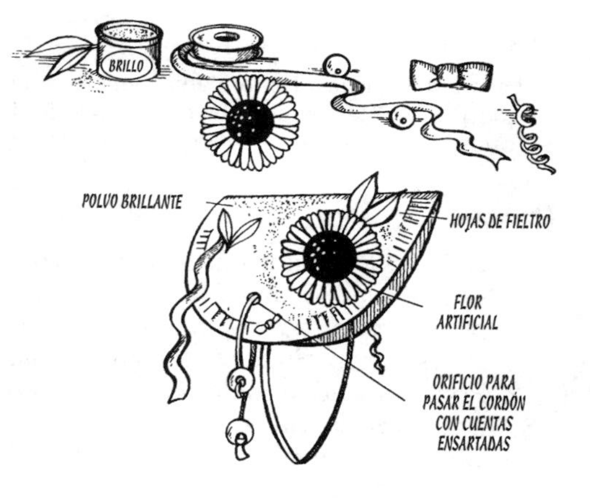

Proceso

1. Una persona **adulta** debe abrir un agujero a cada lado del plato de cartón. Pasar un cordón que servirá para sujetar el gorro.
2. Poner el plato boca abajo sobre la mesa.
3. Incorporar al plato adornos y elementos de colage para crear el gorro. Utilizar pinturas a la cera o rotuladores para adornarlo más.
4. No ornamentar el reverso para que la operación sea más simple. Si se pretende adornarlo también, hacer que el pequeño lo decore antes de empezar con el anverso.
5. Dejar que el gorro se seque por completo y luego ponérselo.

Variaciones

- Poner música y hacer que los artistas desfilen con sus gorros.
- Si se busca un diseño más elegante, emplear sólo pedacitos de papel de seda, servilletitas y papel de aluminio.
- Crear un gorro "temático", que se refiera al medio ambiente, animales domésticos, aficiones, etc.

OBSERVACIÓN • *Emplear una goma como barboquejo para sujetar el gorro, midiendo su longitud ¡Así no será necesario atarlo!*

Polvo de tiza

DIBUJO

Materiales

Un martillo u otra herramienta para machacar. Puede servir una piedra; Restos de tizas de colores; Moldes pequeños de tortas; Tazas con almidón líquido; Pinceles; Papel.

Proceso

1. Colocar los restos de tizas en moldes de tortas. Presionar suavemente con la cabeza del martillo para pulverizar la tiza. Sujetar el molde mientras se realiza la operación. Supervisar atentamente esta actividad.
2. Poner en cada molde polvo de tiza de un color y en otro mezclar varios.
3. Utilizando un pincel, trazar con almidón líquido cualquier dibujo sobre una hoja de papel.
4. Recoger pellizcos de polvo de tiza y espolvorearlos sobre el almidón líquido. La tiza observará el almidón y se volverá brillante y húmeda.
5. Si se desea, pintar sobre el dibujo con más almidón o añadir más tiza. Experimentar con la mezcla de pintura de polvo de tiza y almidón.
6. Dejar que se seque durante aproximadamente una hora.

Variaciones

- Mezclar en el molde almidón líquido con polvo de tiza hasta que tome la consistencia de una pasta. Pintar con la mezcla de tiza y almidón.
- Mezclar el polvo de tiza con cola de pegar o agua azucarada y pintar con la mezcla sobre el papel.

OBSERVACIÓN

- *Con un cierto grado de vigilancia y estímulo, la tarea de machacar la tiza puede ser realizada por niños de todas las edades. La palabra mágica es "despacio". A algunos pequeños le resultará más fácil realizarlo con una piedra. Se puede emplear cualquier herramienta con tal de que sirva a la finalidad deseada.*

Pintura de rotulador

DIBUJO

Materiales

Rotuladores de todos los colores con base de agua; Papeles absorbentes como los de toallas, filtros de café, secantes o servilletas de este material; Papel de dibujo; Un frasco de plástico lleno de agua y dotado de pulverizador.

Proceso

1. Dibujar con los rotuladores lo que se prefiera sobre una variedad de papeles.
2. Pulverizar con agua los dibujos y observar cómo se mezclan, enturbian o se separan los colores.

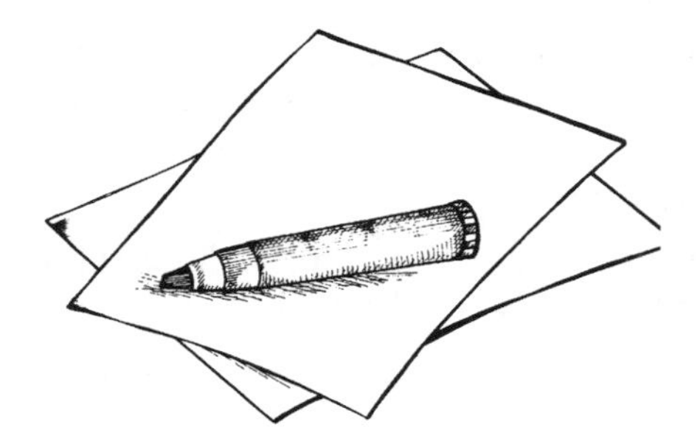

OBSERVACIÓN

- *Trabajar sobre una superficie cubierta; las marcas de rotulador sobre papel humedecido pueden pasar a la mesa.*
- *La tinta de la mayoría de los rotuladores tiene una base de agua, pero quizá no lo adviertan. No sirven los rotuladores indelebles, pero llevan siempre la indicación de su carácter.*

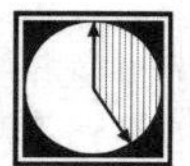

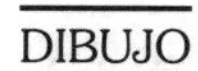

DIBUJO

Ceras talladas

Materiales

Lápices de cera de tamaño grande; Herramientas, como un cuchillo de plástico, palillos o clips.

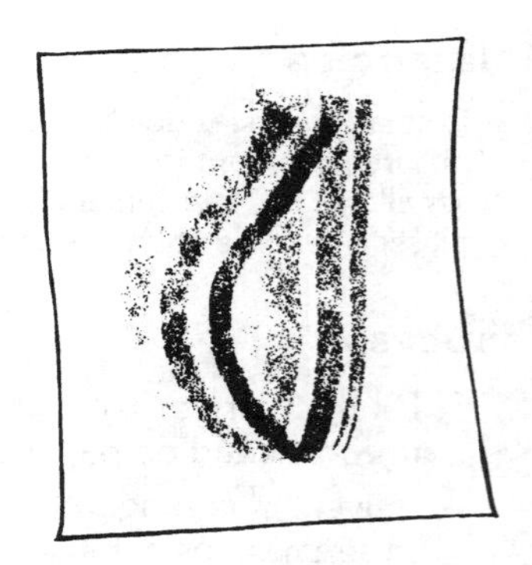

Proceso

1. Una persona **adulta** ha de ayudar al pequeño a tallar muescas, agujeros o incisiones. Es preciso actuar en todos los costados de cada cera. Puede romperse con facilidad si se ejerce mucha fuerza al practicar las muescas, pero cabe la posibilidad de emplear también los fragmentos para realizar nuevas incisiones.
2. Frotar y colorear con los costados de los lápices de cera. Debido a las muescas efectuadas, emergerán formas y dibujos peculiares.

Variación

- Con los lápices de cera tallados, realizar el ejercicio de *Frotar con lápices de cera* (véase página 28).

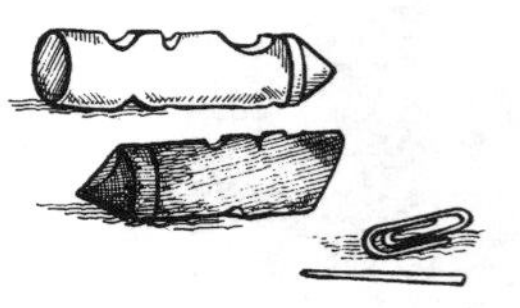

OBSERVACIÓN

- *Puede que sea preciso ayudar a los pequeños a sostener las ceras mientras practican las muescas. Se puede entregar a cada uno un poco de plastilina para que la comprima hasta formar un rectángulo de unos dos centímetros y medio de grosor e introduzca el lápiz de cera en la plastilina. Así podrá sujetarla e impedir que ruede mientras realiza las incisiones.*

Toallas de papel

DIBUJO

Materiales

Toallas de papel grueso; Un cazo con agua caliente; Tizas de colores.

Proceso

1. Sumergir una toalla de papel grueso en el agua caliente de un cazo.
2. Extraerla y escurrirla. Se requiere la ayuda de una persona **adulta**.
3. Ayudar al niño a que ponga la toalla húmeda sobre una mesa llana y elimine con las manos las arrugas.
4. Empleando las tizas de colores, trazar cualquier dibujo sobre la toalla húmeda.

Variaciones

- Pintar con acuarelas sobre las toallas de papel húmedo.
- Con un cuentagotas, echar colorante alimentario sobre la acuarela de las toallas húmedas.

OBSERVACIÓN • *Las toallas de papel se desgarran con facilidad si se ejerce demasiada presión con la tiza. Es preciso disponer de gran cantidad de toallas hasta que los pequeños puedan realizar los dibujos sin romperlas. Pero se puede emplear también las toallas rotas.*

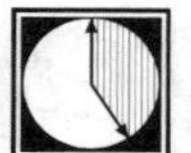

DIBUJO

Dibujo mágico

Materiales

Bastoncillos de algodón; Papeles de seda de colores; Corrector líquido blanco; Un bol pequeño; Papel blanco.

Proceso

1. Una persona **adulta** ha de echar en un bol una cucharada de corrector blanco. (Tapar después el frasco y mantenerlo fuera del alcance de los niños).
2. Mojar los bastoncillos de algodón en el corrector y extenderlo sobre papel de seda de color para hacer que éste desaparezca.

Variación

- Deslizar una hoja de papel blanco debajo del papel de seda con el fin de que el dibujo resulte más visible. Experimentar con otros colores de papel debajo del papel de seda con el fin de que el dibujo resulte más visible. Experimentar con otros colores de papel debajo del de seda.

OBSERVACIÓN

- *El uso del corrector blanco requiere la vigilancia de una persona **adulta** por cada niño.*
- *Recuerde que el corrector blanco puede eliminar también el color de las prendas, por lo que hay que cuidar de que los niños lleven puesto el babi.*

Pintura en polvo

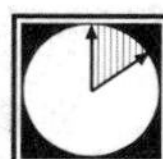

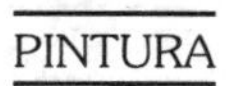

PINTURA

Materiales

Témpera en polvo en moldes pequeños; Pinceles; Almidón líquido; Papel.

Proceso

1. Hacer un charquito de almidón líquido sobre el papel.
2. Cubrir de almidón el papel mediante un pincel.
3. Pasar otro papel ligeramente hemedecido sobre la témpera y extenderla por el papel cubierto de almidón.
4. La témpera se disolverá y engrosará, creando una nueva textura.

OBSERVACIÓN

- *Para esta actividad, resulta muy útil un papel grueso como el de estraza.*
- *Los moldes se pueden volcar. Tal vez sea más conveniente emplear bandejas de polispán de las que se usan para comestibles y sujetarlas a la mesa cuando intervengan niños pequeños.*

3 y +

Jarabe de maíz

PINTURA

Materiales

Un cartón; Colorante alimentario; Jarabe de maíz diluido; Delantales; Palillos o cucharas.

Proceso

1. Formar un charquito de jarabe de maíz sobre el cartón. Extenderlo hacia los bordes con un palito o una cuchara.
2. Echar al azar unas cuantas gotas de colorante alimentario sobre el jarabe de maíz.
3. Mezclar los colores con los dedos.
4. Dejar que se seque el trabajo durante varios días para conseguir un dibujo de colores intensos, brillantes y variados.

Variación

- Emplear esta técnica sobre papel grueso recortado en forma de huevo para crear un tema primaveral. También se puede optar por cualquier forma del papel para realizar un complemento de un tema o de un motivo festivo.

OBSERVACIÓN • *La tarea de aseo resulta sabrosa pero también pegajosa. Conviene utilizar agua caliente.*

Pinturas de yemas de huevos

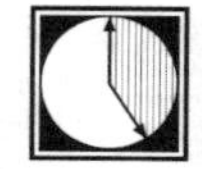

PINTURA

Materiales

4 yemas de huevo; 4 boles; Colorante alimentario; Papel; Pincel.

Proceso

1. Con la ayuda de una persona **adulta**, cascar unos huevos y separar las yemas. Poner una en cada bol. Guardar las claras para otras tareas artísticas.
2. Echar unas gotas de colorante alimentario sobre cada yema y revolver. Mezclar en el cuarto bol colorante alimentario rojo, azul y amarillo para formar un nuevo color.
3. Pintar sobre el papel con esos colores intensos y brillantes.

Variación

- Pintar sobre tostadas, bollos o dulces. Calentar brevemente cada alimento o dejarlo un poco tiempo en el horno para que se seque la pintura de huevo.

OBSERVACIÓN

- *Emplear boles grandes que no se vuelquen con facilidad. Las bandejas de comestibles en polispán suelen ser convenientes para la mezcla de la yema de huevo y el colorante alimentario.*
- *Añadir unas cuantas gotas de agua a la bandeja o recipiente si la pintura se espesa o comienza a secarse antes de terminar el trabajo.*

Arabescos

PINTURA

Materiales

Tintas insolubles de diversos colores; Bandejas grandes de polispán; Cucharas de plástico; Papel secante fino; Un delantal; Periódicos que cubrirán la superficie de secado

Proceso

1. Llenar las bandejas de agua hasta la mitad.
2. Dejar crear suavemente una pequeña cantidad de tinta insoluble sobre la superficie del agua. Añadir gotas de otros colores.
3. Remover lenta y cuidadosamente la tinta sobre el agua con una cuchara de plástico. (La tinta flotará arremolinada, formando bellos dibujos).
4. Con la ayuda de una persona **adulta**, mantener el papel secante sobre los colores flotantes durante unos treinta segundos.
5. Con la ayuda de una persona **adulta**, levantar y volver rápidamente el papel, manteniéndolo horizontal para que los colores no se corran.
6. Secar el papel coloreado en una superficie llana y cubierta por periódicos. Es posible que ese proceso exija varios días.

Variación

- Resulta muy interesante contemplar este trabajo, empleando un bol de cristal transparente colocado sobre un papel blanco corriente. Prescindir del papel secante y limitarse a observar cómo los colores forman remolinos y se mezclan en el bol.

OBSERVACIÓN

- *El trabajo resultará más fácil de controlar si se utilizan cuadrados pequeños de papel.*
- *Cuando se trabaja con tinta insoluble, es imprescindible la vigilancia de una persona **adulta**, tanto en la propia tarea como en las operaciones posteriores de limpieza.*

Impresión en relieve

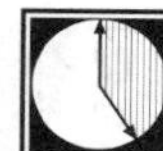

PINTURA

Materiales

Cuadrados de cartón o de una caja de un regalo; Tijeras; Goma de pegar; Periódicos para cubrir la mesa; Témpera líquida en un recipiente poco hondo; Pincel; Un rodillo, un rulo de imprimir o una espiga; Papel o un paño.

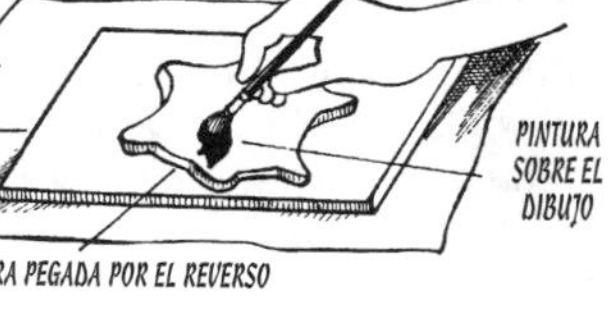

Proceso

1. Trazar en el cartón un dibujo y recortarlo.
2. Pegar la figura a otro cartón.
3. Colocar la figura sobre los periódicos que cubran la mesa con el dibujo boca arriba.
4. Aplicar con un papel témpera sobre la figura.
5. Poner sobre el dibujo un retal o un papel.
6. Pasar el rodillo o el rulo sobre el papel o el retal para imprimir.
7. Despegar del cartón el papel o el retal. El dibujo habrá pasado al paño o al papel.
8. Dejar que se seque completamente.

Variación

- Utilizar diferentes colores sobre partes específicas del dibujo para lograr una impresión multicolor.

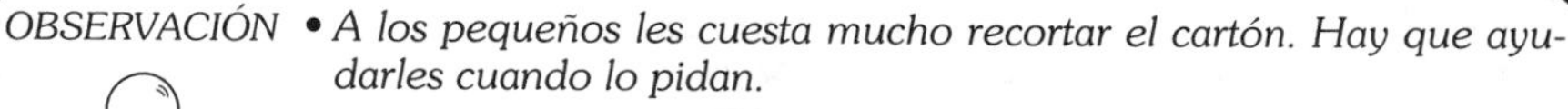

OBSERVACIÓN

- *A los pequeños les cuesta mucho recortar el cartón. Hay que ayudarles cuando lo pidan.*
- *A veces el papel se dobla y se pega una parte con otra al separarlo del dibujo. Hay que asegurarse de que empleen las dos manos.*

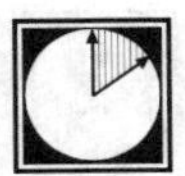

Plastilina prensada

MODELADO

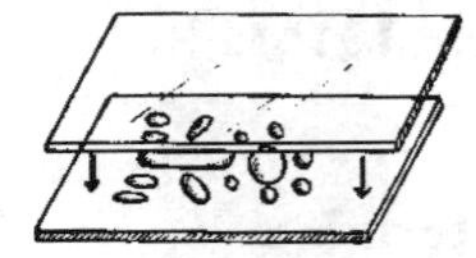

Materiales

Plastilina en diversos colores; Dos láminas cuadradas de plexiglás de 25 cm de lado o más pequeñas; Tubo para el marco; Un clip grande para colgar, opcional.

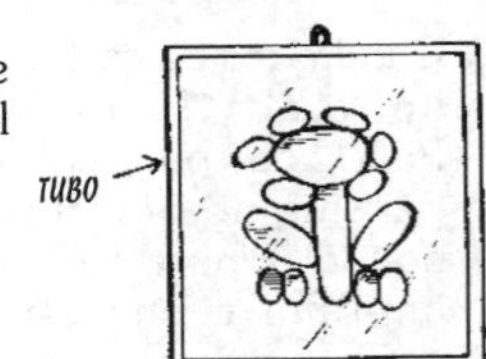

Proceso

1. Poner en el suelo una lámina de plexiglás.
2. Colocar sobre la lámina unas bolitas de plastilina coloreada, al azar o siguiendo un diseño especial, como figuras de flores. Cuanto más pequeñas sean las bolitas, más fácil resultará la tarea.
3. Tomar la segunda lámina de plexiglás y ponerla suavemente sobre el dibujo de plastilina.
4. De rodillas, presionar con ambas manos sobre la lámina transparente colocada encima de la plastilina. Observar cómo se extienden, allanan y mezclan los colores.
5. Si se desea, deslizar el plexiglás de un lado para otro o hacerlo girar sobre sí mismo.
6. Una persona **adulta** se encargará de unir por los bordes las dos láminas con cinta para crear un marco que contenga el dibujo de plastilina.
7. Desdoblar un clip grande y fuerte. Pasarlo por el tubo para hacer un gancho del que cuelgue la obra.

Variación

- Echar gotas de pintura sobre un papel. Presionar por encima con una lámina de plástico transparente y contemplar cómo se extienden, mezclan y enturbian. Despegar el plástico.

OBSERVACIÓN

- *Es preciso asegurarse de que el plexiglás sea lo bastante fuerte (aproximadamente de dos centímetros de grosor) para que no se rompa al comprimir las dos láminas. Resultará útil que presionen muchas manos para evitar que el plástico chasquee. También será conveniente que las bolitas de plastilina tengan un tamaño reducido.*
- *Se puede prescindir de conservar el dibujo obtenido, limpiar las láminas de pllexiglás y utilizarlas de nuevo, así como la plastilina.*

Cerámica de sal

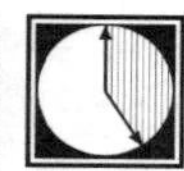

ESCULTURA

Materiales

Una medida (200 g) de sal; Medida media (100 g) de maicena; 3/4 de taza (180 ml) de agua; Recipientes de medida; Un cazo; Una cocina; Una cuchara de madera; Una hoja de papel de aluminio.

Proceso

1. Una persona **adulta** pondrá a un fuego mediano la sal, el almidón de maíz y el agua. Remover constantemente con la cuchara de madera hasta que la masa se espese, formando una bola de color blanco (con las dosis de esta fórmula, su tamaño será el de una naranja grande).
2. Una persona **adulta** ha de retirar la mezcla del fuego.
3. Dejarla en una hoja de papel de aluminio hasta que se enfríe.
4. Amasarla entonces a fondo hasta que adquiera consistencia.
5. Modelar toda clase de figuras (véanse después las sugerencias).
6. Mientras la masa esté todavía blanda, introducir plumas, palillos, guijarros u otros elementos de adorno.
7. Este material se endurecerá sin necesidad de calentarlo en el horno.

Variaciones

- Si se desea que la escultura tenga brillo, una vez terminada, una persona **adulta** puede recubrirla con barniz o esmalte transparente de uñas.
- Se pueden elaborar: pendientes, cuentas, figuritas, letras, adornos festivos, y frutas, verduras y dulces de juguete.

OBSERVACIÓN

- *Si se prefiere una masa coloreada, añadir al agua pasta de colorante alimentario o témpera líquida.*
- *Se puede conservar esta masa durante días dentro de una bolsa de plástico. Amasar antes de utilizarla para que recobre su consistencia.*

Tarro-hucha

ARTESANÍA

Materiales

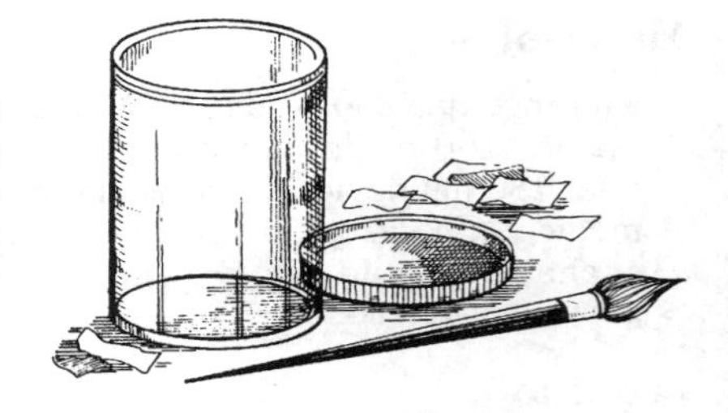

Un tarro de cristal (con tapa); Trocitos de papel de seda de colores; Cola blanca diluída con agua en un platito; Un pincel; Una mesa cubierta con periódicos; Un bloque de madera; Un martillo; Un destornillador o un cincel.

Proceso

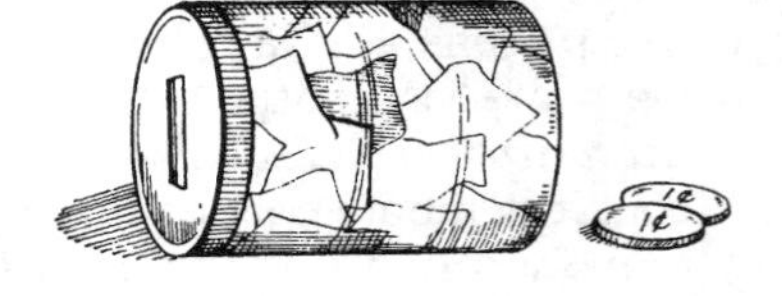

1. Quitar la tapa y colocar el tarro boca abajo.
2. Pintar una parte del tarro con la cola diluida.
3. Pegar un papelito de seda y luego aplicar más goma encima.
4. Seguir cubriendo partes con cola diluida para añadir más papeles de seda, superponiéndolos hasta hacer desaparecer por completo el cristal.
5. Cubrir de goma los bordes del papel. Pegarlos tan cerca de la boca como sea posible, pero sin sobrepasar el borde ni adherirlos al interior.
6. Dejar que se seque. Mientras tanto, una persona **adulta** colocará la tapa boca arriba sobre un bloque de madera para hacer la ranura.
7. Aplicar a la tapa la punta de un destornillador o de un cincel y golpear el mango con un martillo. Así se conseguirá abrir una ranura por donde introducir las monedas. Ensanchar el corte si es necesario para dejar espacio a las monedas grandes. A veces es preciso dar la vuelta a la tapa y allanar los bordes de la ranura con el martillo.

OBSERVACIÓN
- *Alisar con el pincel las arrugas que se formen en los papelitos.*
- *Debe bastar una capa de papel de seda. Pero a los pequeños los gusta pegar varias capas. Si lo desea, explíqueles que con una sola se filtrará mejor la luz a través del papel.*

Servilleteros

ARTESANÍA

Materiales

Un tubo de cartón (de toallas de papel, de rollos de papel de cocina o de papel higiénico); Cuchillo o tijeras; Témperas; Pinceles; Papel de seda; Almidón líquido; Papel adhesivo transparente; Barniz transparente, opcional.

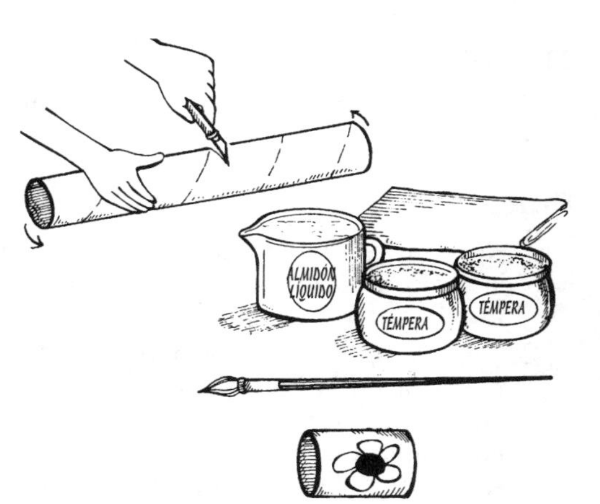

Proceso

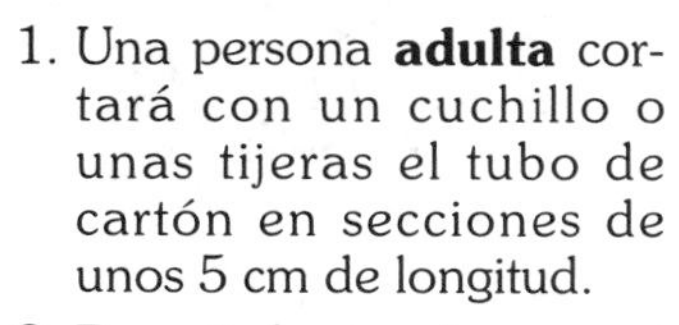

1. Una persona **adulta** cortará con un cuchillo o unas tijeras el tubo de cartón en secciones de unos 5 cm de longitud.
2. Revestir las secciones o anillos con un solo color de témpera. Dejar que se seque y aplicar una segunda mano.
3. Trazar dibujos sobre las secciones cubiertas de pintura o, empleando almidón líquido, pegar papelitos de papel de seda.
4. Secar los anillos.
5. Una persona **adulta** cubrirá cada uno con una tira de papel adhesivo transparente para proteger las servilletas de las manchas.

Variaciones

- Emplear rotuladores para adornar los servilleteros.
- Cubrirlos con papel maché. Pintarlos una vez secos.
- En vez de utilizar papel adhesivo, una persona **adulta** aplicará una capa de barniz transparente para obtener un acabado duro y brillante

OBSERVACIÓN • *Emplear los servilleteros en comidas y meriendas.*
• *Secar los anillos en palos o en cuellos de botellas.*

Muñecos andarines

ARTESANÍA

Materiales

Un dibujo infantil; Tijeras; Cartulina o cartón; Cola blanca; Unos dedos.

Proceso

1. Recortar un dibujo y pegarlo a una cartulina o cartón (Vienen muy bien las carpetas viejas).
2. Con la ayuda de una persona adulta, practicar en la base del dibujo dos orificios, separados aproximadamente medio cm. Han de ser lo suficientemente grandes como para que pueda pasar un dedo.
3. Introducir un dedo por cada agujero del muñeco. Serán sus piernas.

Variaciones

- Preparar un muñeco para cada mano con el fin de interpretar una historia, desarrollar un espectáculo o representar una pieza dramática.
- Varios pequeños pueden combinar sus muñecos para encarnar a diversos personajes.

OBSERVACIÓN • *Se puede utilizar cualquier dibujo de cualquier tamaño para hacer un muñeco. No es necesario que represente a un animal o una persona. Puede servir incluso un simple diseño.*

Costura de tela metálica

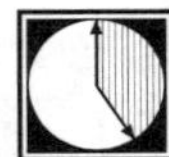

ARTESANÍA

Materiales

Un cuadrado de tela metálica (accesible en las tiendas del ramo) de 15 cm de lado; Hilo corriente de bordar; Una aguja roma de plástico; Cinta adhesiva.

Proceso

1. Una persona **adulta** cubrirá con cinta adhesiva los bordes de la tela metálica para evitar cortes en los dedos.
2. Pasar una aguja enhebrada con lana o hilo de bordar por los agujeros, creando un dibujo de cualquier tipo.
3. Añadir hilo de otros colores.
4. Sujetar el extremo del hilo al reverso de la tela metálica.

Variaciones

- Se puede coser al trabajo otros elementos como cuentas antiguas, plumas, papelitos o confeti.
- Si se desea, se puede entrelazar al cosido fragmentos de cinta o de encaje.
- No hace falta una aguja si se recubre con papel celo el extremo del hilo, formando una punta.

OBSERVACIÓN

- *La tela metálica es una trama con agujeros de 6 mm. Se emplea a menudo para cerrar la parte superior de las jaulas de los hamsters; se puede utilizar también la que se vende en rollos y es más flexible.*
- *Los pequeños experimentan siempre dificultad en esta tarea cuando el hilo es demasiado largo. Resulta conveniente que su longitud no sobrepase a la de un brazo. Una persona* ***adulta*** *debe estar dispuesta a ayudar en el cambio de hilos o en el enebrado de la aguja.*

ARTESANÍA

Caja del tesoro

Materiales

Papel de envolver o de forrar estantes; Tinte de tejido, de un color claro; Agua caliente; Cazuela; Cocina; Joyero de cartón; Taza de cola blanca; Pincel.

Proceso - Papel hervido:

1. Una persona **adulta** debe disolver el tinte en el agua caliente de la cazuela.
2. Arrugar el papel y añadirlo al tinte. Una persona **adulta** se encargará de que durante 5 minutos hiervan el tinte y el papel.
3. Una persona **adulta** lava el papel en agua fría.
4. El pequeño extrae cuidadosamente el papel del agua.
5. Extender el papel para que se seque sobre una mesa o una superficie llana. Una vez seco, cobrará la apariencia del cuero y puede ser empleado en cualquier trabajo de papel maché o en la tarea de la Caja del Tesoro.

Proceso - Caja del Tesoro:

1. Volver boca abajo la caja con su tapa.
2. Pintar la caja con cola blanca.
3. Cubrir la caja de tiras o trozos de papel o un fragmento grande del papel hervido y ya seco.
4. Encolar el borde interior de la caja.
5. Seguir encolando papel hervido por el borde y el interior de la caja. Cubrir enteramente ésta y la tapa, por fuera y por dentro. Dejar que se seque.
6. Usar esta caja que parece de piel para atesorar objetos preciosos.

OBSERVACIÓN • *La caja ha de secarse por completo antes de poner la tapa. A veces no encajan. Es preciso no poner demasiado papel en el borde de la caja ni en la parte interior de la tapa.*

Escultura de cajas

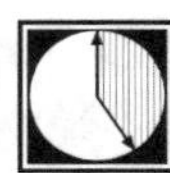

CONSTRUCCIÓN

Materiales

Cajas de cartón de todos los tamaños y formas, como las de zapatos, de leche, joyero, de cerillas, de envoltorios de plástico, de toallas de papel, de botellas o de papelería; Tubos de cartón; Otros elementos de papel o de cartón; Cola blanca; Papel celo; Tijeras; Hilo fuerte; Otros materiales de colage, opcional; Témperas densas con un detergente líquido para vajillas; Pinceles.

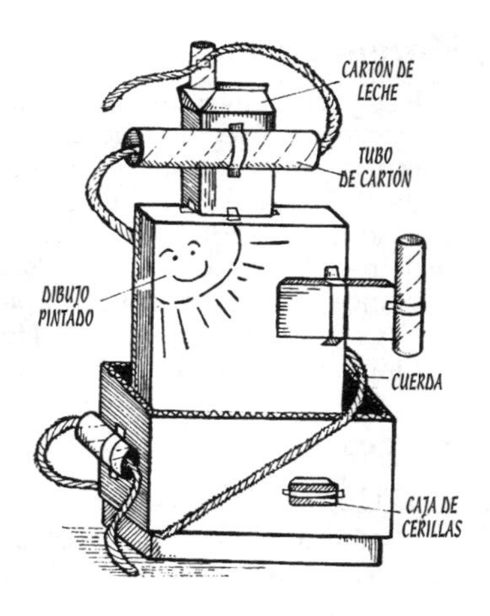

Proceso

1. Montar cajas y tubos para realizar esculturas abstractas. Encajar unas dentro de otras; doblarlas para que adquieran una nueva forma, cortarlas, etc.
2. Emplear cuerda o hilo fuerte para atar unas cajas con otras o para colgar la escultura del techo.
3. Si se desea, pegar otros materiales de colage.
4. Pintar la escultura de cartón. Dejar que se seque durante toda la noche.

Variación

- En vez de una escultura abstracta, hacer animales o ciudades de la era espacial, coches, cohetes, dragones, barcos u otros inventos o máquinas.

OBSERVACIÓN

- *Si se añade detergente a la pintura, contribuye a que ésta se adhiera a superficies brillantes y pulidas y a facilitar la desaparición de las manchas de prendas y manos.*

 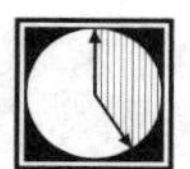 

Montaje

CONSTRUCCIÓN

Materiales

Recoger materiales para hacer un montaje: cables de colores, cestas de frutas, platos de cartón, carretes, cajas de regalos, bellotas, limpiapipas, taladradoras, cartones de huevos, rollos de papel de seda o de envolver; Cola blanca; Cinta adhesiva; Papel celo; Clips y pinzas de papeles; Hilo, lana; Pinturas y pinceles, opcional.

Proceso

1. Construir, montar, encolar o sujetar de cualquier otro modo los objetos elegidos. Un montaje es como un colage, pero de carácter tridimensional y está constituido por una mayor variedad de materiales.
2. Emplear cinta adhesiva, cola, clips o hilo para sujetar los materiales.
3. Dejar que el trabajo se seque por completo.
4. Una vez terminado, el pequeño artista puede adornarlo o pintarlo.

Variaciones

- Decidir un tema que caracterice al montaje como la *Felicidad,* la *Primavera, Robots,* el *Espacio* o los *Transportes.*
- Utilizar un solo material como cajas y recipientes, tiras de papel, trozos de madera o rollos de papel de periódico en vez de distintos materiales.

OBSERVACIÓN • *Una pistola de cola puede ser una alternativa de secado rápido. Pero requiere una vigilancia constante de la persona **adulta** que debe manejar la pistola mientras el pequeño artista indica lo que necesita pegar.*

Tesoros escondidos

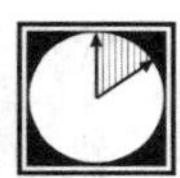

CONSTRUCCIÓN

Materiales

Pequeños elementos tridimensionales como gomas, clips, botones, tuercas, tornillos, juntas de cuero o de goma, canicas o hilos; Un pincel viejo; Cola; Un cartón; Una hoja grande de papel fuerte de aluminio.

Proceso

1. Pegar sobre un cartón cualquier selección de objetos pequeños.
2. Cubrir de cola blanca con un pincel viejo la superficie del cartón y de todos los objetos.
3. Colocar con cuidado una hoja grande de papel de aluminio sobre esa superficie irregular y encolada.
4. Adaptar suavemente el papel de aluminio alrededor de los objetos para revelar su forma. Procurar que no se rompa.
5. Doblar el sobrante hacia el reverso del cartón. Sujetarlo con papel celo o cola.

Variación

- Para dar la impresión de antigüedad, cubrir el papel de aluminio con pintura negra y antes de que se seque, eliminarla, pero dejando algo de pintura en las arrugas y dobleces.

OBSERVACIÓN

- *Es de esperar que en los primeros intentos relacionados con este trabajo los objetos asomen a través del papel de aluminio. Otros ensayos posteriores estarán mejor controlados.*
- *Enjuagar bien el pincel antes de que se seque la goma.*

Filtros de café

DIBUJO

Materiales

Filtros grandes de café, abiertos; Restos de lápices de cera sin envoltorio y otros más grandes; Rallador de queso; Papel de aluminio; Bandeja de horno; Manoplas de cocina; Rejilla; Horno a 200 grados.

Proceso

1. Cubrir la bandeja de horno con papel de aluminio.
2. Abrir y prensar sobre la bandeja de horno dos filtros grandes de café.
3. Comenzar a echar sobre los filtros de café pedacitos de lápices de cera sin envoltorio.
4. Rallar algunas ceras más grandes y verter los fragmentos sobre los filtros de café.
5. Una persona **adulta** colocará la bandeja en un horno caliente.
6. Bajo la vigilancia de una persona **adulta**, dejar abierta la puerta del horno para ver cómo empieza a fundirse la cera y empapa los filtros de café. Esta operación suele requerir unos cuantos minutos. O cerrar el horno y encender la luz para que sea posible ver por la ventanilla el proceso de fusión.
7. Una persona **adulta** retirará la bandeja del horno y la colocará sobre una rejilla para que se enfríe un poco.
8. Recoger los filtros de café y observarlos a la luz para disfrutar de la visión de los colores.

OBSERVACIÓN

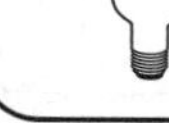

- *Emplear un rallador viejo de queso que ya no se utilice en la cocina.*
- *Guardar todos los restos de lápices de cera. Pedir a los niños que quiten el papel que los envuelve.*

Flores de tiza

DIBUJO

Materiales

Tizas blancas de colores o pasteles; Papel coloreado y de dibujo; Figuras de flores recortadas de carpetas viejas; Pañuelo de papel; Ceras, lápices y rotuladores.

DIBUJAR ALREDEDOR
SILUETA DE UNA FLOR
FROTAR
PLEGAR

Proceso

1. Colocar la silueta de una flor sobre el papel de color.
2. Sujetar la flor con una mano mientras que con la otra se traza su contorno con tiza de color.
3. Sin mover la flor, frotar un pañuelo de papel sobre la tiza hacia los extremos del papel.
4. Una vez que se hayan mezclado las tonalidades, retirar la flor y ver la que ha quedado sobre el papel.
5. Repetir la operación con colores diferentes. Los trazos pueden superponerse o extenderse sobre el papel.

Variaciones

- Limitarse a trazar y dibujar formas de flores sin frotar con el pañuelo.
- Emplear en un mismo diseño diferentes figuras de flores.
- Colorear o pintar las formas trazadas. Cuando las figuras se superpongan, lograr un nuevo color mediante la combinación del rojo y amarollo.
- Utilizar estarcidos o figuras que no sean de flores.
- En la misma hoja o en otra distinta hacer trazos en torno de la silueta con pinturas a la cera, lápices de colores o rotuladores.

OBSERVACIÓN

- *Los borrones de tiza son típicos de esta actividad.*
- *Un pañuelo de papel debe servir a cada niño/a para hacer varias flores de tiza.*
- *Para reducir el emborronamiento una persona **adulta** puede pulverizar una vez con laca del pelo u otro fijador.*

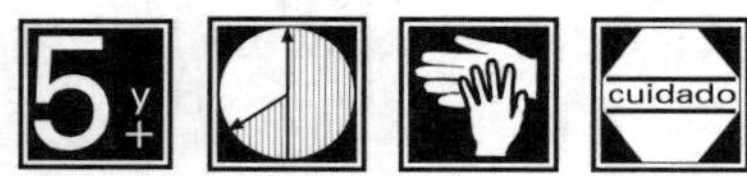

DIBUJO

Imprimir al encausto

Materiales

Objetos para imprimir como piezas de juguetes de plástico, sellos de goma, utensilios de cocina o bastoncillos de algodón; Ceras sin envoltorio; Un molde de tarta y varios moldes pequeños; Una bandeja caliente; Diversos tipos de papel.

Proceso

1. En cada molde pequeño poner lápices de cera sin envoltorio de un solo color. Colocar colores adicionales en un molde grande.
2. Disponer los moldes pequeños en una bandeja caliente y dejar que se funda la cera hasta volverse líquida (por lo general no tardará más de diez minutos).
3. Con la ayuda de una persona **adulta**, impregnar juguetes o utensilios de cocina con la pintura a la cera fundida. Estará muy CALIENTE. Es preciso vigilar con mucho cuidado esta operación.
4. Presionar rápidamente con el objeto en cuestión sobre un papel antes de que se enfríe y solidifique la cera.
5. Volver a mojar el objeto y seguir imprimiendo.

Variación

- Mojar un pincel viejo en la pintura a la cera fundida y pintar sobre papel, piedras o madera.

OBSERVACIÓN

- *Pintura al encausto es la que se hace por medio del calor con ceras coloreadas y desleídas. Cobra la apariencia de una pintura al óleo cuando se emplea un pincel para pintar con la cera.*
- *Todos los útiles empleados en la impresión quedarán permanentemente cubiertos de la pintura a la cera, aunque se puede obtener buenos resultados con la limpieza a base de agua caliente o jabón.*
- *Es preciso utilizar unos guantes viejos para proteger los dedos, o sujetar con pinzas de la ropa los instrumentos para imprimir.*

Ensaladera

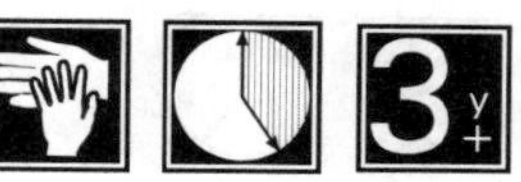

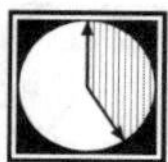

PINTURA

Materiales

Una ensaladera de plástico con tapa; Tazas de témpera líquida; Una cuchara por cada color de pintura; Papel; Polvo brillante o confeti, opcional.

Proceso

1. Recortar un papel para que encaje en el fondo de la ensaladera.
2. Colocarlo en la ensaladera.
3. Dejar caer con la cuchara gotas de pintura sobre el papel. Si se desea, emplear más de un color.
4. Poner la tapa de la ensaladera y girar el mango.
5. Abrir y añadir polvo brillante y confeti, si se prefiere.

Variación

- Idear actividades siguiendo el mismo procedimiento, como el empleo de un tocadiscos viejo o un plato giratorio. Experimentar con pinturas, rotuladores y lápices de cera.

OBSERVACIÓN

- *Es posible que los niños pequeños necesiten ayuda para girar la ensaladera.*
- *Prepare un área de secado, por ejemplo un espacio en el suelo cubierto de periódicos y próximo al sitio en que se realice la tarea.*
- *Se trata de un ejercicio que ofrece muchas oportunidades de mancharse, por lo que conviene tener cerca un cubo con agua jabonosa para lavarse las manos.*

 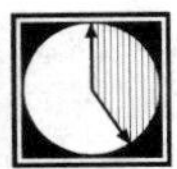

Colores a la cera

PINTURA

Materiales

Lápices de cera; Varias tazas con agua; Papel; Pinceles, opcional.

Proceso

1. Los lápices de cera se pueden encontrar en un almacén de material o en una tienda de materiales artísticos. Tienen una base de acuarela.
2. Mojar cada pintura en un platito con agua.
3. Dibujar sobre el papel con el color humedecido.
4. O emplear un pincel húmedo para pintar sobre los trazos del color a la cera, creando dibujos adicionales.
5. Dejar que se seque la pintura.

Variaciones

- Experimentar con papeles de gramajes y colores diferentes.
- Elaborar colores a la cera mediante una mezcla densa de témpera en polvo con agua, verterla en un molde pequeño y dejar que se seque. Dibujar con la pintura seca como si fuese pintura a la cera o mojarla con agua como se acaba de señalar.

OBSERVACIÓN

- *Tener cuidado de renovar con agua limpia los platitos para que los colores sean muy brillantes. Es preciso animar a los pequeños a que realicen por sí mismos esta operación.*
- *No dejar que los lápices de cera se empapen de agua en el platito pues se disolverán y desintegrarán.*

Pintura sobre valla

 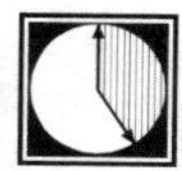 

PINTURA

Materiales

Una valla de exterior; Bandejas grandes; Diferentes tipos de rodillos de pintar; Témpera; Hojas grandes de papel de estraza; Cinta adhesiva; Materiales de limpieza (un cubo, agua y trapos).

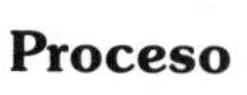

Proceso

1. Sujetar a una valla exterior una hoja grande de papel de estraza mediante cinta adhesiva.
2. Llenar las bandejas con témperas de diferentes colores.
3. Pasar los rodillos por las bandejas de pintura.
4. Pasar los rodillos impregnados de pintura sobre el papel de estraza.

Variaciones

- Emplear una pared o una puerta si no se dispone de una valla (cubrir el suelo con periódicos).
- Poner bajo el papel superficies de textura irregular antes de pasar el rodillo.
- En vez de una valla, emplear un caballete.

OBSERVACIÓN

- *No realizar este trabajo en el suelo, sino se quiere que los niños/as acaben andando a gatas sobre la pintura.*
- *El entramado de la valla se trasluce a través de la pintura de alambre o la madera.*
- *Preparar cerca materiales de limpieza.*

Pintura espolvoreada

PINTURA

Materiales

Un cartón; Una taza con cola blanca, diluida en agua; Pinceles; Saleros o especieros de agujeros grandes; Témpera en polvo; Polvo brillante.

Proceso

1. Pintar toda la superficie del cartón con cola blanca diluida.
2. Llenar los especieros con témpera en polvo y polvo brillante.
3. Espolvorear la mezcla sobre la cola.
4. Dejar que se seque el trabajo durante bastante tiempo.

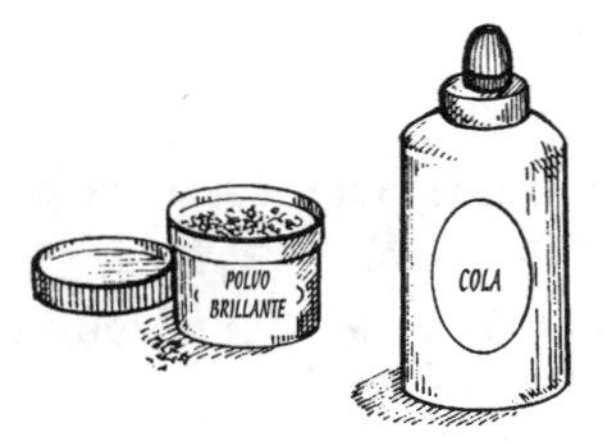

OBSERVACIÓN

- *Existe el riesgo de inhalación de la témpera en polvo. Resulta recomendable utilizar mascarillas de pintor o de médico. A los pequeños les gustará.*
- *Este trabajo necesita mucho tiempo para el secado. Por tanto, conviene tener una repisa o de un lugar conveniente en donde pueda permanecer varios días sin que nadie lo toque.*

Saleros

PINTURA

Materiales

Una bolsita de sal de mesa; Témperas en polvo; Tarros (de margarina o yogur); Cola blanca en tarritos; Pinceles; Bandejas; Saleros; Papel.

Proceso

1. Con la ayuda de una persona **adulta**, mezclar en un recipiente sal y témpera en polvo.
2. Echar la sal coloreada en un salero.
3. Conseguir otros colores para distintos saleros.
4. Trazar en un papel un dibujo con un pincel mojado en cola blanca.
5. Espolvorear la sal coloreada sobre el dibujo de cola.
6. Echar la sal sobrante en la bandeja para emplearla en otra ocasión.

Variación

- Utilizar arena blanca de playa en vez de sal. Es posible adquirirla en algunos establecimientos o llevarla a casa después de una excursión a la costa o a la orilla de un río.

OBSERVACIÓN

- *Algunos niños/as obtienen mejores resultados comprimiendo un frasco flexible para que salga la cola en lugar de pintar sobre el papel.*
- *En vez de saleros, algunos pequeños/as se desenvolverán mejor con un recipiente grande de plástico que contenga unos dos centímetros y medio de arena coloreada. Así pueden echar la arena con las manos sobre el dibujo de cola. Devolver al recipiente la arena sobrante. Así se obtendrá una coloración más densa.*

Burbujas

PINTURA

Materiales

Papel; Témpera; Detergente líquido; Agua; Un recipiente de un litro de capacidad; Un palo o una cuchara para remover; Un molde de aluminio poco hondo; Pajas rectas (no flexibles).

Proceso

1. La noche anterior, mezclar un tercio de taza de témpera con un tercio de taza de detergente líquido en un recipiente de un litro.
2. Añadir agua para llenar el recipiente y remover.

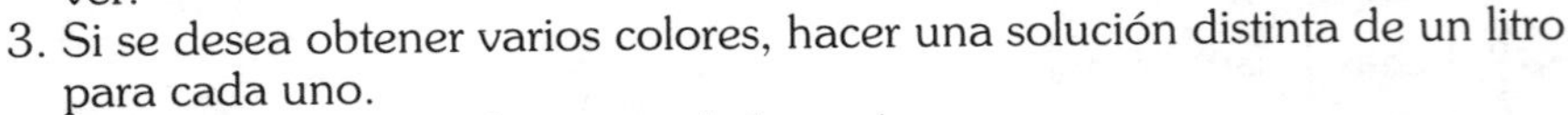

3. Si se desea obtener varios colores, hacer una solución distinta de un litro para cada uno.
4. Dejar que se posen durante toda la noche.
5. Al día siguiente pasar la mezcla de pintura a un recipiente poco hondo.
6. Una persona **adulta** enseñará a los pequeños a soplar por una paja sin absorber el contenido. Permitir que el niño presione suavemente con un papel sobre las burbujas que estallarán, dejando su huella impresa sobre el papel.
7. Luego los artistas pueden experimentar con la creación de burbujas y su compresión sobre el papel para lograr que dejen su huella.

Variaciones

- Emplear diferentes papeles para obtener distintas huellas impresas.
- En lugar de utilizar papel, formar burbujas en un recipiente con detergente y agua. Cuando las burbujas sean grandes y gruesas, echar encima algunas gotas de colorante alimentario. Bajar lentamente un plato de cartón o una hoja de papel hasta las burbujas, que dejarán allí su impronta.

OBSERVACIÓN

- *Abrir una muesca o un orificio cerca del extremo de la paja por el que soplan para evitar que los niños absorban la solución jabonosa.*
- *Para obtener burbujas resistentes y duraderas, añadir unas cuantas cucharadas de azúcar al litro de solución.*

Sarta de bolas

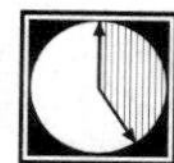

MODELADO

Materiales

3/4 de taza de harina (150 g); Media taza de almidón de maíz (100 g); Media taza de sal (100 g); Témpera en polvo o colorante vegetal en la misma presentación; 3/8 de una taza con agua caliente (90 ml); Un bol; Palillos; Hilo o cordón; Barniz transparente, opcional.

Proceso

1. Mezclar la harina, el almidón de maíz y la sal en un bol. (Para colorear la masa, añadir témpera en polvo o tintes vegetales en la misma pasta).
2. Ir añadiendo agua caliente poco a poco hasta que se pueda amasar la mezcla para que tome consistencia.
3. Añadir harina, si es necesario, con el fin de reducir su viscosidad.
4. Hacer bolitas con la masa.
5. Practicar un orificio en cada bolita con un palillo y dejar que se sequen durante unos días. (Las bolas más grandes tardarán más tiempo).
6. Pintarlas, si se prefiere.
7. Si se desea, una persona **adulta** puede revestir las cuentas con un barniz transparente.
8. Cuando las bolitas estén secas, ensartarlas con hilo o bramante. Se puede hacer un nudo entre una bolita y otra.

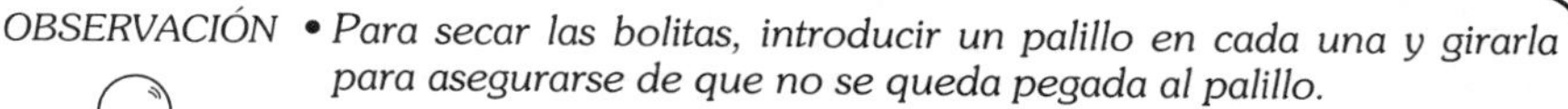

OBSERVACIÓN

- *Para secar las bolitas, introducir un palillo en cada una y girarla para asegurarse de que no se queda pegada al palillo.*
- *Esta receta permite obtener una masa bastante consistente que conserva la coloración cuando se seca.*
- *Las bolitas mostrarán un residuo de sal, sobre todo si la masa presenta un color oscuro.*

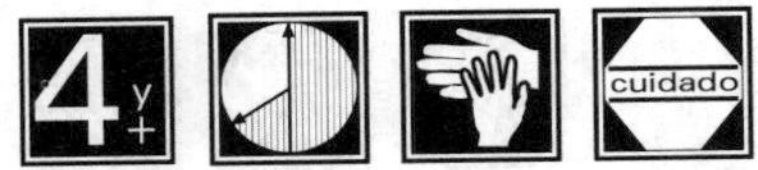

Escultura comestible

MASA

Materiales

Un bol y una cuchara; Recipientes y cucharas de medida; Un paquete de levadura seca; Taza y media (345 ml) de agua muy caliente; Un huevo; Cuarto de taza de miel (60 ml); Cuarto de taza de mantequilla de repostería (50 g); Cinco tazas (1 Kg) de harina; Una bandeja de horno; Una toalla; Una cucharadita de sal; Un horno de 350 grados; Manoplas de cocina.

Proceso

1. Mezclar en un bol la levadura y agua muy caliente.
2. Añadir el huevo, la miel, la mantequilla de repostería y la sal.
3. Echar poco a poco la harina hasta que se forme una pelota de masa. Añadir algo más de harina si resulta demasiado viscosa.
4. Amasar a mano sobre una tabla enharinada.
5. Modelar, haciendo sólo figuras planas puesto que la masa subirá.
6. Cubrir las figuras con una toalla y colocarlas en un lugar caliente para que suban durante media hora. Si se trata de esculturas gruesas, dejar que la masa suba durante un poco más de tiempo.
7. Calentar a 350 grados durante 20 minutos o hasta que la masa se dore.

Variación

- Insertar un clip en la masa antes de meterla en el horno y la figura tendrá un gancho para colgarla. Pasar un hilo por el clip para ponerla en un árbol, un clavo o el pomo de una puerta.

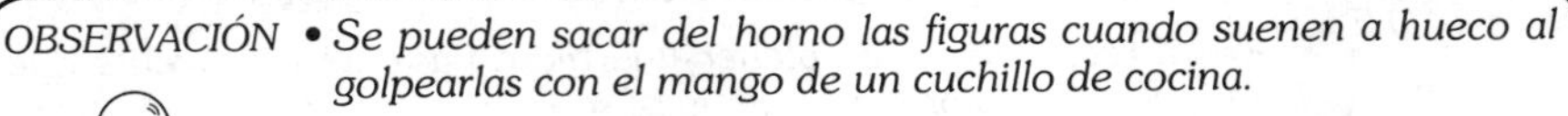

OBSERVACIÓN

- *Se pueden sacar del horno las figuras cuando suenen a hueco al golpearlas con el mango de un cuchillo de cocina.*
- *Con el almirez y otros instrumentos de cocina se pueden hacer adornos en las figuras.*

Móvil de papel de seda

 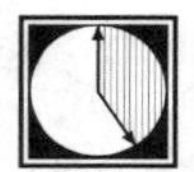 

ESCULTURA

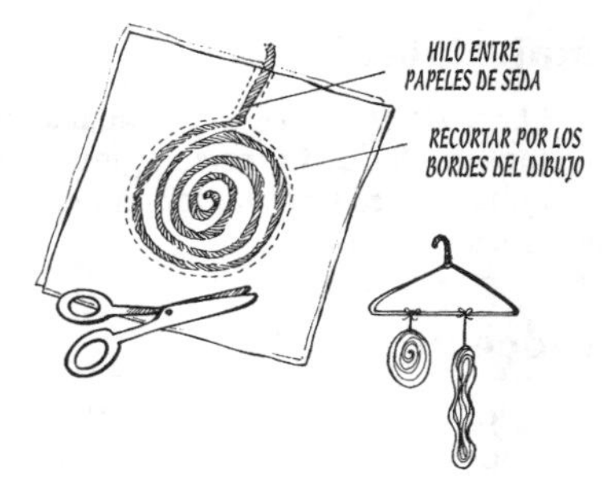

Materiales

Un hilo de aproximadamente un metro de longitud; Papel de seda estampada o blanco; Una mezcla de cola en una taza: dos partes de cola blanca por una de almidón líquido; Aguja e hilo; Una percha; Pinturas de acuarela, opcional.

Proceso

1. Unir los dos extremos del hilo.
2. Introducir el hilo en la taza donde está la mezcla de la cola. Pasar los dedos por el hilo para eliminar el exceso de pegamento.
3. Colocar el hilo pegajoso sobre papel de seda estampado o blanco, adoptando cualquier forma.
4. Poner un segundo papel sobre el hilo y presionar ligeramente en donde el hilo toque el papel.
5. Dejar que se seque durante toda una noche.
6. Al día siguiente, recortar el papel según la forma adoptada por el hilo.
7. Si se desea, pintar con acuarelas sobre el papel de seda blanco.
8. Hacer un orificio por el que pasar aguja e hilo cerca del borde de la figura.
9. Colgar una o varias de estas figuras de una percha. Si fueron pintadas, se secarán entonces.

Variaciones

- Este trabajo puede ser un buen adorno para fiestas.
- Es un móvil que causará un excelente efecto si se cuelga de una ventana por donde se filtre la luz.

OBSERVACIÓN

- *Para eliminar el exceso de pegamento del hilo, tirar con suavidad. Si se hace con demasiada fuerza, saltará por todas partes.*
- *Es posible que alguien tenga que ayudar a colocar la segunda hoja sobre el hilo y quizá en la operación del recortado.*
- *Una persona **adulta** debe preparar la aguja y el hilo y quizá tenga que intervenir también en esta etapa.*

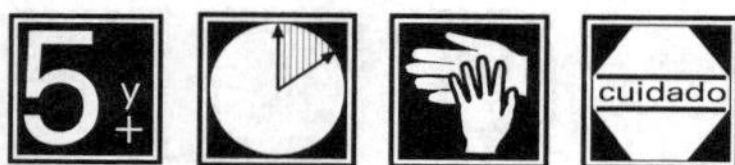

ESCULTURA

Escultura de jabón

Materiales

Un trozo de jabón; Un cuchillo pequeño y bastante afilado; Otros instrumentos para cincelar como un destornillador, una cuchara y palillos; Un periódico.

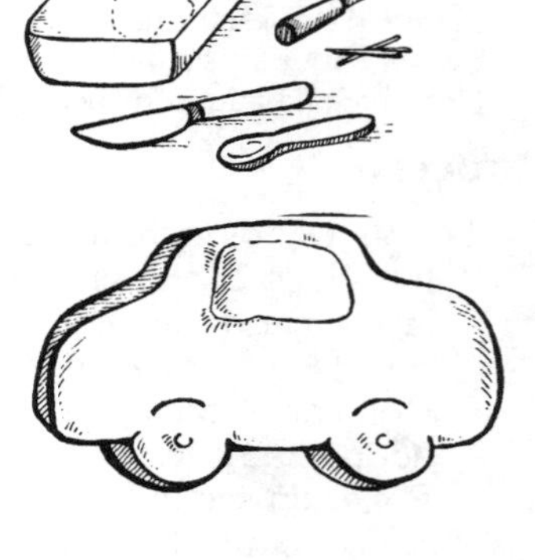

Proceso

1. Los niños y niñas que sepan emplear con precaución un cuchillo pueden intervenir en esta etapa bajo la atenta vigilancia de una persona **adulta**.
2. Dibujar la silueta de un objeto en el trozo de jabón. Escoger una figura bastante sencilla, sin muchos detalles ni excesiva complejidad.
3. Emplear un cuchillo u otras herramientas para recortar el jabón.
4. Pasar un dedo húmedo sobre los bordes para alisarlo, eliminando irregularidades.
5. Disfrutar de la escultura.

Variación

- Ver las orientaciones de la página 55 para obtener una masa de detergente que también puede ser modelada y tallada.

OBSERVACIÓN • *Tener mucha cautela y vigilar el proceso esculpido. Es conveniente sujetar la escultura mientras se la talla, apoyándola por ejemplo contra un bloque de madera clavado a una tabla.*

Colage espolvoreado

COLAGE

Materiales

Cola blanca en un recipiente comprimible; Papel; Polvo brillante, confeti, semillas y pedacitos de acículas de pinos u otros materiales que se puedan espolvorear; Una bandeja o recipiente para el exceso rociado.

Proceso

1. Comprimir un envase pequeño de cola blanca sobre un papel para hacer dibujo.

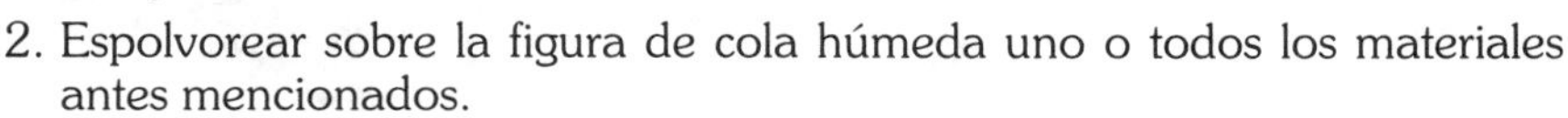

2. Espolvorear sobre la figura de cola húmeda uno o todos los materiales antes mencionados.
3. Curvar el papel y volcar en un recipiente el exceso de materiales espolvoreados para emplearlos en otras tareas.
4. Secar completamente el trabajo.

Variación

- Otros materiales adicionales para espolvorear puede ser el serrín, la sal, témperas en polvo, arena y trocitos de hilo.

OBSERVACIÓN

- *A algunos niños les resulta más fácil hacer gotear la cola con un palito o una paja que controlar la compresión del recipiente.*
- *La eliminación del exceso de materiales espolvoreados puede ser difícil, pero conviene que los pequeños lo intenten antes de que se encargue de realizarla una persona adulta.*

COLAGE

Explosión de confeti

Materiales

Confeti de papel o metalizado; El desecho de una perforadora de papel; Cola blanca en un frasco; Papel negro.

Proceso

1. Hacer un dibujo con cola sobre el papel negro.
2. Espolvorear confeti sobre la figura. Se puede pegar cada fragmento uno a uno sobre la cola o echar todos al mismo tiempo.
3. Dejar que se seque el trabajo por completo.

Variaciones

- Utilizar en lugar de cofeti trocitos de papel de seda, de algodón, canicas u otros elementos de un colage.
- Llenar de confeti una bandeja de unos 6 mm de profundidad. Realizar un dibujo con cola sobre el papel, invertirlo y presionar sobre el confeti. Volverlo otra vez boca arriba y dejar que se seque.
- Poner un dibujo de cola en el fondo de un recipiente lleno de confeti. Echarlo sobre la figura. Desprender el resto y dejar que se seque el trabajo por completo.

OBSERVACIÓN

- *Utilizar un bastoncillo de algodón húmedo para recoger un confeti y colocarlo sobre el dibujo de cola. Esta operación es más fácil que la de tratar de recogerlos a mano uno a uno.*
- *Si se pretende realizar una figura grande, progresar poco a poco por partes, para que la cola no se seque antes de tiempo.*

Árbol de papel

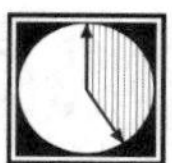

COLAGE

Materiales

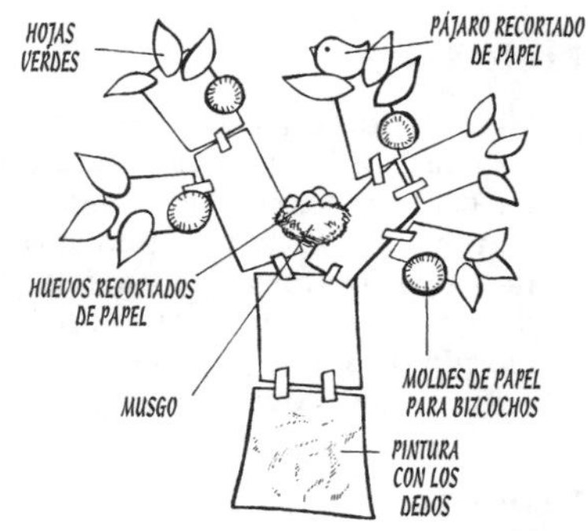

Pintura para utilizar con los dedos en marrón, verde o cualquier otro color; Moldes de papel para bollitos; Trozos de papel de seda de colores; Elementos de colage para hacer un nido, como pajas, hierbas, rollos finos de papel de periódico e hilo; Tijeras; Papel celo; Cola; Una pared o un papel grande fijado a un muro.

Proceso

1. Pintar de color marrón con los dedos y recortar en secciones que producirán el tronco de un árbol y sus ramas. Pegarlas a la pared, formando un árbol grande.
2. Recortar con forma de hojas trozos de papel pintados con los dedos en verde y pegarlos al árbol marrón.
3. Añadir los moldes de papel de bizcochos (magdalenas) o bombones y otros moldes de papel para hacer flores y pegarlos al árbol.
4. Utilizar elementos de colage para confeccionar un nido. Por ejemplo, rollos finos de papel que simularán ser palitos. Sujetarlo con papel celo o pegarlo al árbol.
5. Con fragmentos de papel, recortar pájaros, huevos o polluelos de aves y adherirlos al nido.
6. Añadir otros elementos como orugas, mariposas, incluso una cometa.

Variación

- Construir una casa grande con muchas cosas en las ventanas o un río rebosante de peces y barcos o un paisaje submarino con animales extraños, plantas y peces.

OBSERVACIÓN

- *El colage constituye una técnica excelente para crear una imagen que pueda ser contemplada y despierte emociones.*
- *No es de extrañar que encuentren en el árbol algunos objetos inusuales porque los niños poseen su propia percepción de la vegetación y de la naturaleza.*

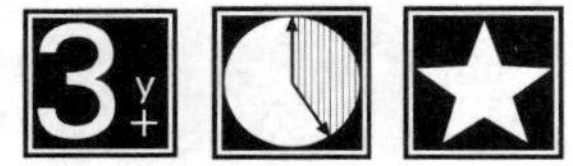
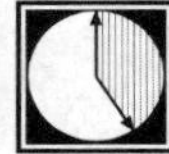

Sarta

ARTESANÍA

Materiales

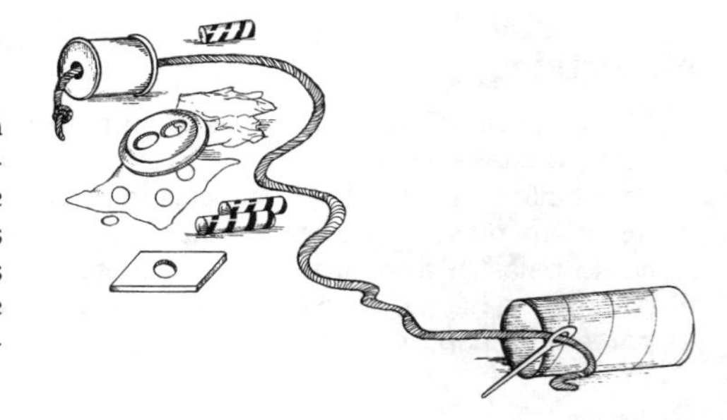

Hilo fuerte de plástico; Una aguja de plástico; Elementos para ensartar como secciones de un tubo de cartón, piezas de polispán, trozos de papel perforados, fragmentos de envases de huevos, papel de aluminio, pajas, papeles de colores, carretes o botones.

Proceso

1. Anular el extremo del hilo para que no se escapen los objetos ensartados. A veces conviene sujetar alguna cosa al nudo que sirva de barrera antes de comenzar el ensartado.
2. Ensartar cualquier elemento al azar o según un diseño previo.
3. Añadir más hilo si se desea hacer un collar grande o una guirnalda con que adornar ventanas, paredes o el marco de una puerta.
4. Hacer un collar, una pulsera, un cinturón o un colgante.

Variación

- Planificar un tema o tipos concretos de elementos para este trabajo, como cuentas de piezas antiguas de bisutería y trozos de papel de aluminio; círculos de papel y trozos de pajas; formas florales y fragmentos de papel de seda o juguetes y piezas de rompecabezas.

OBSERVACIÓN

- *Por lo general, los niños/as necesitan ayuda para enhebrar el hilo en la aguja de plástico y para hacer un nudo en el extremo del hilo.*
- *Si la aguja de plástico no traspasa algunos papeles o elementos, una persona **adulta** puede hacer agujeros con una taladradora, un lápiz afilado o la punta de unas tijeras.*

Portabloc

ARTESANÍA

Materiales

Un bloc barato y pequeño; Una pieza rectangular de cartón fuerte o una tablita, de tamaño que por lo menos doble al del bloc; Trocitos de tela recortados en cuadraditos y otras formas; Fragmentos de cenefas, encaje y cintas; Goma de pegar blanca en un platito, ligeramente diluida en agua; Goma blanca en un frasco; Pincel; Florecitas secas, opcional; Sujetapapeles, opcional; Hilo; Lápiz; Cuchillo.

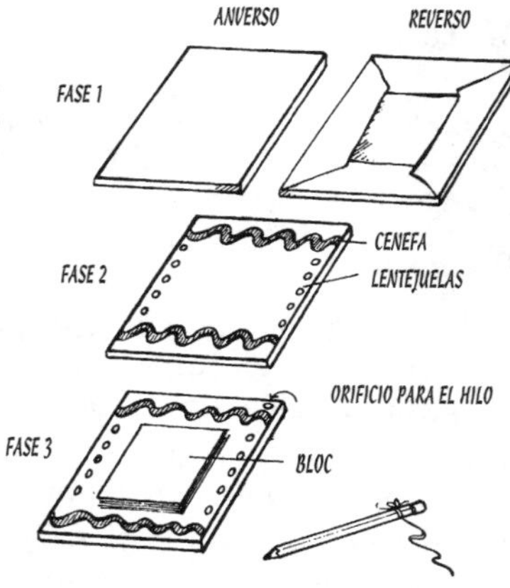

Proceso

1. Pegar pedacitos de trapo por encima de todo el cartón o la madera, utilizando un pincel y la cola diluida. Emplear bastante cola. Debe empapar los trapos y luego se secará muy bien.
2. Pegar por el borde cenefas y encajes. Dejar que se seque durante toda una noche.
3. Una vez seco, pegar el bloc al centro del cartón o la tablita.
4. Si se desea, pegar unas cuantas florecitas secas al portabloc.
5. Una persona **adulta** hará en el portabloc un agujero con la punta de un lápiz o de un cuchillo. Introducir un sujetapapeles por el agujero. Atar alrededor un extremo del hilo.
6. Una persona **adulta** hace una muesca con un cuchillo en el extremo de un lápiz y ata el otro extremo del hilo alrededor de esa muesca. El lápiz debe colgar siempre el hilo junto al bloc y listo para ser utilizado.

OBSERVACIÓN

- *La cola resiste más cuando se la deja secar por completo.*
- *Si hay una persona **adulta** por cada niño, podrá emplear una pistola de cola para pegar lo que este le indique.*

Escena marina

CONSTRUCCIÓN

Materiales

Dos platos de cartón por niño/a; Rotuladores y lápices de cera; Celofán de colores o papel de seda de color; Tijeras; Cola blanca; Hilo; Grapadora; Plástico de envolver; Arena.

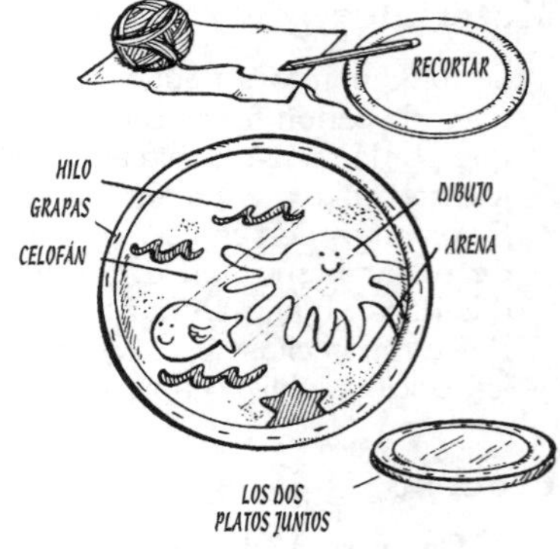

Proceso

1. Con la ayuda de una persona **adulta**, recortar el centro de un plato de cartón, dejando el borde.
2. Volver el anillo resultante hacia arriba y aplicar goma en el borde interior.
3. Extender sobre la abertura un pedazo de plástico transparente y pegarlo, para que parezca un "ojo de buey". Recortar el plástico que sobresale, una vez seco.
4. Colorear y recortar pececitos, conchas y otros animales marinos en la parte central del plato de cartón.
5. Encolar peces, hilo, arena, celofán o papel de colores en el segundo plato.
6. Colocar boca abajo el borde del primer plato sobre el segundo y grapar ambos bordes. Si se desea, adornar aún más los bordes.

Variación

- Montar otras escenas con platos de cartón como colages interesantes, retratos de familia, exposiciones de tesoros o flores prensadas y secas.

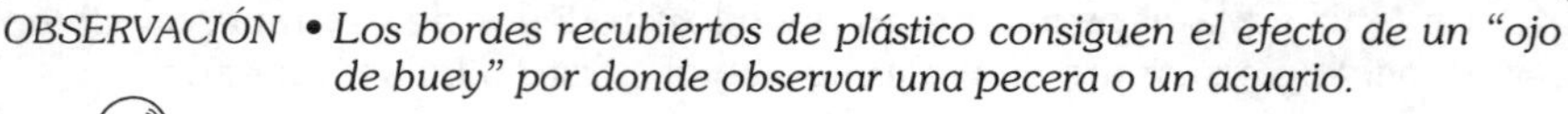

OBSERVACIÓN

- *Los bordes recubiertos de plástico consiguen el efecto de un "ojo de buey" por donde observar una pecera o un acuario.*
- *Los pequeños artistas suelen necesitar ayuda para manejar el plástico y la grapadora.*
- *Una persona **adulta** puede emplear una pistola de cola para pegar los bordes del primer plato con el segundo sólo en el caso de que se encargue de la vigilancia de un pequeño/a. Como siempre, conviene tener cuidado en el empleo de esta herramienta.*

VERANO

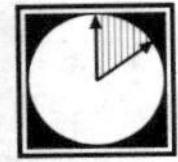

Dibujo en la arena

DIBUJO

Materiales

Un viaje a la costa, a la orilla de un río o un lugar en que abunde la arena (también puede servir un terreno de juegos); Los pies descalzos y los dedos; Un palo largo y otras herramientas para dibujar; Agua en un cubo o de una manga, opcional.

Proceso

1. Ir a una playa grande y arenosa o a una área de juegos de grandes dimensiones.
2. Quitarse los zapatos y los calcetines.
3. Comenzar a realizar trazos en la arena, arrastrando los pies. Utilizar además dedos y manos, conchas, un palo largo u otros utensilios para dibujar en la arena.
4. Si está demasiado seca para obtener una impresión clara, humedecerla con agua. Comenzar a hacer trazos sobre la superficie húmeda.
5. Abandonar el dibujo una vez terminado o borrarlo mediante una rama con hojas, las manos o incluso con una escoba.

Variaciones

- Hacer un sendero de huellas para que otros lo sigan.
- Escribir en la arena nombres o mensajes.
- Agregar elementos escultóricos como guijarros u hojas recogidos de los alrededores para dar más vigor al dibujo.

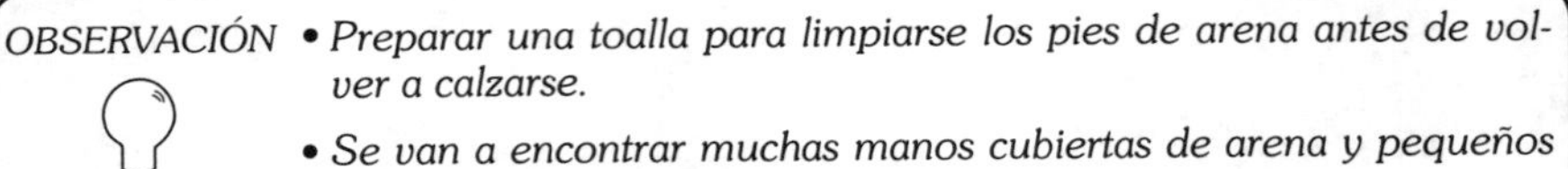

OBSERVACIÓN

- *Preparar una toalla para limpiarse los pies de arena antes de volver a calzarse.*
- *Se van a encontrar muchas manos cubiertas de arena y pequeños que desean meterse en el agua.*

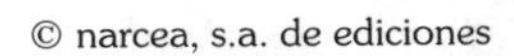

Dibujo de sombras

DIBUJO

Materiales

Una hoja grande de papel de embalar; Rotuladores, pinturas y pinceles, lápices de la cera o tiza; Un día soleado; Cuatro guijarros, opcional.

Proceso

1. Ir de paseo, buscando sombras en el suelo.
2. Encontrar una sombra de forma atrayente.
3. Colocar sobre la sombra la hoja grande de papel de embalar. Ajustar el papel de modo que se recoja en él toda la sombra.
4. Si sopla viento, colocar un guijarro en cada esquina con el fin de que no se vuele.
5. Utilizando cualquier instrumento o medio de pintar, trazar la silueta, colorear o adornar el papel siguiendo la forma de la sombra.
6. Una vez hecho, recoger el papel y observar el dibujo de la sombra.

Variaciones

- Recortar el dibujo y pegarlo en otra hoja de papel cuyo color contraste con el del primero. Suele resultar eficaz un fondo negro.
- Hacer uno de estos dibujos, empleando la sombra de un amigo.
- Si se utilizan ceras, poner superficies de textura irregular debajo del papel para que su diseño complete el de la silueta: Una tela metálica, una plancha de contrachapado o superficies de vinilo, etc.

OBSERVACIÓN

- *Los lápices de cera requieren más tiempo, pero algunos niños los prefieren. También es corriente que se les rompa el papel y hagan agujeros, por lo que conviene poner debajo una tabla de contrachapado o un cartón grueso.*
- *Se trabaja más rápidamente con pintura líquida. Se puede llevar los tarros en una caja de cartón para impedir que se derramen.*

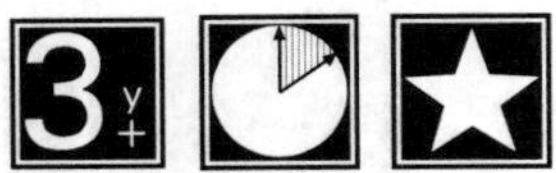

Borrón

PINTURA

Materiales

Una hoja grande de papel de embalar; Una cuchara o un pincel grande; Recipientes con témperas líquidas; Periódicos.

Proceso

1. Doblar el papel por la mitad y abrirlo de nuevo.
2. Con una cuchara o un pincel pintar sobre todo en el doblez.
3. Doblar y presionar el papel hacia afuera para que las pinturas se extiendan y mezclen.
4. Abrir la hoja.
5. Trasladarla a un lugar en donde se seque por completo sobre unos periódicos.

Variación

- Cuando el borrón está ya seco, algunos niños prefieren recortarlo. Luego se puede exponer o pegarlo sobre otro fondo de un color complementario.

OBSERVACIÓN

- *A los niños/as más pequeños habrá que doblarles el papel y quizá necesiten también ayuda para desdoblarlo.*
- *El atractivo principal de esta experiencia artística reside en el tamaño de borrón. Puede ser conveniente que los niños y niñas utilicen un papel más pequeño para hacerse la idea de lo que luego van a hacer en grande.*

Mural de valla

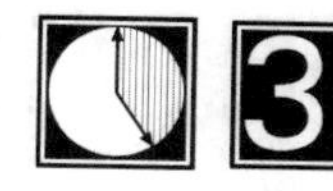

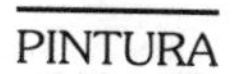

Materiales

Una valla larga; Un rollo de papel ancho y grueso; Cinta adhesiva; Una grapadora; Mezclas de pintura en latas o boles grandes; Pinceles; Mesas pequeñas, sillas o cajas, opcional; Un cubo de agua jabonosa y trapos para limpiarse.

Proceso

1. Sujetar a una valla con cinta adhesiva o con grapas un rollo largo de papel grueso y fuerte. Emplear muchas grapas o gran cantidad de cinta adhesiva para que el papel no se rompa y ni se caiga.
2. Colocar a lo largo de la valla a intervalos regulares recipientes con pintura y pinceles. Para facilitar la tarea se puede preparar mesas pequeñas, banquetas o cajas de cartón fuerte.
3. Varios artistas puede pintar simultáneamente en el mismo papel alargado.

Variaciones

- Montar un teatro y utilizar el mural como fondo del escenario. Disponer diversos murales que puedan valer para escenas distintas.
- Unos cuantos niños puede ponerse de acuerdo sobre un tema y pintarlo juntos. Veamos algunas sugerencias: Casas de nuestro barrio, Mundo de dinosaurios, Colores fuertes y vivos, Alrededor del mundo, Juegos de verano o El mayor cuadro del mundo.

OBSERVACIÓN

- *En las imprentas de los periódicos se puede obtener gratuitamente los fragmentos finales de un rollo de papel prensa.*
- *Los murales de vallas constituyen una interesante actividad de grupo o de una fiesta.*
- *Para evitar que gotee la pintura del papel, se mezclan pinturas bastante espesas, mediante la adición de almidón líquido.*

  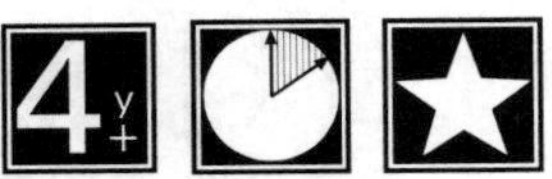

Gotas cromáticas

PINTURA

Materiales

Papel blanco de dibujo; Agua; Una esponja; Acuarelas; Pincel.

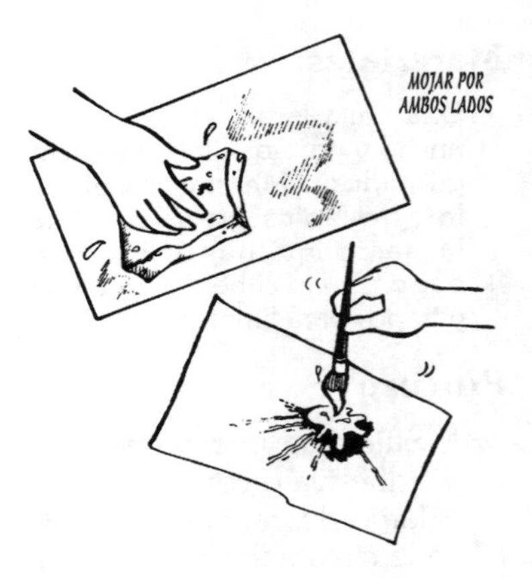

Proceso

1. Pasar por ambos lados de un papel blanco de dibujo una esponja empapada en agua.
2. Mojar el pincel en acuarela y dejar caer gotas de pintura sobre el papel.
3. Sacudir o agitar el papel para que se extienda la pintura.
4. Seguir pintando con otros colores de esta manera.
5. Unos colores se mezclarán sobre el papel húmedo.
6. Es preferible dejar este trabajo en donde haya sido realizado en vez de trasladarlo a otro sitio para que se seque.

OBSERVACIÓN

- *Es preciso llevar a cabo esta tarea al aire libre para que la pintura no manche las paredes. Poner piedras en las esquinas del papel para que no se vuele.*
- *Hay que emplear prendas viejas o un baby GRANDE con las mangas cortadas a la altura del codo.*
- *Colocar cerca un cubo con agua jabonosa para lavarse la cara y las manos*

Pintar con pulverizador

PINTURA

Materiales

Papel blanco fuerte; Mezcla de témperas con una consistencia mediana; Pinceles; Un pulverizador lleno de agua (pero que pulverice realmente y no lance un chorro).

Proceso

1. Sacar al aire libre el papel blanco y fuerte y colocarlo sobre una superficie llana, como el césped; si se trabaja en el interior, cubrir el suelo.
2. Gotear pintura con los pinceles sobre el papel.
3. Pulverizar agua limpia sobre las gotas de pintura.
4. Las manchas de pintura se diluirán, extenderán y mezclarán

Variación

- Rociar de témpera en polvo un papel grueso de estraza y humedecerlo con agua pulverizada. Realizar este trabajo en un día lluvioso y sacarlo afuera para que la lluvia lo moje.

OBSERVACIÓN

- *Se trata de un trabajo muy recomendable para el aire libre, en donde haya mucho espacio para "pulverizar".*
- *Colgar el papel de una valla para que la pintura corra hacia abajo. Secar el papel en la propia valla antes de retirarlo.*

 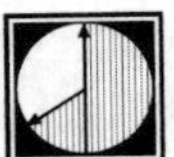 

Explorar la arcilla

MODELADO

Materiales

Arcilla, a veces llamada arcilla húmeda (puede encontrarse en las tiendas de artesanía, almacenes de artículos de arte o de material escolar); Utensilios diversos, como cuchillos de repostería, almirez, clavos, cuchillos, piezas de juguetes, espátula, rodillo, bloques, mondadientes (palillos); Mesa cubierta con una bolsa de basura; Cinta; Babi para que el pequeño artista no se manche.

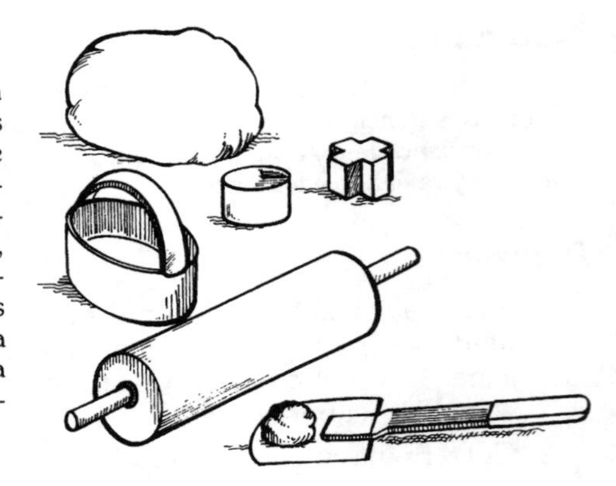

Proceso

1. Proteger el área de trabajo con una bolsa de basura bastante fuerte debajo de la mesa.
2. Extender, presionar, machacar, amasar y dar la forma deseada a la arcilla.
3. Limpiar de arcilla los objetos si el artista quiere conservar su obra. Si no, volverá a meter la arcilla en un recipiente cerrado herméticamente para que pueda utilizarse de nuevo.

OBSERVACIÓN

- *Guardar la arcilla en un recipiente herméticamente cerrado.*
- *La arcilla puede obstruir las cañerías, por lo que no se debe limpiar en la pila. Conviene usar un cubo o un balde con agua para lavar los utensilios y las manos, y tirar el agua fuera.*
- *Esta es una actividad que ensucia, pero muy gratificante. Es un proyecto artístico que satisface.*

Objetos de arcilla   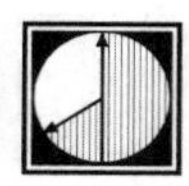 

MODELADO

Materiales

Arcilla de modelar, a veces llamada arcilla húmeda. Puede encontrarse en las tiendas de artículos de arte y en los almacenes de material escolar; Un rodillo o un bloque cilíndrico; Otros utensilios, incluyendo una espátula, clavos, almirez o cinceles; Témperas; Barniz o laca transparente, opcional.

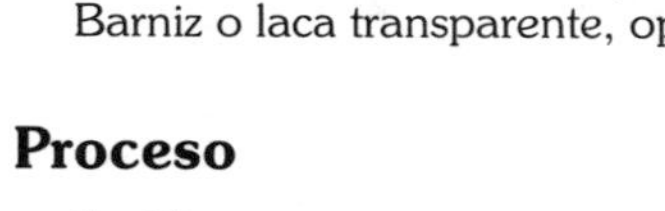

Proceso

1. Obtener una pequeña parte de arcilla hasta lograr que tenga un grosor de poco más de un centímetro.
2. Recortar cualquier figura como un pez, un círculo, un cuadrado, un corazón o una hoja.
3. Adornar la figura con dibujos mediante impresión o cincelado.

OBSERVACIÓN

- *Proteger el área en donde se trabaje con una bolsa fuerte de la basura sujeta a la mesa.*
- *Guardar la arcilla en un recipiente hermético.*
- *La arcilla puede obstruir las cañería, por lo que no se debe limpiar en la pila. Conviene usar un cubo o balde con agua para lavar las manos y los utensilios, y tirar el agua fuera.*

 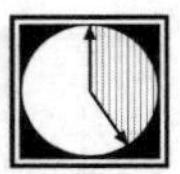 

Bolos

ESCULTURA

Materiales

Botellas de plástico de refrescos; Por cada botella, una hoja doble de papel de periódico; Arena o arroz; Un embudo; Tiras de papel de periódico; Pasta de empapelar paredes; Hilo; Pintura; Pinceles; Cola blanca; Materiales de colage; Barniz transparente.

Proceso

1. Hacer una pelota con una hoja doble de papel de periódico y extraer una punta para introducirla por el cuello de la botella.
2. Utilizando el embudo, llenar una tercera parte de cada botella de plástico con arena o arroz. (Así se evitará que se vuelquen fácilmente).

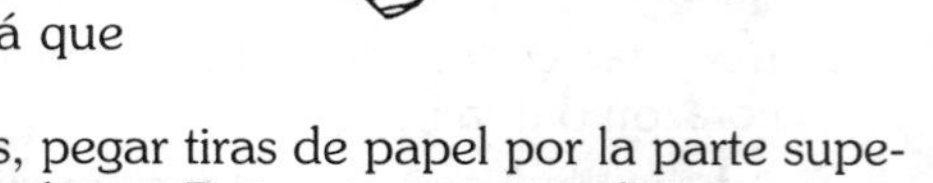

3. Con pasta de empapelar paredes, pegar tiras de papel por la parte superior y el cuello, y por el resto si se desea. Dejar secar varios días.
4. Poner adornos en las botellas, como ojos, nariz y boca. Añadir lana para el pelo. Cada niño/a puede también optar por pintar su botella de colores vivos, figuras y dibujos. Si se prefiere, incorporar materiales de colage. Dejar que se seque por completo.
5. Una persona **adulta** cubrirá el frasco con barniz o polímero transparente. Esperar de nuevo a que se seque.
6. Para jugar a los bolos, colocar las botellas en el extremo de una habitación. Marcar en el suelo con cinta adhesiva el pasillo de las bolas y comprobar cuántas botellas caen en cada tirada.

OBSERVACIÓN • *Hay la posibilidad de que las botellas pierdan sus "cabezas", que se desprenda la pintura o cualquier otro desastre si los niños lanzan con fuerza las bolas o el pasillo es demasiado largo.*

Entramado en la valla

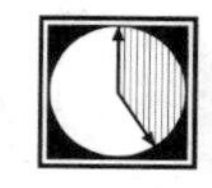

ESCULTURA

Materiales

Una valla, preferiblemente una alambrada entretejida; Elementos para el entramado, como papel crepé, tiras de trapos, cuerdas, cintas, encaje, tiras de periódicos, otros papeles o cordón de lana.

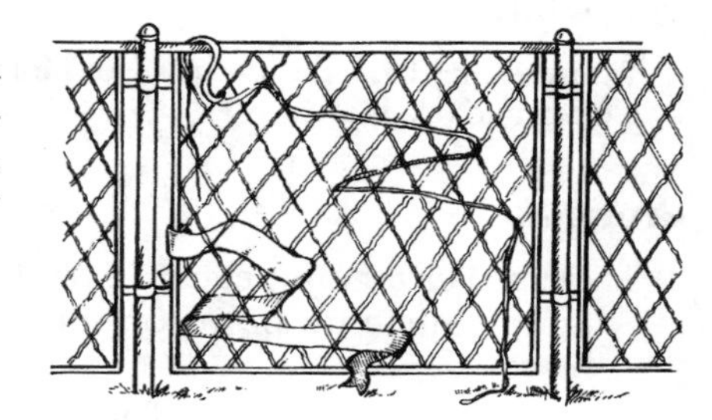

Proceso

1. Buscar una valla de fácil acceso.
2. Entretejer materiales en la valla.
3. Seguir añadiendo adornos y entetejiendo hasta alcanzar el grado de ornamentación que se desee.
4. Retirar todos esos elementos antes de que llueva, pero disfrutar lo más posible contemplándola.

Variaciones

- Realizar el entramado en la red que separa las áreas de juego de dos equipos.
- Concebir la tarea como parte de una fiesta, de un juego o de un acontecimiento especial.

OBSERVACIÓN

- *Para que la tarea resulte más fácil a los niños muy pequeños, conviene que las tiras sean bastante cortas (de medio metro a un metro como máximo).*
- *Otras técnicas que presenta un reto mayor a los artistas consisten en hacer una pelota con las tiras y colocarla en un recipiente de tapa perforada. El niño va extrayendo la tira a medida que progresa en su tarea.*

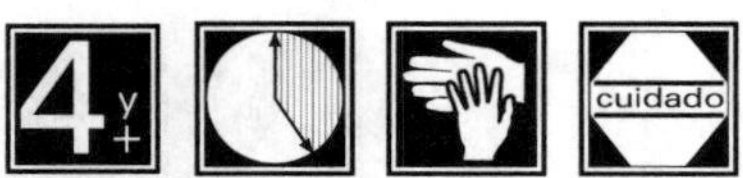
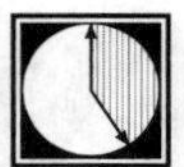

ESCULTURA

Fabricación de ladrillos

Materiales

Tierra; Agua; Un cubo de plástico; Moldes de bollos o de cubitos de hielo.

Proceso

1. Echar tierra en un cubo de plástico y añadir agua suficiente para formar una bola de barro.
2. Presionar el barro para llenar los moldes de bollitos o la bandeja de cubitos de hielo.
3. Mantener los moldes o las bandejas en un sitio cálido unos 10 días o calentarlos a 250 grados durante 15 minutos.
4. Cuando se enfríen, dejar caer los "ladrillos" sobre papeles de periódico preparado en el suelo y ver cuáles se rompen y cuáles resisten el impacto. Usar estos últimos en construcciones.
5. Hacer tantos ladrillos como sea posible para que la tarea de la construcción resulte más divertida.

OBSERVACIÓN

- *Agregar un poco de yeso al barro para que adquiera más consistencia. Experimentar con diversas proporciones puesto que no se puede poner la misma cantidad en todas las circunstancias.*
- *Seguir las sugerencias formuladas para la Construcción de ladrillo* *(página 253).*

Construcción de ladrillo

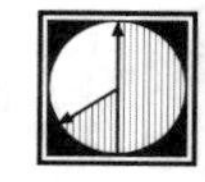

ESCULTURA

Materiales

Ladrillos de elaboración casera (véase Fabricación de ladrillos, en la página anterior); Guijarros, piedras o gravilla; Palitos y ramitas; Yeso o barro.

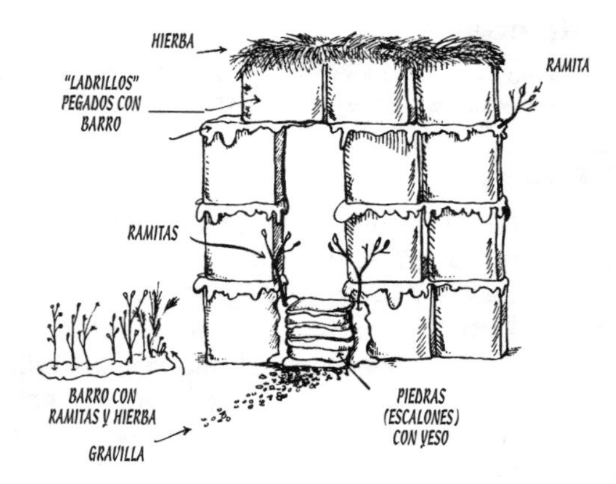

Proceso

1. Montar los ladrillos y otros elementos en una construcción libremente diseñada, empleando yeso en vez de cemento. También se puede integrar las diversas piezas con barro.
2. Dar yeso a los distintos elementos e ir sumándolos a la construcción.
3. Dejar pasar toda una noche o más tiempo para que se seque el trabajo.

Variaciones

- Construir con trozos de madera y cola.
- Construir con terrones de azúcar.

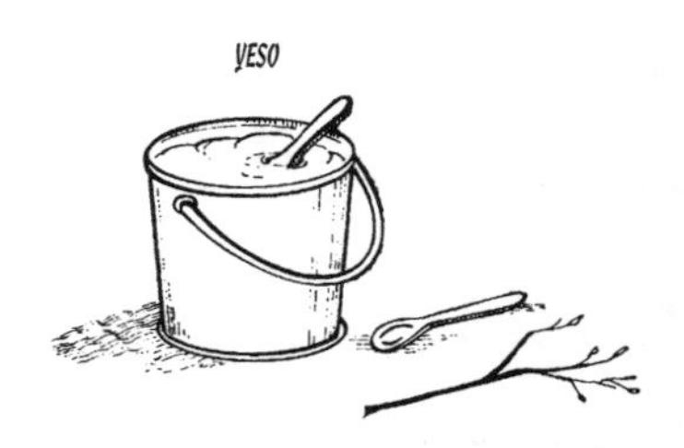

OBSERVACIÓN

- *Tener cerca un cubo de agua jabonosa y toallas para lavarse.*
- *A algunos niños y niñas no les gusta ensuciarse las manos; a veces se trata simplemente de una etapa de su desarrollo, pero hay que tener comprensión. Este trabajo no es para todos.*

ARTESANÍA

Entramado en cesta de mimbre

Materiales

Una cesta pequeña de mimbre; Lanas de muchos colores; Agujas de plástico; Tijeras.

Proceso

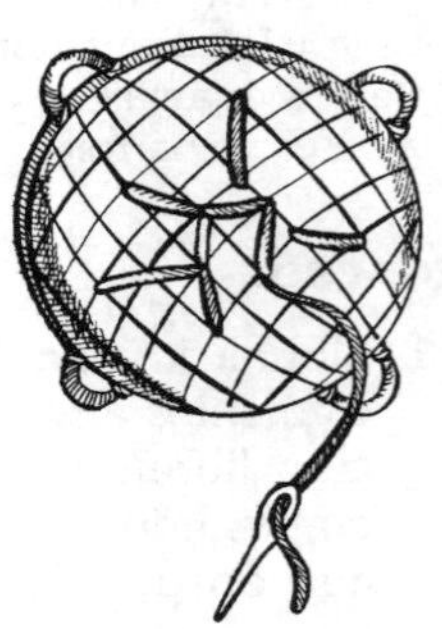

1. Enhebrar una aguja con un hilo de lana bastante largo. Cuando trate de niños/as muy pequeños, emplear hilo doble sujeto por un extremo.
2. Comenzar a pasar el hilo por los orificios de la cesta, siguiendo un diseño previamente concebido o al azar. Tener muchas precauciones al colocar a los pequeños para que no estén tan juntos que uno pueda pinchar a otro con su aguja.
3. Cambiar de color cuando se desee.

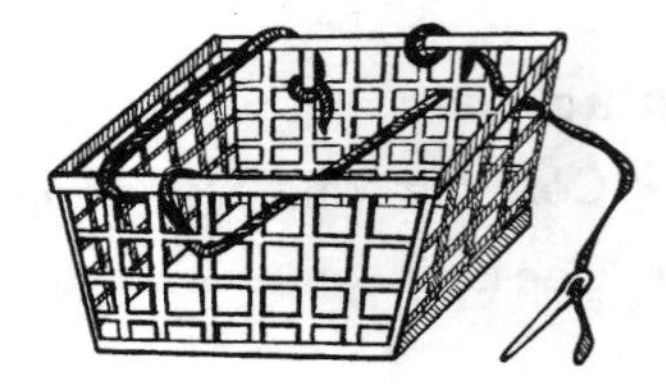

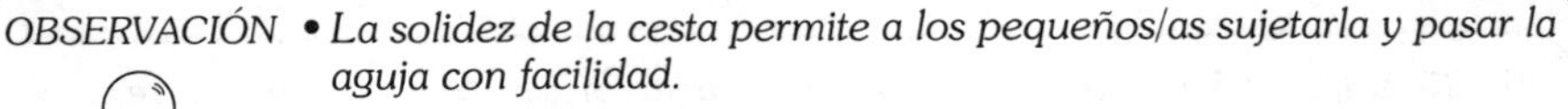

OBSERVACIÓN

- *La solidez de la cesta permite a los pequeños/as sujetarla y pasar la aguja con facilidad.*
- *Resultan muy convenientes las cestas baratas de platos de cartón.*
- *Los niños casi siempre piden ayuda a la hora de enhebrar, atar el hilo y en ocasiones al comenzar o concluir la tarea*

Cuadros de flores naturales prensadas

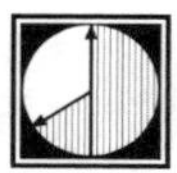

ARTESANÍA

Materiales

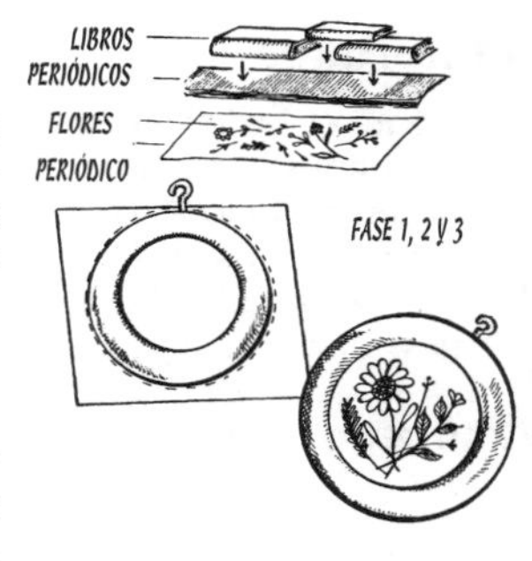

Flores recién cortadas; Periódicos; Libros pesados; Cola en un frasco comprimible; Tijeras; Bolígrafo; Anillas de madera de las cortinas; Papel grueso; Papel de desecho; Goma blanca en un plato; Palillos para mojar en la cola.

Proceso

Secado: Poner sobre un periódico flores recién cortadas sin que se rocen. Colocar encima varias hojas de periódicos. Poner libros gruesos sobre los periódicos y las flores. También se puede utilizar ladrillos u otros objetos de bastante peso. No volver a tocar las flores durante unas 4 semanas.

Enmarcado:

1. Colocar una anilla de cortina sobre un papel y trazar su contorno. Recortar un círculo un poco más pequeño que el del dibujo.
2. Elegir una flor prensada y ponerla boca abajo en el círculo de papel. Mojar en cola la punta de un palillo e impregnar ligeramente el dorso de la flor. Levantarla con cuidado y encolar el círculo de papel. Seguir el proceso hasta su conclusión.
3. Aplicar la cola de un frasco comprimible al reverso de la anilla. Recoger la anilla y pegarla al círculo de papel que contenga las flores. Mantener en la parte superior la alcayata del anillo. Dejar que se seque por completo.
4. La anilla se convierte en un marco para el adorno floral y la alcayata puede ser utilizada para colgarlo de un gancho en la pared.

OBSERVACIÓN • *Las flores son muy delicadas; manejarlas con cuidado.*

• *Prensar las flores con un mes de antelación para que estén a punto en el momento de iniciar este trabajo.*

• *Los niños/as pequeños pueden llevar a cabo esta tarea por sí solos pero probablemente necesitarán para pegar la anilla al papel. Aunque el resultado no sea el que obtendría una persona adulta, se debe permitir que la creatividad de los artistas se desarrolle a su propio ritmo.*

Desfile

CONSTRUCCIÓN

Materiales

Triciclos, bicicletas, patinetes, motos pequeñas o carritos; Materiales de ornamentación como papel crepé, globos, latas, platos de aluminio, banderas, gallardetes, hilos y cordones; Cinta adhesiva.

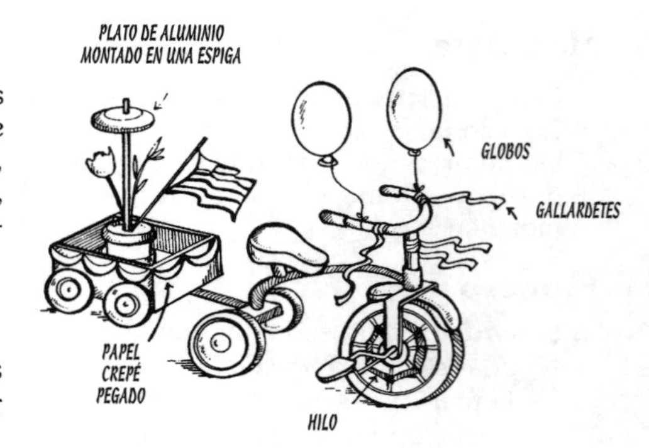

Proceso

1. Adornar triciclos u otros juguetes para montar o tirar para hacer un desfile.
2. Vemos algunas ideas para su decoración:
   - trenzar papel crepé entre los radios de una bicicleta.
   - globos o gallardetes sujetos al manillar.
   - un pedestal sobre un carrito.
   - colgar de las bicicletas latas o platos de aluminio que hagan mucho ruido al ponerse en marcha.
3. Iniciar un desfile por el patio de recreo, el parque o las aceras.
4. Añadir personas que desfilen (¡Y también con adornos!), instrumentos de percusión o utensilios que produzcan estruendo.

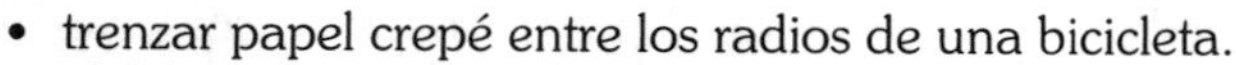

Variaciones

- Los desfiles pueden responder al motivo de una fiesta o celebración.
- Incorporar algunos materiales domésticos al desfile.
- Desfilar al son de la música de un magnetófono.

OBSERVACIÓN
- *Confíe en que la celebración provocará entusiasmo y ruido.*
- *Algunos niños/as no sabrán todavía lo que quiere decir desfilar*
- *Hacer ensayos para evitar la confusión. No es imprescindible que la formación sea estricta, pero un desfile requiere un cierto grado de orden.*

Barcos

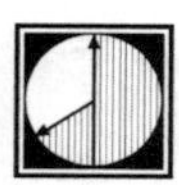

CONSTRUCCIÓN

Materiales

Barcos construidos con cualquiera de los materiales siguientes: Cartones de leche, cajas de cerillas, envases de plástico, bloques de polispán.

Elementos de decoración y de construcción de barcos, incluyendo: Papel, sujetapapeles, bolsas de plástico, papel adhesivo transparente, pajas de refrescos, papel de aluminio, palitos, pedacitos de algodón que simularán el humo, palillos o pajas.

Goma de pegar, papel celo, gomas o grapas
Agua en donde flotarán los barcos
Cordón para tirar de las embarcaciones.

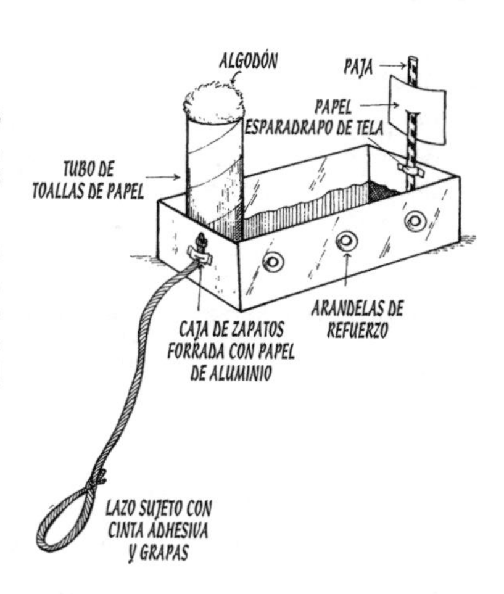

Proceso

1. Partir de un elemento fundamental, que constituirá la base del barco, como un cartón de cajas de leche.
2. Agregar otros elementos al barco, empleando cinta adhesiva, goma de pegar, grapas o recurrir a diversas ideas creativas. Adornar también la embarcación.
3. Acudir a un sitio en que haya agua, un charco, un estanque, una piscina infantil o un arroyuelo.
4. Sujetar el barco a un cordón y botarlo. Tirar de él de la forma que se prefiera.

Variaciones

- Bautizar a los barcos.
- Organizar una exhibición naval.
- Desplazar el barco con un palo en vez de utilizar el cordón.

OBSERVACIÓN

- *Algunos barcos no flotarán muy bien. Quizá los niños deseen probar primero sus embarcaciones en una pila, efectuar algunos cambios y no botarlas hasta haber realizado ensayos suficientes.*
- *El esparadrapo de tela resiste muy bien la humedad; no sucede lo mismo con el papel celo.*

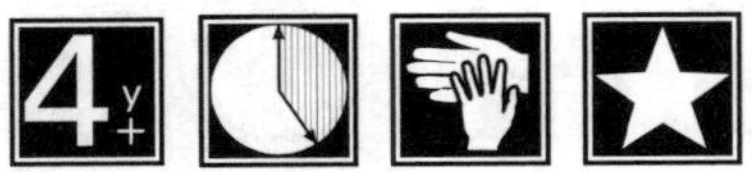

Palo forrado

CONSTRUCCIÓN

Materiales

Un palo de un metro de longitud; Hilos de muchos colores y diversas longitudes, cintas, gallardetes, cordones, hilo grueso, tiras de trapos y otros materiales análogos; Adornos, como plumas, fieltro, papel de aluminio o flores con tallos; Goma de pegar; Esparadrapo.

Proceso

1. Comenzar a envolver el palo con hilo. Una persona ayudará al principio a sujetarlo con un nudo o con esparadrapo.
2. Seguir envolviendo el palo con el material elegido.
3. Cambiar de color en cualquier momento. El nuevo hilo puede ser anudado al anterior o quedar sujeto al palo con cinta adhesiva. Los cabos sueltos colgarán o se sujetarán al palo. Estimular la creatividad.
4. A medida que prosiga la tarea, cabe agregar otros elementos decorativos, pegados con cinta adhesiva o cola o atados. Eso proporciona un carácter "sorprendente" y presta singularidad a la tarea de cada niño.
5. También es posible adornar con otros elementos los cabos sueltos.

Variación

- Buscar un poste o columna que envolver con tiras mayores de tejido, cuerdas de colores e hilo para reproducir en grande la tarea anterior.

OBSERVACIÓN

- *La tarea de envolver estrechamente puede resultar difícil para algunos pequeños. Emplear gran cantidad de esparadrapo o nudos para ayudar a sujetar el hilo al palo.*
- *Con niños pequeños resultan recomendables unos palos más cortos. También es conveniente que trabajen en parejas; uno forrará el palo mientras que el otro lo sujeta.*

Bolsa

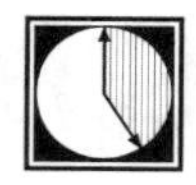

CONSTRUCCIÓN

Materiales

Una bolsa de papel grande para comestibles; Hilo grueso; Arandelas de refuerzo; Una perforadora de papel; Pinturas y pinceles; Cola de pegar blanca; Trozos de papel y materiales de colage; Papel de seda; Gallardetes; Cordones; Moldes de papel para bollos.

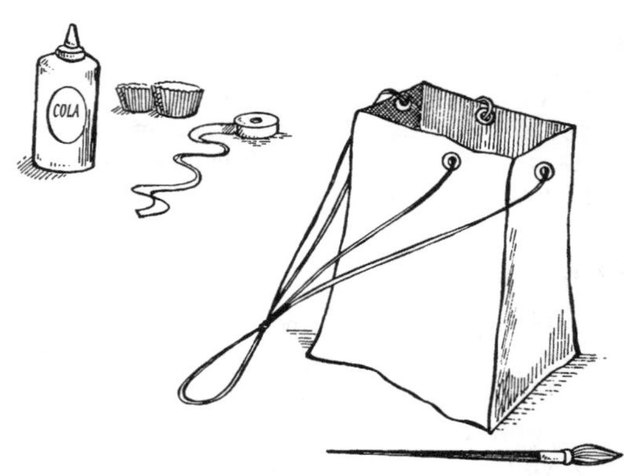

Proceso

1. Hacer cuatro orificios en la bolsa de papel, a un centímetro aproximadamente del borde y en cada uno de los cuatro lados.
2. Pegar a cada orificio una arandela de refuerzo.
3. Cortar dos cordones de aproximadamente un metro de longitud. Sujetar cada extremo de ellos a un orificio reforzado para formar un lazo. Hacer otro tanto con el segundo cordón.
4. Cortar otro cordón de aproximadamente un metro de longitud. Pasarlo por los dos lazos y atarlo (para hacer el asa).
5. Pintar la bolsa como se quiera. Dejar que se seque por completo la pintura.
6. Pegar a la bolsa materiales de colage como papeles y gallardetes. Dejar que se seque enteramente la cometa.
7. Abrir la bolsa. Sujetarla por el asa y echar a correr. La cometa se llenará de aire y volará por encima del artista.

OBSERVACIÓN • *Para que la cometa sea resistente y funcione, la bolsa ha de quedar completamente seca después de pintarla y adornarla.*

• *Se requiere la ayuda de una persona* ***adulta*** *para sujetarla el cordón a la bolsa, pero la ornamentación y el lanzamiento de la cometa son tareas que corresponden exclusivamente al niño/a.*

• *Poner refuerzos adicionales o papel celo a los orificios para que la cometa dure más tiempo.*

Coche de juguete

CONSTRUCCIÓN

Materiales

Una caja grande de cartón, sin la tapa; Témperas y pinceles; Platos de cartón; Cordón fuerte; Papel de aluminio; Sujetapapeles; Grapadora; Papel celo; Tijeras; Rotuladores.

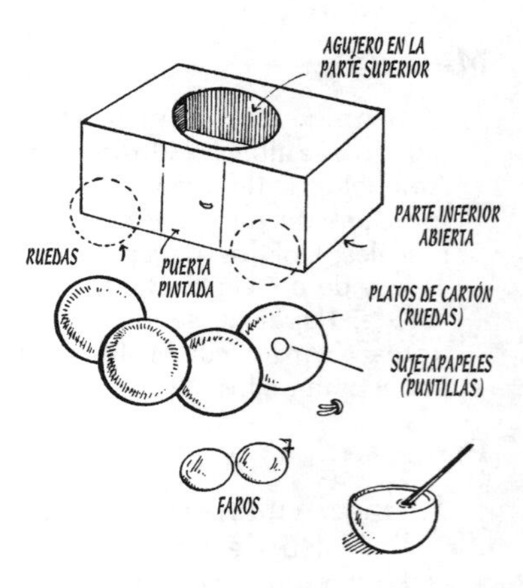

Proceso

1. Una persona **adulta** hará en el fondo de la caja un agujero lo suficientemente grande como para que pueda pasar un niño.
2. Volver la caja de manera que el orificio quede arriba.
3. Pintar la caja del modo que se prefiera. Dejar que se seque la pintura.
4. Con unas tijeras, una persona **adulta** hará en la caja cuatro orificios para las ruedas.
5. Para fabricar las ruedas, pasar unos sujetapapeles por unos platos de cartón y ajustarlos a los agujeros de la caja. Si se desea, pintar o adornar con rotuladores las ruedas.
6. Para hacer los faros, forrar unos platos de cartón con papel de aluminio. Sujetarlos a la caja con papel celo o sujetapapeles. En el interior de la caja, cubrir con papel celo los extremos puntiagudos de los sujetapapeles.
7. Una persona **adulta** hará con las tijeras un agujero en cada lado del centro superior de la caja. Pasar por uno de los orificios con cordón fuerte. Sujetarlo con un doble nudo para que no se salga.
8. Una vez que el pequeño artista penetre en el coche, lo levantará hasta la cintura. Una persona **adulta** pasará el cordón por el parte posterior del cuello del niño y por el segundo orificio. Hacer otro nudo doble. Ahora el coche "cuelga" de los hombros del pequeño y está listo para ponerse en marcha.

OBSERVACIÓN

- *Este ejercicio requiere mucho trabajo pero vale la pena por la satisfacción que proporciona. Deje que los niños hagan solos tanto como puedan. Atar el cordón y practicar orificios en el cartón constituye la parte más difícil de la tarea y requerirá la ayuda de una persona* ***adulta****.*
- *Asegúrese de que la caja se ha secado completamente antes de emplearla como coche de juguete. La pintura puede correrse durante el juego si las manos de los niños están húmedas o sudorosas.*

Índice temático

Título	Pag.	Medium	Edad	Preparación			Ayuda	Cuidado	Favorita
			3 y+					cuidado	
Octubre									
Tiza azucarada	83	*Dibujo*	3	•					•
Garabatos irisados	84	*Dibujo*	3	•					
Tiza y esponja	85	*Dibujo*	3	•					•
Tela de araña	86	*Dibujo*	4		•			•	
Tiza y mantequilla	87	*Dibujo*	4			•	•		
Pintura misteriosa	88	*Pintura*	3	•					
Huellas dactilares	89	*Pintura*	3	•					•
Pintura rodante	90	*Pintura*	3	•					•
Polvo de tiza	91	*Pintura*	3	•			•		
Hojas embetunadas	92	*Pintura*	4	•					•
Escultura de queso	93	*Modelado*	3		•		•		
Caras misteriosas	94	*Colage*	4			•	•		
Florero	95	*Artesanía*	3			•	•	•	
Telar	96	*Artesanía*	4		•		•	•	
Máscara de media	97	*Artesanía*	5		•		•		
Árbol de fantasma	98	*Artesanía*	5		•		•		
Cosecha artística	99	*Artesanía*	5		•		•		
La casa de los fantasmas	100	*Construcción*	4			•	•	•	•
Foto de feria	101	*Construcción*	5			•	•	•	•
Noviembre									
Siluetas de manos	102	*Dibujo*	3	•			•		
Figuras con velas	103	*Dibujo*	3	•					
Figura borrosa	104	*Dibujo*	3		•		•		
Dibujo al aceite	105	*Dibujo*	3	•					
Dibujo puntillista	106	*Dibujo*	4	•					
Grabado de mazorca	107	*Dibujo*	3		•				
Figura en negativo	108	*Pintura*	3		•		•		
Dibujo en blanco	109	*Pintura*	3		•		•		•
Media vuelta al papel	110	*Pintura*	3	•					
Paleta de pintor	111	*Pintura*	5		•				
El globo que se fue	112	*Escultura*	4		•		•	•	
A pisotones	113	*Escultura*	4	•					•
Papel de aluminio pintado	114	*Escultura*	4		•				
Bandeja cosida	115	*Artesanía*	3	•			•	•	
Colección de obras maestras	116	*Artesanía*	3		•		•		

Título	Pag.	Medium	Edad	Preparación 1	Preparación 2	Preparación 3	Ayuda	Cuidado	Favorita
Monigotes de un pantalón	117	*Artesanía*	4		•		•		
Guiñol	118	*Artesanía*	4		•		•		
Círculo de lana	119	*Artesanía*	4		•		•		•
Pendientes y collares	120	*Artesanía*	5		•		•		
INVIERNO	121								
Diciembre									
Dibujo de canela	122	*Dibujo*	3	•					
Estampación de tejidos	123	*Dibujo*	3		•		•	•	•
Como una vidriera	124	*Dibujo*	4		•		•	•	
Adorno de fiesta	125	*Dibujo*	4	•			•		
Gotas de colores	126	*Dibujo*	3		•				•
Pintura brillante	127	*Pintura*	3		•				
Impresión de plantilla	128	*Pintura*	4		•		•		
Vidrio pintado	129	*Pintura*	4	•					
Efecto de nieve	130	*Pintura*	4		•		•		
Ventana pintada	131	*Pintura*	5			•	•		
Figuras de menta	132	*Masa*	3		•		•		
Figuritas de pan	133	*Masa*	4			•	•	•	•
Frutas de mazapán	134	*Modelado*	5			•	•		
Escarchado	135	*Escultura*	4			•	•		•
Bichos dulces	136	*Escultura*	5			•	•		
Adornos de hilos	137	*Artesanía*	3	•			•		
Decorar baldosas	138	*Artesanía*	3	•					
Agujeritos de luz	139	*Artesanía*	4	•				•	•
Fotoescultura	140	*Artesanía*	5			•	•		•
Cajas de adviento	141	*Artesanía*	5		•		•		
Enero									
Siluetas en fondo negro	142	*Dibujo*	3	•					•
Siluetas de cola	143	*Dibujo*	4	•					
Cuadernos de arte	144	*Dibujo*	4		•		•		
Exposición en zigzag	145	*Dibujo*	5		•		•		•
Tema de nieve	146	*Dibujo*	5	•					
Cinco grabados	147	*Dibujo*	4	•			•		

Título	Pag.	Medium	Edad	Preparación			Ayuda	Cuidado	Favorita
			3 y +					cuidado	
Paleta de pintor	148	*Pintura*	4	•					
Pintura de balanceo	149	*Pintura*	4		•		•		
Pintura de péndulo	150	*Pintura*	4			•	•		
Dibujo en muselina	151	*Pintura*	5			•	•		
Figura de sal	152	*Modelado*	5			•	•	•	
Figura de alambre	153	*Escultura*	5			•	•		•
Colage libre	154	*Colage*	3	•					
Palmatoria	155	*Artesanía*	3		•		•	•	
Tejido relleno	156	*Artesanía*	4		•		•		
Figura rellena	157	*Construcción*	3		•		•		
Animal de tamaño natural	158	*Construcción*	3		•		•		•
Bajorrelieve en madera	159	*Construcción*	4	•					•
Colage de clavos	160	*Construcción*	4	•			•	•	•
Escultura de cartón	161	*Construcción*	5			•	•	•	
Febrero									
Encaje de fricción	162	*Dibujo*	4	•					
Cabos cocidos	163	*Dibujo*	4		•		•	•	
Fricción de tiza	164	*Dibujo*	5	•					•
Reproducción de cera-tiza	165	*Dibujo*	5	•					
Tres corazones	166	*Dibujo*	5		•				•
Mancha de papel de seda	167	*Pintura*	3		•				
Pintura en papel de seda	168	*Pintura*	3	•					
Pintura en papel de aluminio	169	*Pintura*	3		•				
Pintura salada	170	*Pintura*	4		•		•	•	
Garabatos impresos	171	*Pintura*	4			•	•		•
Figuras dulces	172	*Masa*	3			•	•		
Pizza de manzana	173	*Masa*	3			•	•	•	
Siluetas dulces	174	*Masa*	4			•	•	•	
Figuras de papel adhesivo	175	*Colage*	3	•					•
Corazones de papel	176	*Colage*	4	•					
Colgantes de corazones	177	*Colage*	5			•			
Cartones cosidos	178	*Artesanía*	3	•			•		•
Tubo de colores	179	*Artesanía*	3	•			•		
Collares comestibles	180	*Artesanía*	5			•	•		
Figura de palitos	181	*Construcción*	4	•			•		
Figuras de cordones	182	*Construcción*	5		•		•	•	

Título	Pag.	Medium	Edad	Preparación			Ayuda	Cuidado	Favorita
Costura de tela metálica	217	*Artesanía*	4		●		●		
Caja del tesoro	218	*Artesanía*	5			●	●	●	
Escultura de cajas	219	*Construcción*	3		●		●		●
Montaje	220	*Construcción*	3		●		●		
Tesoros escondidos	221	*Construcción*	4	●					●
Mayo									
Filtros de café	222	*Dibujo*	3	●			●	●	
Flores de tiza	223	*Dibujo*	4	●					
Imprimir al encausto	224	*Dibujo*	5			●	●	●	
Ensaladera	225	*Pintura*	3		●		●		
Colores a la cera	226	*Pintura*	3		●				
Pintura sobre valla	227	*Pintura*	3		●		●		
Pintura espolvoreada	228	*Pintura*	3	●					
Saleros	229	*Pintura*	3		●		●		
Burbujas	230	*Pintura*	4		●		●		
Sarta de bolas	231	*Modelado*	4		●		●		
Escultura comestible	232	*Modelado*	4			●	●	●	
Móvil de papel de seda	233	*Escultura*	4		●		●		
Escultura de jabón	234	*Escultura*	5	●			●	●	
Colage espolvoreado	235	*Colage*	3	●					
Explosión de confeti	236	*Colage*	3	●					
Árbol de papel	237	*Colage*	5		●		●		
Sarta	238	*Artesanía*	3		●				●
Portabloc	239	*Artesanía*	5			●	●	●	
Escena marina	240	*Construcción*	5		●		●		
VERANO	241								
Dibujo en la arena	242	*Dibujo*	3	●					
Dibujo de sombras	243	*Dibujo*	4		●				●
Borrón	244	*Pintura*	3	●					●
Mural de valla	245	*Pintura*	3		●				
Gotas cromáticas	246	*Pintura*	4	●					●
Pintar con pulverizador	247	*Pintura*	4	●					
Explorar la arcilla	248	*Modelado*	4			●	●		
Objetos de arcilla	249	*Modelado*	4			●	●		●

COLECCIÓN «PRIMEROS AÑOS»

AGÜERA . I.: *«Teatrillos». Con niños y niñas de Educación Infantil y Primaria.*
– *Más «Teatrillos». Con niños y niñas de 3, 4 y 5 años.*
ANCIN, T.: *Cuerpo, espacio, lenguaje. Guías de trabajo.*
BORNANCIN, B. y M. y MOULARY, D.: *Conocer el propio cuerpo. Actividades científicas y pedagógicas.*
BORRETTI, M. J. y COLLET, G.: *¡Qué rico está el pan! 16 Unidades didácticas sobre el pan, para Educación Infantil.*
BOULE, F.: *Manipular, organizar, representar. Iniciación a las Matemáticas.*
BROWN, S. E.: *Experimentos de Ciencias en Educación Infantil.*
BRUEL, A.; BERZI, A. y BONZOM, Ch.: *Juegos motores con niñas y niños de 2 y 3 años.*
CELESTE, B.: *El primer año de escolarización. Cuando el niño de 3 años llega a la escuela.*
CHAUVEL, D. y MICHEL, V.: *Juegos de reglas para desarrollar la inteligencia.*
DUTILLEUL, B.; GILABERT, H. y SAUSSOIS, N.: *Los niños de 4 a 6 años en la escuela infantil.*
FRANCO, T.: *Vida afectiva y Educación Infantil.*
GILABERT, A.; LEBEAUME, J. y MOUSSET, R.: *Actividades geométricas para Educación Infantil y Primaria.*
JAUBERT, J. N. y DUCHESNE, J.: *La percepción del olor en Educación Infantil.*
KOHL, M. A.: *Arte Infantil. Actividades de Expresión Plástica para 3-6 años.*
LAHORA, M. C.: *Actividades matemáticas con niñas y niños de 0 a 6 años.*
LEHMANN, E.: *Canta, toca, brinca y danza. Sugerencias para la educación musical de los pequeños.*
LURÇAT, L.: *El niño y sus compañeros. Percepción y comportamiento en el ámbito escolar.*
MARTÍNEZ, P.; GARCÍA, C. y MONTORO, J. M.ª: *Primeros pasos en Psicomotricidad.*
OLLILA, Ll.: *¿Enseñar a leer en Preescolar?*
PUIGMIRE-STOY, M. C.: *El juego espontáneo. Vehículo de aprendizaje y comunicación.*
RENOULT, N. y B. y VIALARET, C.: *Dramatización infantil. Expresarse a través del teatro.*
RUEDA, R.: *La Biblioteca de aula infantil.*
SANTOS, M. y GONSALES, J.: *Talleres pedagógicos. Arte y magia de las manualidades infantiles.*
SANUY, C.: *Cascabelea. Actividades de expresión oral, corporal, musical y plástica.*
SAUSSOIS, N. du; DUTILLEUL, M. B. y GILABERT, H.: *Los niños de 2 a 4 años en la escuela infantil.*
SCHILLER, M. P. y ROSSANO, J.: *500 actividades para el currículo de Educación Infantil.*
TAYLOR, B.: *Qué hacer con el niño preescolar.*
TOURTET, L.: *Lenguaje y pensamiento preescolar.*
VIALA, J. P. y DESPLATS, P.: *El rincón de audición para el aprendizaje de la lengua.*
ZABALZA, M. A.: *Didáctica de la Educación Infantil.*
– *Áreas, medios y evaluación en la Educación Infantil.*